U0934170

★《翔安区革命老区发展史》编纂委员会

顾　　问：胡　盛　连坤明　林进胜　周鲁闽

主　　任：温普华

副主任：陈春夏　卓志坚

成　　员：陈国委　李木林　蔡秀鹤　纪春林
蔡阿在　陈雪梨　李泉林　张再勇
陈海靖

《翔安区革命老区发展史》编写组

组　　长：卓志坚

副组长：蔡秀鹤

成　　员：彭炳华　曾志勇

革命老区
全国革命老区县发展史丛书

全国革命老区县发展史丛书·福建卷

翔安区革命老区发展史

翔安区老区建设促进会 编

厦门大学出版社
XIAMEN UNIVERSITY PRESS
国家一级出版社
全国百佳图书出版单位

图书在版编目(CIP)数据

翔安区革命老区发展史/翔安区老区建设促进会编.—厦门:厦门大学出版社,2021.6

(全国革命老区县发展史丛书.福建卷)

ISBN 978-7-5615-8248-0

Ⅰ.①政… Ⅱ.①政… Ⅲ.①政和县—地方史 Ⅳ.①K295.74

中国版本图书馆 CIP 数据核字(2021)第 101695 号

出 版 人 郑文礼
责任编辑 韩轲轲
封面制作 张雨秋
技术编辑 朱 楷

出版发行 厦门大学出版社
社 址 厦门市软件园二期望海路 39 号
邮政编码 361008
总 机 0592-2181111 0592-2181406(传真)
营销中心 0592-2184458 0592-2181365
网 址 http://www.xmupress.com
邮 箱 xmup@xmupress.com
印 刷 厦门兴立通印刷设计有限公司

开本 720 mm×1 000 mm 1/16
印张 13.5
插页 30
字数 200 千字
版次 2021 年 6 月第 1 版
印次 2021 年 6 月第 1 次印刷
定价 98.00 元

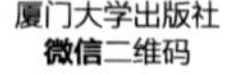
厦门大学出版社
微信二维码

厦门大学出版社
微博二维码

大革命时期的同安共产党员，前排左起：辜仲钊、彭再添、许英宗，
后排左起：洪宗涂、李松林、彭友圃、李毅然
（《同安文史资料·老照片专辑》，内部资料，2012年版，第84页）

彭德清（《中国共产党翔安历史》第一卷，中共党史出版社2016年版，插图）

中共同安特支成立旧址：马巷全辖启智私立学校
（《中国共产党翔安历史》第一卷，插图）

彭德清故居
（《福建省革命遗址通览（厦门市）》，中共党史出版社2012年版，第111页）

彭甘杏烈士遗像（《中国共产党翔安历史》第一卷，插图）

1929年夏党团活动分子会议旧址：珩厝社区顶厝宫口
（《福建省革命遗址通览（厦门市）》，第99页）

《小城春秋》作者高云览抗战期间采访途中留影
（《同安文史资料·老照片专辑》，第83页）

攻打马巷税契局旧址：马巷镇马巷街80号（原名马巷四甲街傅姓巷）
（《福建省革命遗址通览（厦门市）》，第101页）

后村抢布斗争旧址：新店镇后村社区洞庭（二）176号
（《福建省革命遗址通览（厦门市）》，第103页）

新圩抢米斗争旧址：新圩镇新圩社区上市街101、172—175号
（《福建省革命遗址通览（厦门市）》，第104页）

中共同安县工委（闽西南）成立旧址：马巷镇蔡浦村洪宗禀旧居
（《福建省革命遗址通览·厦门市》，第110页）

彭德清沙美突围旧址：沙美六桃小楼（《中国共产党翔安历史》第一卷，插图）

小盈岭（《厦门市翔安区志》，插图）

锄山抗日武装据点旧址：锄山宋氏宗祠前宋公铺老宅
（《福建省革命遗址通览（厦门市）》，第106页）

中共闽中金南同县工委旧址：翔安南安交界处鹊鸟垵村民居
（《中国共产党翔安历史》第一卷，插图）

攻打大嶝乡公所旧址全景（《福建省革命遗址通览（厦门市）》，第108页）

地下党交通船（《厦门港记忆》，鹭江出版社2014年版，第171页）

同安国民兵团在训练（《厦门日报》2013年6月28日）

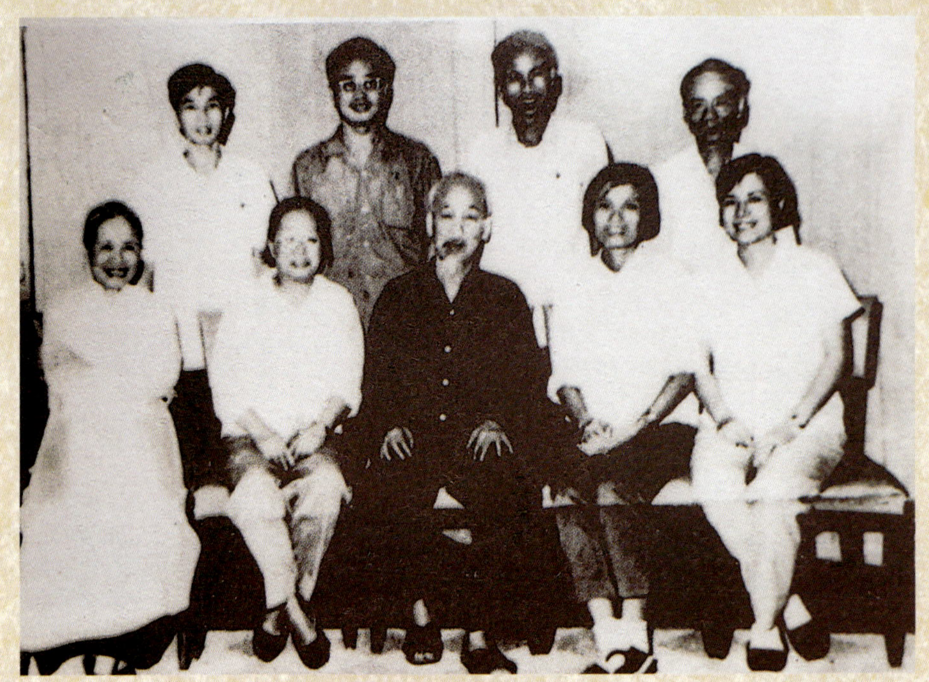

越南国家主席胡志明接见三岛民兵代表，二排右二洪顺利
（《同安文史资料·老照片专辑》，第60页）

欧厝女民兵（《同安文史资料·老照片专辑》，第61页）

三岛军民战斗演习（《同安文史资料·老照片专辑》，第62页）

三岛女民兵炮班发射宣传弹（《同安文史资料·老照片专辑》，第62页）

三岛军民推大炮进入阵地（《同安文史资料·老照片专辑》，第63页）

女民兵炮手坚持生产（《同安文史资料·老照片专辑》，第63页）

彭德清纪念室（《福建省革命遗址通览（厦门市）》，第96页）

大嶝战地观光园

陈先查烈士墓（位于马巷镇山后亭南部村边路口）
（《福建省革命遗址通览（厦门市）》，第112页）

大嶝后山烈士陵园（《福建省革命遗址通览（厦门市）》，第116页）

珩厝中国人民解放军烈士陵园
（《福建省革命遗址通览（厦门市）》，第117页）

内厝烈士公墓（《福建省革命遗址通览（厦门市）》，第115页）

陈诚志
（《同安华侨史略》，第309页）

鲁藜
（《同安文史资料·老照片专辑》，第84页）

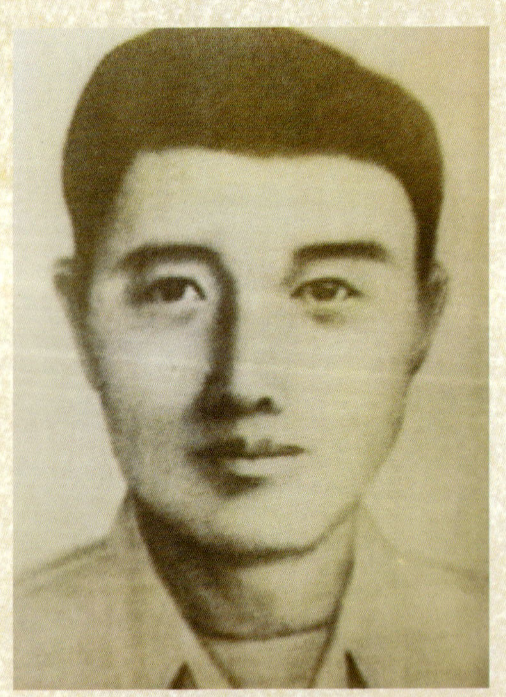

陈先查
（《中国共产党翔安历史》第一卷，插图）

李松林（《同安华侨史略》，
内部资料，2012年，第256页）

林有声
（《中国共产党翔安历史》第一卷，插图）

胡邦宪
（《中国共产党翔安历史》第一卷，插图）

林文庆
（《闽中革命史画册》，
中共党史出版社2011年版，第181页）

彭金励
（《中国共产党翔安历史》第一卷，插图）

围困莲浔盐兵旧址：东园欧式别墅（《中国共产党翔安历史》第一卷，插图）

“我素庐”（《福建省革命遗址通览（厦门市）》，第107页）

妇女卫星试验田现场会议（《同安文史资料·老照片专辑》，第20页）

第五区工作队完成夏征任务（《同安文史资料·老照片专辑》，第94页）

马巷公社全民大炼钢铁（《同安文史资料·老照片专辑》，第105页）

人民公社食堂（《同安文史资料·老照片专辑》，第106页）

血吸虫防治专业队查灭钉螺（《同安文史资料·老照片专辑》，第57页）

东坑围垦工程堵口（《同安文史资料·老照片专辑》，第28页）

抗旱大井（《张眼看翔安》，张天骄著，内部资料，第22页）

大嶝军民同批"四人帮"(《同安文史资料·老照片专辑》,第111页)

农民在责任田耕耘(《厦门市翔安区志》,插图)

三岛女民兵英雄洪秀枞传授空飘——放风筝
（《同安文史资料·老照片专辑》，第59页）

大嶝军民填平弹坑恢复生产（《同安文史资料·老照片专辑》，第64页）

翔安盐田（《厦门市翔安区志》，插图）

翔安区成立挂牌仪式（《厦门市翔安区志》，插图）

翔安区行政中心（《张眼看翔安》，第104页）

习近平视察过的大嶝对台小额商品交易市场
（《厦门市翔安区志》，插图）

火炬（翔安）产业区（《张眼看翔安》，第111页）

马塘高科技园区（《厦门市翔安区志》，插图）

台资洪氏企业有限公司车间（《同安区志》第一卷，插图）

厦门大学翔安校区（《张眼看翔安》，第123页）

翔安文教园区（《厦门市翔安区志》，插图）

翔安第一中学（《厦门市翔安区志》，插图）

翔安隧道（《厦门市翔安区志》，插图）

翔安商城（《张眼看翔安》，第107页）

东方新城（《张眼看翔安》，第106页）

翔安新城一角（《张眼看翔安》，第110页）

翔安田野风光（《厦门市翔安区志》，插图）

翔安海翔大道立交桥（《张眼看翔安》，第116页）

马新大桥（《张眼看翔安》，第120页）

大嶝大桥（《张眼看翔安》，第117页）

九溪挡潮闸（《张眼看翔安》，第121页）

厦门翔安国际机场效果图（《业翔民安》，内部资料，2018年，特刊第15页）

刘五店滚装码头（《厦门市翔安区志》，插图）

翔安新城一角（《张眼看翔安》，第110页）

洋唐保障性住房（《张眼看翔安》，第128页）

逐梦新翔安　文明健康行（《厦门晚报》2019年4月28日）

都市现代农业吸引市民前来体验

（张天骄摄，《厦门日报》2019年3月29日）

香山花海（《2017年翔安年鉴》，第242页）

澳头怀远楼（《张眼看翔安》，第132页）

拍胸舞（《翔安印象》，厦门大学出版社2013年版，第151页）

新圩嫂子合唱团（《翔安印象》，第215页）

翔安农民画（《张眼看翔安》，第89页）

高甲戏（《翔安印象》，第144页）

后村送王船（《张眼看翔安》，第84页）

南音（《翔安印象》，第153页）

同民医院（《张眼看翔安》，第122页）

“翔安红色记忆”系列连环画首发仪式
（朱毅力摄，《厦门日报》2018年4月11日）

翔安南部新城（《厦门日报》2018年7月27日）

充满活力的翔安新城（王火炎摄，《厦门日报》2018年12月20日）

“平改坡”改造后，村貌焕然一新

（林木阳摄，《厦门日报》2019年3月29日）

大宅社区1200亩火龙果生产基地

（王火炎摄，《厦门日报》2019年3月29日）

第二东通道首联现浇箱梁浇筑节点（中共厦门市翔安区委宣传部供图）

东部体育会展新城施工（中共厦门市翔安区委宣传部供图）

东部体育会展新城新会展中心效果图（中共厦门市翔安区委宣传部供图）

怀远湖（澳头VISON微信公众号）

火炬（翔安）产业区（朱毅力　摄）

健康翔安智谷（朱毅力　摄）

吕塘古风（张天骄　摄）

马塘村别墅（马塘初心馆供图）

厦门市实验小学翔安校区奠基仪式（中共厦门市翔安区委宣传部供图）

厦门市双十中学翔安校区初中部奠基仪式（中共厦门市翔安区委宣传部供图）

生态九溪（张天骄　摄）

宋江阵（中共厦门市翔安区委宣传部供图）

苏氏宗祠（中共厦门市翔安区委宣传部供图）

香山庙会（张天骄　摄）

翔安创新创业创造中心（吴威洋　摄）

翔安古厝（中共厦门市翔安区委宣传部供图）

建设中的翔安机场（中共厦门市翔安区委宣传部供图）

翔安数字经济产业园（朱毅力　摄）

翔安隧道（林木阳　摄）

新城区一隅（朱毅力　摄）

扬帆公园（中共厦门市翔安区委宣传部供图）

中山华侨公园（中共厦门市翔安区委宣传部供图）

总 序

在举国欢庆新中国成立70周年前夕，中国老区建设促进会王健会长请我为“全国革命老区县发展史丛书”作序，作为一名在老区战斗过并得到老区人民生死相助的老兵，回首往事，心潮澎湃，感慨万千，深感义不容辞，欣然应允。

中国革命老区，是以毛泽东为代表的中国共产党人在领导人民推翻帝国主义、封建主义和官僚资本主义三座大山，争取民族独立和人民解放伟大斗争中建立的革命根据地。在这片红色的土地上，诞生了无数可歌可泣的革命英雄儿女，为后人树起了一座不朽的丰碑，她是新中国的摇篮，是党和军队的根。

在艰苦卓绝的战争年代，老区人民把自己的命运与中华民族的命运紧紧地联系在一起，与中国共产党和人民军队的命运紧紧地联系在一起，他们生死相依，患难与共。我曾亲历过战争年代，并得到过老区红哥红嫂的救助，切身感受到发生在身边的一幕幕撼天动地的革命故事，在那极其艰难的条件下，老区人民倾其所有、破家支前，不怕艰难困苦，不怕流血牺牲。“最后一碗米送去做军粮，最后一尺布送去做军装，最后一件老棉袄盖在担架上，最后一个亲骨肉送去上战场”，这是当时伟大的老区人民为建立新中国做出巨大牺牲的真实写照，它将永远镌刻在中国共产党、中国人民解放军、中华人民共和国的历史丰碑上。他们的光辉业绩永载史册，他们的革命精神必将影响一代又一代的革命新人，造就一代又一代的民族脊梁。

在社会主义革命和建设时期，革命老区和老区人民响应党的号召，面对落后的面貌、脆弱的经济、恶劣的生态环境，他们本色不变，精神不丢，自力更生，艰苦奋斗，干一行爱一行。始终坚持“革命理想高于天”，自觉做共产主义远大理想的坚定信仰者和忠实实践者，勇于向恶劣的自然环境和贫穷落后宣战。他们在各条战线上为国建功立业，用平凡的双手创造了一个又一个不平凡的奇迹，彰显了老区人的崇高精神和人格力量。

在改革开放的伟大进程中，老区人民解放思想，勇于创新，发奋图强，攻坚克难，老区的经济社会建设取得了辉煌成就。特别是在改变中国的面貌、中华民族的面貌、中国人民的面貌、中国共产党的面貌的伟大实践中发挥了至关重要的作用。老区人民既是改革开放的参与者，也是改革开放的推动者。

艰苦练意志，危难见精神。老区人民在近百年的革命战争、社会主义建设和改革开放的伟大实践中，孕育形成了伟大的老区精神：爱党信党、坚定不移的理想信念；舍生忘死、无私奉献的博大胸怀；不屈不挠、敢于胜利的英雄气概；自强不息、艰苦奋斗的顽强斗志；求真务实、开拓创新的科学态度；鱼水情深、生死相依的光荣传统。这是党和人民宝贵的精神财富、丰厚的政治资源，是凝心聚力、振奋民族精神的重要法宝，也是社会主义核心价值观的重要内容。

中国老区建设促进会怀着强烈的政治责任感和历史使命感，组织全国各地老促会人员克服困难，尽心竭力编纂“全国革命老区县发展史丛书”，记录老区的光辉历史和辉煌成就，传承红色基因，弘扬老区精神，是功在当代、利及千秋的一件大事。手捧这部丛书的部分书稿，读着书中的故事，我倍感亲切，深感这部丛书具有资政、育人、存史的社会功能，有着重要的时代和历史价值。它是不忘初心、牢记使命的源头活水，是赞颂共产党、讴歌老区人民的一部精品力作，是弘扬老区精神、传承红色记忆的丰厚载体，是一项继承优秀传统文化、弘扬革命文化、发展社会主义先进文化，坚定“四个自信”的宏大文化工程。它必将成为一种文化品牌，为各界人士了解老区、宣传老区、支持老区提供一部有价值的研究史料。希望读者朋友们能从中了解并牢记这些为党和民族的利益不断奉献的老区人民，从中得到教益，汲取人生奋斗的精神动力。

新时代赋予新使命，新起点开启新征程。让我们更加紧密地团结在以习近平同志为核心的党中央周围，坚持以习近平新时代中国特色社会主义思想为指导，增强“四个意识”，坚定“四个自信”，做到“两个维护”，弘扬老区精神，铭记苦难辉煌。为实现“两个一百年”奋斗目标，实现中华民族伟大复兴的中国梦做出新的更大的贡献！

迟浩田

2019年4月11日

序

翔安区是一片具有光荣革命传统、充满红色记忆的英雄热土，革命红旗始终不倒，红色基因代代传承，为福建省厦门市的革命解放事业做出了重要贡献，谱写了一曲“星火早燃，红旗不倒”的革命赞歌。

积极投身运动，点燃革命火种。1927年1月，集美学校教育推广部主任彭友圃利用北伐战争的大好形势，在马巷启智学校组建了同安县最早的党组织——中共同安特支，积极发展革命力量，领导发动农民运动，马巷被中共闽南临时特委肯定为“农民运动在闽南比较有力普遍”的地区。然而，革命征途坎坷曲折，在蒋介石“四一二”反革命政变前后，厦门、泉州、同安的国民党右派大力实行“清党”、大肆屠杀革命人士，中共同安特支书记洪天锡等一批革命先驱壮烈牺牲。

艰苦卓绝斗争，革命意志不灭。土地革命战争时期，马巷成为厦门革命的主要阵地，中共同安地方组织明确“发展区域只在马巷一隅”。1930年，同安县委成功接应了厦门“五二五”劫狱斗争。1933年9月至1934年春，同安县委领导攻打马巷税契局和抢盐、抢布、抢米等4次群众斗争。中央红军被迫长征后，彭德清领导红二支队一个战斗小组在安同南游击区（安溪龙门、同安五峰、南安英都）和境内坚持艰苦卓绝的游击战争。

团结抵御外侮，合力奋勇抗敌。抗日战争时期，翔安地区建立抗日民族统一战线，开展抗日救亡运动。1937年，时任中共南同边区支部马巷党小组组长黄永秒在锄山组建400多人的抗日民族先锋队，奇袭小盈岭哨所，攻打马巷镇公所。1938年底，中共南同边区支部泉州中心县委在珩厝小学建立金南同边区区委，抗敌后援会、抗日剧团活跃在广大城镇乡村。1939年4月，40名金南同热血青年组成的“复土救乡团英勇敢死队”扁舟渡海，突袭金门官澳日军营房。1942年，胡邦宪、焦国楹领导的国民兵团，粉碎汉奸引导的“同安民变”，镇压彭厝、刘五店的内奸叛乱。1945年3月，马巷陈下厝渔民在鳄鱼屿海面救护美国盟军7名飞行员。抗战期间，翔安籍华侨积极参加陈嘉庚领导的南侨总会，以空前的爱国热忱支援祖国抗战，为抗日战争的胜利做出重大贡献。

组织发动群众，夺取革命胜利。解放战争时期，同安地方组织根据中共七大的任务部署，积极发展组织，放手发动群众，组建人民武装，广泛开展武装斗争、反“三征”（征粮、征税、征兵）斗争、学生爱国民主运动、统战策反、敌情侦察、粮草筹集等工作，在境内开辟游击区。游击队频频出击，打击敌人，有力配合中国人民解放军南下大军解放厦门和大嶝、小嶝、角屿“三岛”，奋不顾身参加金门登陆战。1949年9月19日，同安县城、马巷、新店等实现解放。1949年10月15日，“三岛”解放，创金厦战役越海作战首战胜利。至此，翔安取得新民主主义革命在本地区的伟大胜利。

投身伟大事业，谱写英雄赞歌。在长期的革命斗争中，翔安地下工作者不畏艰险、舍生忘死、浴血奋战，为中华民族的解放事业做出了重大贡献。翔安区被认定的革命烈士共有66人，在乡革命“五老”人员908人。同时在此期间，也涌现出了中国共产党的优秀党员、久经考验的忠诚的共产主义战士、我军杰出的军事指挥员彭德清将军和林有声将军，闽南早期工人运动组织者、中共六大代表许涂淼，同安县早期共产党员、中共同安县党支部书记彭友圃，著名革命烈士、中共同安县委代理书记陈先查，世界知名诗人鲁藜等一大批革命人物。

奋进新时代，开启新征程。建区以来，翔安在省委、市委的坚强领导下，沿着习近平总书记擘画的“跨岛发展”战略蓝图砥砺奋进，经济社会发展取得了翻天覆地的变化，已成为厦门经济总量和发展速度的两个“增长极”。在全面建设社会主义现代化国家新征程中，我们要坚持以习近平新时代中国特色社会主义思想为指导，以跨岛发展“主阵地、主战场、主力军”的自觉担当，以党史学习教育为抓手，发扬革命老区光荣传统，弘扬老区革命精神，以及根植于翔安的“英雄三岛”精神、马塘精神，进一步汲取薪火相传的精神力量，激发干事创业的澎湃活力，全方位推动高质量发展超越，为厦门更高水平建设高素质高颜值现代化国际化城市做出翔安更大贡献。

中共厦门市翔安区委书记：胡盛

2021 **年** 4 **月** 26 **日**

编纂说明

2017年6月，中国老区建设促进会组织全国各地老促会启动编纂“全国革命老区县发展史丛书”，按照“建立中国共产党、成立中华人民共和国、推进改革开放和中国特色社会主义事业”三大里程碑的历史脉络，系统书写革命老区百年历史，深入挖掘革命老区红色文化资源。这对于充实丰富中国革命史籍宝库、在新时代传承红色基因、弘扬革命精神、强固根本，对于激励人们在新的历史条件下夺取中国特色社会主义伟大胜利，实现中华民族伟大复兴的中国梦具有重要意义。

丛书编纂以习近平新时代中国特色社会主义思想为指导，以《中国共产党历史》《中国共产党的九十年》等重要文献为基本依据，以党的领导为核心，以老区人民为主体，以老区发展为主线，体现历史进程特征，突出时代发展特色，坚持辩证唯物主义和历史唯物主义相统一、历史真实性与内容可读性相统一的原则，书写革命老区从站起来、富起来到强起来的光辉革命史、不懈奋斗史、辉煌成就史，把老区人民的伟大贡献、伟大创造、伟大成就、伟大精神充分展示出来，形成一部具有厚重历史特征和鲜明时代特色的精品力作。这是一部培根铸魂、守正创新，既为历史立言，又为时代服务，字里行间流淌着红色血脉、催生着革命激情的传世之作。丛书的编纂出版将成为讴歌党、讴歌人民、讴歌时代、传播红色文化、为革命老区和老区人民树碑立传的重要载体。

丛书按照编年体与纪事本末体相结合、以编年体为主的编写体例确定框架结构；运用时经事纬、点面结合的方式记述史实；坚持人事结合、以事带人的原则处理人与事的关系；采取夹叙夹议、叙论结合、以叙为主的方法展开内容。做到了史料与史论、历史与现实、政治与学术统一，文献性、学术性、知识性相兼容。

为编纂好“全国革命老区县发展史丛书”，打造红色文化品牌，中国老区建设促进会认真组织积极协调，提出政治立场鲜明、史料真实准确、思想论述深刻、历史维度厚重、时代特色突出、编写体例规范、篇目布局合理、审读把关严格、出版制作精良的编纂出版总要求，力求达到革命史籍精品的精神高度、思想深度、知识广度、语言力度，增强丛书的权威性和社会影响力。各省(区、市)、市(州、盟)、县(市、区、旗)老促会的同志，以强烈的使命感、责任感和紧迫感，勇于担当，积极作为，认真实施，组织由老促会成员、专家学者等参加的十余万人编纂队伍。编纂工作主体责任在县(市、区、旗)，省(区、市)、市(州、盟)组织协调、有力指导、审读把关。各方面人员以高度负责的精神和科学严谨的态度，满腔热情地投入工作，为丛书编纂出版做出了重要贡献。丛书编纂工作还得到了党和国家有关部委、地方各级党委政府及有关部门的大力支持和积极参与，社会各界也给予了热情帮助。中共中央政治局原委员、中央军委原副主席、国务委员兼国防部长迟浩田首长，对革命老区建设发展十分关注，对老区人民怀有深厚情感，欣然为“全国革命老区县发展史丛书”作总序。

丛书由总册和1599部分册(每个革命老区县编纂1部分册)组成，共1600册。鉴于丛书所记述的史实内容多、时间跨度长和编纂时间紧，不妥之处，敬请批评指正。

中国老区建设促进会

目　录

第一章　区域概况

翔安区位于台湾海峡西岸中部、福建省厦门市东北部，地处厦(门)漳(州)泉(州)金(门)闽南“金四角”中心地带，为闽南的交通枢纽和闽台的重要门户。东北面与泉州市交界，西面与同安区接壤，南面与厦门岛、金门岛隔海相望，有我国大陆第一条海底公路隧道——翔安隧道直通厦门本岛。交通网络四通八达，拥有水陆交通便捷的优势。

翔安区原属福建省厦门市同安区。2003 年 4 月 26 日，国务院批准析出同安区东部的 5 镇(大嶝、新店、马巷、内厝、新圩镇)，以境内古同安翔风里、民安里首尾两字命名，设立翔安区，直隶厦门市辖。同年 12 月 18 日，大帽山农场划归翔安区辖。2005 年 9 月 28 日，省政府批准撤销大嶝镇建制设立大嶝街道办事处。2016 年底，翔安区下辖 89 个社区居委会、30 个村委会；户籍总人口近 34 万人。

翔安区陆地东西端跨度最长约 17 千米，南北端跨度最长约 33 千米，全区陆域总面积 411.5 平方千米，海域总面积 133.84 平方千米，占厦门市海域总面积 34.32%；海岸线长 75 千米，占厦门市海岸线总长 32.05%；滩涂总面积 55.98 平方千米，占全区土地总面积 15.92%；岛屿有三岛(大嶝、小嶝、角屿)和鳄鱼屿，面积 14.75 平方千米，占全区土地总面积 4.19%，另外，还分布着 58 个礁石。

翔安地势由东北向东南倾斜，成梯级下降。大致可分为两个区：东——东北低山高丘区(新圩镇东部、内厝镇东北部)；南——东南岗台区(内厝、新店、马巷、大嶝 4 个镇街)。地貌可分为山地、丘陵、台地、平原、滩涂、海岸和岛礁等类型。大嶝为海岛，新店、马巷靠海。境内主要山峰有 22 座，其中海拔 800 米以上中山 1 座，500

米以上中低山6座,200～500米丘陵15座。主要河流有九溪、内田溪、大盈溪、西林溪、古宅溪、曾溪等,水系源流较短,流域总面积312.43平方千米。土地主要有砖红壤性红壤、红壤、冲积土、盐土和水稻土5大土类8个亚类21个土属39个土种,肥力居中等偏下。

翔安区居南亚热带海洋性季风气候区,气候温暖,雨量充沛,热量充足。植物类型较多,现有植被均为次生植被和人工植被,主要树种有66科181属385种。2015年,全区林业用地面积106.87平方千米,约占土地面积31.51%,森林覆盖率30.5%。自然灾害主要有旱灾、水灾和风灾,全区水资源时空分布不平衡,干旱是境内主要自然灾害。翔安人民积累了丰富的抗旱经验,建有小(一)型水库4座、小(二)型水库32座、池塘200多处和遍布田野的机井。

翔安区自然资源丰富。海区浮游动物有虾蟹类76种、贝类77种、海水鱼类420种。其中文昌鱼、海豚尤为珍贵。陆生野生动物有毛属类10多种、鸟类50多种、爬行类和两栖类20多种。矿产资源主要有高岭土,储量526万吨;以及铁、锰、铜、泥煤、滑石、石英石、钾长石、花岗岩石、建筑碎石矿、耐火黏土、砖瓦黏土、建筑沙、硅砂、型砂、温泉、矿泉水等。

翔安区是厦门市和福建省的重点侨乡之一,据2005年翔安区重点侨情调查,全区海外华侨华人共80237人,新移民350人,主要分布在东南亚等38个国家和地区。翔安区也是台胞、金胞的主要祖籍地之一,至2007年,翔安籍台胞、金胞约40万人,其中分布在金门和台湾的台南、台北、台中的人口最多。新店镇陈塘社区为回民社区。翔安区通行普通话与闽南话。饮食以大米为主食,面食副之。民间信仰有自然崇拜、灵物崇拜、神明崇拜、祖先崇拜、英雄人物或宗族杰出人物等崇拜。妈祖、池王爷、保生大帝、清水祖师等是崇祀的主要民俗神道。古同安历史悠久,因此,自然景观、人文景观得天独厚,有古建筑、古民居、古墓葬、石刻(碑记)、墓志铭和革命遗址及革命纪念物。共有旅游资源基本类型37个,旅游资源实体76个。

翔安山清水秀,人杰地灵,代有才人。宋末元初泉南理学大儒邱葵抗元却聘。明代同安科举勃兴,名臣硕学辈出,蜚声八闽。蔡复一以文人掌师,总制六省。林希元著作等身,为理学名宦。洪朝选执法不阿,一代直臣。会元许獬,千古留名。布衣黄文炤“品学嵩岱,学溯关闽”拒不仕清。山西大同巡抚、“军门”张廷拱清廉刚正,多次平息寇患。福将林君升提督江南总辖苏浙闽粤四省军务。浙江水师提督、海盗克星忠毅公李长庚乃清中后期杰出的水师将领。四川总督苏廷玉力主禁烟、政声卓著。明郑元老洪旭忠心辅佐郑成功、郑经父子抗清。近现代的名人有:旷世奇才辜鸿铭译“四书”为英文,沟通中西文化。抗日举人李应辰率淡水十八庄壮丁500人激战两个月拒割台。企业家黄廷元创办福建省最早的罐头食品企业,参加领导收回厦门海后滩斗争。侨领林金殿、蒋骥甫捐资支援祖国抗日。企业家洪晓春任厦门各界抗敌后援会会长。漳州工人运动领袖许涂森任中共福建省委常委,赴苏联莫斯科参加中共第六次代表大会。开国将军、原中共中央顾问委员会委员、交通部原部长彭德清在政治、军事、经济等方面都做出了重要贡献。著名诗人鲁藜在延安就诗名大噪,后任天津市文协主席、中国作家协会副主席。中国著名物理化学家、中科院资深院士蔡启瑞为中国催化科学奠基人。

第二章 红色记忆

第一节 大革命风暴

一、马克思主义在翔安的传播

1911 年，革命先行者孙中山领导的辛亥革命推翻了清朝帝制。陈嘉庚在辛亥革命的鼓舞下回到祖国，决定在发展实业的同时兴办教育事业。他认为："国家之富强，全在乎国民。国民之发展，全在乎教育。""教育为立国之本，兴学乃国民天职。"陈嘉庚抱着"兴学救国""兴学育才"的思想，以其办企业所得，创办了集美学校。

陈嘉庚、陈敬贤兄弟十分重视向学生灌输新思想、新知识，采取"兼容并包"的办学方针。"知识分子是最先觉悟的部分"，1919 年五四运动爆发后，集美学校学生积极响应，有力地声援了北京学生反帝反封建的爱国斗争，先后掀起两次学潮。集美学校学潮反映了知识青年对现实社会中种种弊端的强烈不满，也体现了他们提倡民主、反对专制、急于革新、富于进取的革命精神。集美学校作为学习与传播马克思主义的主阵地，很多学生接受了马克思主义世界观。

1924 年 10 月，在团中央、中共广东区委和共青团广东区委的直接指导下，进步学生李觉民、罗善培、罗扬才、刘端生、邱泮林等组织了一个研究马克思主义的国民党左派进步团体"星火周报社"，并创办《星火周报》。在此基础上，发展扩大为"福建青年协进社"，有社员 28 人。协进社社员必须具备 3 个条件：一是拥护中国共产党及其主张；二是拥护国共合作，拥护孙中山的三大政策和新三民主义；三是反帝反军阀。在短短的3个月里，就发展了100多名社员。

1925年6月初，共青团广东区委候补委员蓝裕业到集美学校，从进步青年中吸收了李觉民、罗扬才、刘端生、邱泮林、罗良厚、罗贤开、罗调金等7人为团员，成立了闽西南地区第一个团组织——共青团集美学校师范部支部，选举李觉民为书记，支部隶属于共青团广东区委，接受团中央的直接领导。

共青团集美学校师范部支部成立后，加强了对学生运动的领导，组织以“热血之精神，为救国之牺牲”为宗旨的演讲活动，借以发动民众积极参加反帝爱国运动。团支部除了在市区发展团员外，还派人到同安城关、马巷、新店等地区发展团员，壮大队伍。

五卅运动高潮中，集美学校组织了救国团，叶渊校长亲任集美学校“救国委员会”主席。救国团出版刊物，捐款接济罢工工友，派遣宣传队回乡宣传，以唤醒民众，抵制日货，开展爱国运动。6月17日，救国团分赴同安、马巷、刘五店、灌口及集美附近地区演讲。

从五四运动到五卅运动，随着反帝爱国斗争的日益发展，集美进步学生日益接受马克思主义，并将其逐步运用到反帝反封建斗争中，且在实际斗争中不断提高思想觉悟。于是，在翔安地区建立党团组织的条件逐渐成熟。

二、中共同安特支的成立及其领导的农民运动

1926年秋，共青团同安支部成立，许英宗为书记。1927年初，同安县约有团员30多人（不包括集美学校），主要分布在今翔安地区的莲河、霞浯、沙美、珩厝、东园、浦园、彭厝、东界、刘五店、蔡浦、官山、新圩、西柯、灌口等地。在巷南一带，于1927年春夏之交建立共青团振南区委，书记彭德清。在此基础上，建立共青团同安县委，书记许英宗，组织委员邱振声，宣传委员彭德清。在沙美、莲河、彭厝、蔡浦等村还建立了儿童团组织。

1927年1月，集美学校办事员、教育推广部主任彭友圃，集美师范18届毕业生，在马巷教书的洪天锡、邹鲁，厦门中华中学高中部

学生许英宗，集美师范学生、马巷蔡浦人洪宗涂，集美商校学生、同安民安里沙美人彭再添等6名党员组成的中共同安特别支部在马巷全辖私立启智学校成立，彭友圃任书记。“同安特支六人，集美特支学生二十，工人十五人。”

为了迎接北伐军，翔安地区的共产党员和国民党左派携手进行了许多准备工作，尤其是大力开展群众的宣传和组织工作。例如创办平民夜校、妇女工读夜校、农民俱乐部等，帮助工人、农民、社会青年和劳动妇女学习文化和政治，启发他们的思想觉悟，引导他们组织工会、农民协会、学生联合会和妇女解放协会等群众团体，开辟了走向农村、建立工农联盟的道路。

当北伐军进入马巷时，马巷民众夹道欢迎。马巷织布厂工人纷纷捐款购枪赠送北伐军，北伐军也制作锦旗赠送工人。翔安大地到处都在传唱“打倒列强！除军阀！”的《国民革命歌》。

“文明戏”是中共同安特支进行启蒙、唤醒民众、争取摆脱几千年封建旧礼教桎梏的有力宣传武器之一。它由农会和共产党员或倾向革命的进步人士担任校长的沙美学校、启智学校、窗东学校倡演，不但在翔安演出，而且到南同边界的水头、石井地区演出，多以反对外来侵略、反对军阀统治、反对封建压迫、破除迷信、禁烟戒赌、提倡男女平权、反对妇女缠足等为内容，影响相当大。当时为广大农村民众喜爱的剧目有《深闺怨》《解放缠足》《禁种鸦片》《三易奴仆》《学讲普通话》等。

1927年初，彭友圃、洪天锡、邹鲁、许英宗、彭再添、彭甘杏、彭德清、洪宗涂、李毅然等人分别在翔安沿海地区的沙美、莲河、霞浯、珩厝、东园、黄厝、许厝、洪厝、彭厝、窗东、蔡浦等村组织农民协会，发展会员数千人。

3月，中共同安特支为加强对农民运动的领导，在马巷舫山书院口的广场上召开了同安县农民协会成立大会，选举彭友圃为农会委员长。农会拥有会员2000多人，并建立一支300多人的农民自卫军。兴泉永政治监察署李松林（同安县民安里官塘人）、辜仲钊（泉州城内人）、左明亮（台湾人）出席大会。

彭友圃在会上提出贫苦的农民兄弟团结起来，打倒帝国主义、封建军阀、土豪劣绅等口号，并针对鸦片是同安一大祸害和地主恶霸、土豪劣绅摊派鸦片苗捐的现状，警告马巷商会会长、鸦片苗捐包捐人陈剑经，不得压迫剥削群众。但是陈剑经不理睬农民协会的警告，继续摊派鸦片苗捐。于是，兴泉永政治监察署和同安农民协会决定对他扣押审讯。

3月30日晚上，彭友圃率领农民武装100多人，包围陈家住宅。在陈剑经耍赖企图待援的情况下，不得已击毙陈剑经，为民除害，以促进农民运动的蓬勃发展。

彭友圃还在洪厝召开马巷农会会员大会，检阅农民自卫军、赤卫队，开展反对土豪劣绅和反租的斗争。

中共闽南临时特委报告称：同安是“农民运动在闽南比较有力普遍之县份”，同安民众“较亢悍，武器亦多，因受张毅（北洋军）、土匪、三点会等压迫及烟苗捐等苛刻剥削，故反抗情绪甚浓厚”，全县有5000农友组织的农会，马巷农会组织得最完善，并接受闽南特委农工运动讲习所的领导。

翔安地区的共产党人在大革命高潮时，抓住了国民革命的中心问题——农民问题，有力地支援了整个国民革命的蓬勃发展。

在翔安地区农民运动兴起的同时，工人运动在中共同安特支的领导下，也开始蓬勃发展。莲河、刘五店海员和码头工人响应厦门海员工会向资本家、船东提出的“加薪”运动，增加了工资，激发了工人群众的革命热情和团结精神。

翔安地区共产党人，既接受了大革命时期工农运动的锻炼，又面临着接踵而来的反动逆流的考验。1927年4月29日，同安国民党右派召开了“拥蒋护党”大会，取缔民众运动，大肆搜捕和屠杀共产党员。5月，共产党员洪天锡、洪学湍被捕并被杀害于马巷五甲尾牛圩埔；朱为满、陈福延被捕后由家里花钱保释。李松林、辜仲钊、彭友圃、彭再添、洪宗涂、李毅然（中共南安特支书记）等人先后下南洋走避。翔安地区的革命斗争形势转入低潮。

第二节 血沃土地

一、翔安党组织的恢复和发展

洪天锡牺牲后，彭甘杏与许英宗、彭德清等人贯彻中共闽南临委紧急会议将“组织农民、武装农民”作为中心工作的精神，使党团组织得以恢复和发展。1927 年底，“同安县党组织迅速发展，党员达二十人”，“估计最近能发展到五十人”，“为准备成立县委者八个之中一个”。1928 年春，省委派周少梁（浙江平阳人）来整顿组织，建立中共同安临时县委，辖新伦学校（在马巷仑头）、后许学校（在马巷后许）、希明学校（在同安洪塘苏店）3 个党支部，“现有二十同志，中有十农人”。同安临时县委根据省委的指示精神，领导农民掀起反抗烟捐的斗争。在斗争中，群众被杀 1 人，伤数人。

中共福建省委《福建全省组织工作报告》称：1928 年 11 月，中共同安临时县委已有 3 个农民支部，出版了刊物《红灯》。党员同志“对党颇关心”。1929 年 3 月，同安临时县委下辖后许、蔡浦、新伦、希明学校“四个支部，其中知识分子、农民支部各占一半；党员人数二十五人，其中农民十五人，知识分子十人”。反日会、盐务工会、青年同盟会、马巷几个农民群众的小团体等均属临时县委领导。县委由 3 人负责（知 2 农 1），力量不强，但很积极，对党的工作总路线的精神有相当的认识，工作较前紧张。党员同志的表现很积极、很有朝气，各支部在群众中颇能发挥相当的作用。

1929 年夏，省委在珩厝小学召开党团活动分子会议，选举中共和共青团同安县委。中共同安县委组成人员：书记张益坚（龙岩县适中乡洋东村人），委员许英宗、邹鲁；共青团同安县委组成人员：书记王庶民，组织委员王丛生，宣传委员林汉杰。中共和共青团同安县委共同组织了“青年团浪花社”，出版内部刊物，张益坚兼任社长，邵天降任主编，具体工作负责人石自来，社员 30 余人。

此时，党组织在金门建立了通讯处，可与省委直接联系。金门金沙小学校长李文端（同安县翔风里浦园人）与同学曾隆声（惠安人）组织“普罗学社”，发展到20人左右，成为党的外围群团组织。1930年暑假后，省委书记罗明介绍李文端、曾隆声入党，并参加省委“农村工作训练班”学习。惠安暴动后，李文端、曾隆声分别被分配到惠安、同安担任特支书记。

1929年10月至年底，泉属永春、德化、安溪、同安等地，都处在驻军与土匪的混战中。土匪叶定国与接近张贞的萧叔宣在安溪、同安一带相持。中共同安县委加紧领导群众进行反对增加捐税、派枪、派款、强迫当兵的斗争，“安溪、同安发动群众参与兵变，创建游击队”。

1930年5月，中共同安县委已发展到新伦、后许、希明、山后亭、许厝、蔡浦6个支部，其中工人支部、知识分子支部各1个。党员17人，其中工人10人，农民5人，知识分子2人；盐民组织50人，一部分革命互济会组织，金门的党组织工作也归同安领导。

1930年秋，中共福建省临委派吴××（江苏人）来改组同安县委，吴任县委书记，组织委员林汉杰，宣传委员朱为满，候补委员林济波。是年1月和10月，分别增补李五五（厦门人）、谢绍武（龙岩人）为同安县委委员，“调到同安做农运”。县委还在浦南学校和东界各设立1名通讯员。

1930年9月中旬，惠安暴动。中共同安县委组织马巷农民进行骚动，分散国民党的注意力和兵力，支援惠安暴动。

1930年冬至1931年春，国民党同安县第十区（马巷区）民团团长朱景德及其部下陈加水、蒋瑶玉带兵多次“围剿”沙美、山后亭。为保存革命力量，县委不得不分散活动。

二、接应厦门破狱斗争

在1930年“五二五”厦门破狱斗争中，中共同安县委负责接应。这是一个光荣而又艰巨的任务。难友救出来了，如果没有周密严谨的接应与疏散，就等于前功尽弃。

许英宗假扮探监的老乡，提着好酒好菜去探监，与思明监狱木匠洪礼添接头，甚至与看守监狱的长官喝酒，从中套取情报，对监狱的情况有了清楚的了解。他还陪同中共福建省委书记罗明、共青团福建省委书记王德到翔安地区沿海村庄勘察，详细了解海潮涨落情况，商议派船接人和具体的安置地点等事项。翔安沿海地区彭厝、珩厝、东园、蟳窟等几个村子的农民运动开展得比较好，地下党完全掌控了这些地方，群众基础好，尤其是彭厝有一个20余人的忠义堂组织，农会干部活动能力比较强，能接受党的领导。彭幼潜有一家“合安堂”药店和一艘载重200担壳灰的帆船，彭宏概是该船的舵手，他们都是彭厝农会会员，是党的基本群众。大嶝岛蟳窟村谢石水也是党的基本群众，也有一艘载重一二百担壳灰的帆船，同彭宏概一样经常往返于厦门海域航线，轻车熟路，接人载人都是最佳人选。5月25日，这天是星期天，国民党军警和看守人员比较松懈。这天又是农历四月二十七日，按当日潮汛，上午退潮，船只可以顺潮较快地开出厦门港，驶往翔安地区沿海停歇点。24日傍晚，许英宗指挥两艘帆船，停泊在厦门打字石码头，准备接应出狱难友。

25日上午8时50分，省委军委秘书陶铸率领特务队共11人，仅用10分钟时间，先后击毙看守所副所长卢永忠、看守李瑞凯及两名门卫、警备队长吴广成和一名警备队员，完成了营救中共厦门市委书记刘端生等40多位政治犯，而我方毫无损失的光荣任务。又用10分钟，省委组织部部长谢景德率领的接应队，每人带着三五位难友直奔打字石码头，全部登上停泊在那里的两艘帆船。在许英宗的指挥下，彭宏概和谢石水驾驶的两艘帆船，迅即启航向西北驶去，过了鼓浪屿再往东转，经过鼓浪屿与嵩屿之间的海域，穿过高(崎)集(美)海峡之后，在海上驶来驶去。入夜时分，方驶往翔安沿海，分散隐蔽在彭厝、珩厝、东园、蟳窟，然后分批将他们送往闽西革命根据地。

厦门“五二五”破狱斗争的胜利，打击了国民党反动派的血腥统治和反动气焰，解救了大批党的骨干，极大地鼓舞了革命者和革命群众的斗志，在厦门乃至福建党史上具有重要的意义，在全国党史上也有重要的影响。

不幸的是，仅过两个月，中共厦门市委在李立三“左”倾冒险错误思想指导下进行“七二五”打盐关（盐税局），行动总指挥曾浴沂（中共平和县委委员）等4人当场牺牲，傅有智（厦门赤色总工会执行委员会委员）、许英宗（中共同安县委委员）等5人被捕，过了3天被反动派枪决了（傅有智没被击中要害，脱险获救）。

进步作家高云览（1910—1956），新店刘五店人。当时在马巷启智学校任教，立志要写以厦门破狱斗争为题材的小说。他的朋友傅树生拿党内油印的破狱小册给他参考。他在第二年7月便写成了一部5万多字的中篇小说《前夜》，寄给丁玲在上海主编的《北斗》杂志，由丁玲介绍给湖风书店出版。作者署名高健尼。《前夜》是广大读者所熟知和喜爱的名著《小城春秋》的蓝本。

三、策应红军反“围剿”及攻打马巷税契局和抢盐抢布抢米斗争

1933年9月，中共同安特支游击队有120多人，下设3个中队，主要活动范围：一中队在惠东（今同安区西柯镇）地区，二中队在马巷山后亭一带，三中队在新店祥吴、九沙等村。

中共厦门中心市委提出“要组织与领导灾民饥民的抗捐抗税，分粮分谷子，吃大户，发动与加强游击战争，加紧冬收斗争来反对‘围剿’红军，反对保甲制度，创造新苏区的斗争”。

特支根据厦门中心市委的指示，决定镇压国民党马巷税契局局长陈遥远（福州人），以革命武装对付贪官污吏，废除苛捐杂税，保护人民群众利益。同时打乱敌人后方，配合安南永德根据地和中央苏区的反“围剿”斗争。

国民党马巷税契局局长陈遥远，乃是一条出了名的吸血捐虫。其为了中饱私囊，平时对百姓如虎似狼，动辄抓人，银来人还。百姓苦于负担，怨声载道，对其恨之入骨。同安特支决心惩处此人，打击国民党反动政府的嚣张气焰。

马巷税契局设在小三乡一座宫庙前，与水产捐征收所合并在一

店屋，只有前门，没有后门。鱼贩子每天都是天未放亮即挑鱼到此叫门交纳鱼捐。税契局旁边有家陈秋豆腐坊和宰猪店面，都是早早开店营生的。因游击队员多数是本地人，为避免被熟人认出而暴露身份，攻打税契局必须选择在凌晨。9月上旬某天凌晨4时，游击队中队长陈墙（巷东人）率领40多名武装人员来到小三乡，露宿的居民纷纷避入屋内。队员有的把守各条通道，有的伪装鱼贩子叫门交税。贪婪的捐虫们听到叫声就开了门。说时迟，那时快，游击队员一拥而入，从后间床铺上把陈遥远和一名征税员抓了出来。这时从屋内又钻出一个姓吴的杂役，他认得好些游击队员，站出来替陈遥远说情。因此一并枪决，不留后患。游击队员又在屋内搜出3支手枪，几十分钟即完成了战斗任务，安全地撤出了马巷镇。

中共同安特支游击队奇袭马巷税契局，一夜结果捐虫三命的消息立即传遍了全县，大快人心。而马巷税契局、水产捐征收所只好暂时“关门大吉”。

1933年11月22日，国民党第十九路军发动“闽变”，成立“中华共和国人民革命政府”（通称“福建人民政府”），实行联共抗日反蒋。十九路军第六十一师也采取与中共同安特支合作的态度。六十一师无把握召集群众大会，最后问“特支书记周（少梁）”“用什么方法来布置大会使有群众参加。周同志叫他们到各乡村公开打锣去号召，用汽车载人，弄点心给农民吃，他们完全照办”，“会散之后，同安空气很紧张，都说共产党已布满同安。同安特支经过这次大会之后，发觉走上公开的严重性，立即讨论怎样保持秘密和巩固组织，于是决定整理并停止发展同志十天，把门关起来。市委指（出）同安特支的两个极端，从公开到关门，又把新的形势和我们的策略和任务，详细地告诉同安同志，布置了同安的工作，立即派同安同志回来执行，并在组织上决定把同安特支建立为县委”。

福建事变之时，正是中共党内“左”倾教条主义、关门主义盛行之际，以博古为首的临时中共中央“左”倾教条主义者，愚蠢地把十九路军看作更为危险的敌人，强制福建党的地方组织在政治上孤立十九路军，在军事上积极骚扰十九路军的斗争。把骚扰十九路军后方作为“八一”“九一八”“一二八”等纪念活动的主要内容，在“十月革命”(11月7日，俄历10月)纪念日布置盐民斗争，准备发动收缴盐兵的枪械。

珩厝全村300余户，农渔盐业兼作，群众基础较好，邻村均为党的地下活动基点村，地处金(门)南(安)同(安)三县边界。中共同安特支根据指示，选择珩厝作为鼓动农民、盐民起来斗争的一个突破口。1933年12月某天，南同边界300来个贫苦农民、盐民从四面八方会集于珩厝村北的霄垄埔，特支分配彭天素(沙美人)、王天赐(珩厝人)负责带路及联络工作，领导人陈先查、洪宗涂做了简短的动员后，抢盐群众立即向珩厝盐场前进。一抵达盐场，王天赐迅即指报王德桥的盐坨在哪里。武装人员彭天味(沙美人)大吼一声，跃上盐坨，把绣着“斧头镰刀”的大红旗插在盐坨上。接着，鞭炮声“噼噼啪啪”地震天响起。众人齐动手，挥锄扒盐装袋。时虽寒冬，大家心头却热血喷涌，浑身是劲。大伙儿正干得起劲，突然从村边传来砰砰的枪声，子弹从人们的头上、耳边嗖嗖地飞过。陈先查、洪宗涂和游击队中队长陈墙立即指挥在盐坨周围逡巡警戒的武装队员投入战斗，开枪还击。一个队友掷出一颗土制炸弹，一声巨响，硝烟弥漫。抢盐群众心里紧张慌乱。鉴于几百群众受到股匪王仔良的伏击，赤手空拳暴露于敌人火力之下，且武装队员少，武器又多系土枪、梭镖、马刀之类，敌强我弱，不宜对峙，陈先查、洪宗涂当机立断，指挥武装队员断后，且战且走，掩护群众向东、北两个方向撤退。彭天味被紧追不放，跑到一条丈余宽的水渠，他奋力跃过，匪兵不敢跳，即瞄准射击，射中他的左臂和毡帽。

1934年1月，“同安县委党员60余人”，特支升格为县委，周少梁任书记，组织委员陈先查，宣传委员林济波，委员郭客民、陈剑鞋(后去南洋)、洪宗涂。5月，同安“同志有八九十人”，县委由省委直接指挥，下设官浔、山后亭、金沙3个区分部和3个游击中队。以山后亭第二区分部力量最大，党员60人，游击中队100来人。省委要求同安、晋南、泉州、惠安依中央指示加紧活动，“以后这几县工作都直接归省委指挥”。同时，团组织也扩大到70多个团员，农会发展到700多个会员(成年和青农混合)。“揭破‘人民政府’的欺骗,来加强扩大党对农民群众斗争的领导”,准备在最近开辟同安的游击区域。

抢盐斗争仅过一个多月,中共同安县委又在1934年2月中旬(农历年关)发动了后村抢布斗争。在行动的前一天,县委领导人陈先查、洪宗涂等人,召集巷东、巷西、巷南、巷北各区区委和游击队长到后山岩开秘密联席会议,讨论布置后村抢布斗争的具体行动任务,分配各区抽调游击队员、年轻力壮的农会会员的人数,应带武器和各项备用工具,各区集中时间、地点、进出后村路线,指挥口号,等等。巷西、巷北各队集中地点在山后亭村,巷东、巷南各地集中地点在后山岩。陈先查负责现场总指挥,洪宗涂率游击队员负责警戒出入后村的路线,保护抢布群众安全撤退。

抢布是在中午公开采取行动的。参加行动的4个区共200来人,在指定地点集合后,由后村本村6个基本群众带路,分两路进入后村,包围土豪、大布商郭铃亮顺胜布店。带有钢锯的队员马上攀上屋顶,锯断天井铁罩,入室开门。游击队员、农会会员搬完柜台上的布匹,又打开后落大房仓库,搬取存布,马上分给当地群众。

在顺胜布店受围之时,郭铃亮已逃奔邻村石厝报告民团连长洪居仔(石厝村人)。人声鼎沸的抢布动静也惊动了驻石厝的民团。洪居仔立即率民团急出截击。负责警戒的游击队员立即开枪抗击。一时枪声砰砰,形成混战状态。总指挥陈先查急忙发出撤退口令,这时距他六七步远的一个民团军官手执左轮枪对他瞄准,他身手敏捷,一个箭步冲过去把左轮枪夺过来,那个军官吓得落荒而逃。由于游击队火力远远不及民团,在民团追击下,不得不抛下布匹迅速撤离。事后,郭铃亮报失的布匹共值2000余元。

在这次抢布斗争中,共产党员杨文懿(官浔人)中弹牺牲,游击队员陈山(山后亭人)受伤被捕,押到城关杀害。国民党同安县政府进行报复,由朱景德带领马巷民团百余人,联系后村封建头子包围后村,打死村民郭旋,逮捕群众13人,索取赎金后才释放,同时抢劫民财甚巨。

是年春季，正当青黄不接之时，中共同安县委继续执行上级指令，同时为了解决粮荒，决定再次发动群众，哄抢新圩陈啀铿的源隆米店。陈啀铿由收购、制造、贩卖鸦片起家发迹，敛积财富，在马巷地区名列前茅。他在厦门办了"英和美"钱庄，在马巷经营了"复记"商行，专门批发英美日货及上海货；在新圩购置了碾米机，设立了源隆米店，囤积居奇，放粮剥削；并投资修筑新马公路（新圩到马巷下潭尾白兔码头，总长 25 华里）。

指挥抢米斗争的是县委领导人陈先查、洪宗涂、陈剑鞋。此次斗争也因民团的埋伏追击而失败。县委通讯员陈珠哂、王同志（海南人）被捕，王同志被活活打死，陈珠哂忍受严刑拷打，坚贞不屈，最后在牢中碰头自杀，壮烈牺牲。

在抢盐抢布抢米斗争受挫之后，珩厝保长王德桥有恃无恐，反动气焰甚嚣尘上。洪宗涂决定亲率一个精干的武装小组，打杀这条地头蛇，为民除害。同时也要为在这几次斗争中牺牲的同志报仇雪恨，遂由珩厝和沙美的游击队员王天赐、彭天素担任联络和带路工作。

5 月一个夜里，春雨潇潇，伸手不见五指，泥泞路滑。由于行动不便，武装小组疾行下山抵沙美基点村时天色将晓，要在天亮前赶到珩厝执行打杀任务已经来不及了。此时，沙美村群众报称，有 3 个国民党政府的收捐员夜宿村中。这几条捐虫平日狐假虎威，敲诈勒索，仗势欺人，无恶不作，群众对其恨之入骨。武装小组临时决定改变行动计划，于凌晨将 3 条捐虫从被窝里拉出来，分别在沙美学校操场和茂林山枪决，并贴出布告，警告一切反动分子：谁再敢与共产党为敌，破坏革命活动，压迫剥削人民，绝没有好下场！清晨，"斧头镰刀"大红旗同时在沙美村后的鹊峰和珩厝村后的南山顶迎风飘扬。

事后，国民党反动民团包围了沙美村，进行疯狂报复，烧杀掳掠达 10 多天，全村被洗劫一空，一个妇女被强奸。

中共同安县委（特支）在十九路军入闽"剿共"到"闽变"失败这个时期，发动、领导了攻打马巷税契局、珩厝抢盐、后村抢布、新圩抢米4次大规模的群众斗争。第一次是在十九路军“剿共”时期，针锋相对，有理有节；后三次是在十九路军联共反蒋抗日时期，骚扰十九路军的后方，无疑是打击了本应团结联合的十九路军，执行了厦门中心市委推行的中共临时中央“左”倾关门主义错误政策。中共同安地方组织和基本群众发扬前仆后继、不怕牺牲、英勇奋斗的革命精神，在没有充分的思想、武器准备的情况下，打无把握之仗，虽然策应了中央苏区和安南永德游击根据地的反“围剿”斗争，同时也给国民党反动统治在翔安地区的社会基础以有力的打击，博得了人民群众的拥护和支持，但在斗争接二连三失利、国民党政府已有预警的情况下，仍然不得不执行“左”倾错误政策，暴露了党在白区的组织，导致了国民党同安县保安队三次“围剿”中共同安县委驻地山后亭村。地方党组织辛辛苦苦所积累的革命力量由盛转衰。这是不计后果、得不偿失、不讲策略、孤注一掷的群众斗争。

十九路军的“闽变”，因为蒋介石加紧进攻和收买，导致内部分化，同时得不到红军及福建民众更大的支持而遭到失败，但中国共产党开创的同爱国的国民党人合作抗日的新局面及其经验，对推动全国抗日运动、促进国共两党以后的合作抗日产生了积极的影响。

四、中共南同边区地方组织的建立和莲河车站事件

早在1929年，中共福建省委常委就发出指示信，要求泉属各县的工作应该注意三大干路的联系，“第一由泉州到莆田”；“第二由泉州到同安”，这一路要特别注意安海、马巷、同安县城；“第三由泉州到德化”。第一路与福州、第二路与厦门、第三路与闽西加强联系。为此，省委要求泉属各县必须“建立农运的中心工作”，发动和扩大群众的斗争，为武装斗争做准备。

1931年4月，中共泉州特支建立，书记粘文华；共青团泉州特支建立，书记彭德清。党团员一起开展活动，寻找失散同志，工作范围逐步扩大到晋(江)南(安)同(安)边区。是年冬，中共厦门中心市委派张德秀建立中共晋南特支并任书记。彭德清化名陈国华，由负责水头地区工作的田边小学教员吴沧溪介绍到莲河小学教书，在莲河

一带发展了一批党团员和农会、工会会员，在农村开展“三抗”斗争（抗征兵、抗征粮、抗苛捐杂税），两次组织码头工人罢工，要求老板加薪。

张德秀、彭德清开创晋南党团的工作，“起初是靠一些党员同志开辟的，由儿童工作开辟到农民工作”，青农工作主要的区域是莲河，有组织的青农有80多人。党团工作范围扩大到晋南同三县交界处“六个区，即官桥、水头、东石、莲河、安海、梅岭。党团支部四个（党一个），互济会约六十人，农会三十余人，工会（劳苦）十余人，另学生反日会有两个学校的学生，完全在我党领导之下的，人数有三百多的小学生”。中央巡视员钟维汉在中共厦门中心市委会议上指示：“有党的支部的地方一定要有团的组织。同样，有团的支部的地方，亦要有党的组织。”

1932年5月，莲河地区已有红色群众百余人，还有10多件武器，5个新党员，但党的支部组织尚未建立，中共厦门中心市委决定在此发展一个支部，因为这里是一个很重要的农村，要加紧建立、训练各乡的武装组织，注意打进黄巢山脉的农村，发动游击战争。6月，彭德清建立了中共莲河支部和团支部，吴朋愫任党支部书记（莲河车站事件后由吴天影接任），吴金埕任团支部书记。[①]

当时，晋南的团组织“本身不健全，主要的原因是很幼稚。另方面是因为党组织上的问题影响到那边的工作，工作虽然不会坍台，但是没有多大发展，只是发展了一部分的青农基础。过去都是童子团，没有青农，现在已经有了，不过还是很少。因为晋南和安溪在地理上有很密切的关系，所以我们把（共青团）泉州特支书记（彭德清）调到晋南，同时恢复同安的工作”。共青团泉州特支书记彭德清调任中共晋南特支书记兼共青团晋南县委书记，团县委组织委员张德华，宣传委员颜湘，委员颜期权。“县委几个委员大多是十五六岁的小孩子，很活泼，精神很好。”共青团晋南县委的工作做得相当出色，

① 林勤石：《南同边区的我党活动概况》，《同安文史资料》第3辑，1983年，第12页。

“晋南的党受团的领导，党员几十，团员有一百多人”。

同年夏，水（头）石（井）莲（河）汽车公司老板、国民党石井区区长郑选卿在莲河车站侮辱莲河小学一个教员。吴朋愫带领群众与之评理，并痛打了他，因此暴露了色彩。第二天，民团包围了学校，吴朋愫避开了，彭德清刚好外出工作，民团扑了个空。彭德清回校后，向吴天影交代了做好码头工作的任务，并向他借了 3 块钱做路费（解放后还了 10 块），与郑秀珍（市委机关工作人员因暴露身份调到晋南负责妇女工作）速离学校，转移到南安山区岭兜内坑基点村。吴天影接任中共莲河支部书记。

五、中共安同南边区临时特委的建立和彭德清的越狱斗争

1933 年 10 月，当国民党集中兵力大举进犯中央苏区时，不得不暂时放松对其他革命根据地的“围剿”，安（溪）南（安）永（春）德（化）边区的党组织和红军闽南游击队第二支队紧紧地抓住这个有利战机，开展武装斗争和土地革命。至 1934 年 2 月，东起永春湖洋，跨越南安诗山、金淘、码头，西达安溪长坑，南到同安五峰，北至德化三班、盖德，活动范围达 3000 平方千米，人口达 30 多万人，有近 500 名党员和一支万人规模的农民武装队伍。

1934 年冬，中共厦门中心市委决定把同安五峰、安溪龙门、南安英都等地党组织合并成立三县边区临时特别委员会，彭德清接替周少梁继任中共同安县委书记兼安同南边区临委书记。同安县委组织委员陈先查兼临委组织委员，龙门特支书记林师柴兼宣传委员。其主要任务是：①扎实做好群众工作，打好游击根据地的基础；②借助安南永德红军游击队的力量，组建安同南边区武装；③将安同南边区与安南永德根据地连成一片；④积极向长泰、漳州方向发展，打通和闽南红三团联系的通道。在彭德清进山区开辟工作时，由陈先查代理同安县委书记。

1935 年 2 月 1 日（农历十二月二十八日）年关前夕，彭德清为了解决党组织和成立游击队、建立游击根据地的经费问题，回家乡彭

厝借到10多块钱，到同安县委驻地山后亭找陈先查了解情况后，给他5块钱作为活动经费。在返回五峰途中，徒步涉过塘厝港，走到万家村附近时，遇到国民党便衣队，这时要回头走避已来不及了，只好壮着胆向前走。便衣队有个人突然跳出来指认彭德清是“干革命的”，要把他抓起来。此人也是彭厝人，好吃懒做，曾参加农会，入赘山后亭，叫彭水锦，改姓陈，后来当了便衣队特务，但还不知道彭德清的确切身份。便衣队搜走彭德清身上的钱，到傍晚拦到车，把彭德清押送到县城，天黑时投入同安县监狱。

翌日放风时，彭德清遇到入狱多时的团县委书记陈九思和团县委组织委员黄永妙。彭德清在询问他们都“干净”（没有自首）的情况下，提出是否可以利用大年初一放假过年看守松懈的时机，组织监狱暴动，放风时冲出牢门，分散逃跑。年三十傍晚，彭德清突然被单独关押在一间小平屋里，集体越狱的计划遂流产。

2月7日（农历正月初四），国民党同安县党部书记长曾文墨亲自提审彭德清。

曾问：“今天请你谈谈。”

彭答：“明明是把我抓来的，还谈什么请！”

曾说：“你将你的事老老实实讲清楚。”

彭答：“好，我一定讲清楚。我叫彭楷珍，彭厝人，在家种田，因为要到同安买东西过年，在半路上遇到你们的便衣队，其中一个是我们彭厝人，叫彭水锦，是他叫便衣队抓我的。这个人不是好人，他偷了我家一头牛，今天又来害我，我就是这样被你们抓来的。”

曾说：“你如好好讲，我们可以做好朋友，将来你要到哪里去，要做什么工作，我一定帮助你解决。”

彭说：“我是老百姓，是怕兵和当官的，怎敢同你做朋友，不是一条路。至于工作，我回家种田，你就放我回去吧。”

曾文墨只好又把彭德清押回单人牢房里。2月20日（农历正月十七日）夜里，彭德清撬开脚镣手铐，扒房越墙逃跑，先到西柯找到党支部书记柯贱，柯贱叫人用船送彭德清过海。彭德清顺着偏僻小路走到宋厝（今祥吴社区宋厝自然村，地下党的支部大都设在较偏僻的小村)党支部刘企瓶(陈瓶)家里,21 日夜幕降临时,决定走上开辟五峰山区革命根据地的征途。

六、晋南同边区的革命斗争和陈先查、李剑光的牺牲

1933 年 8 月 27 日,安溪县革命委员会(又称"安南永苏维埃政府")在安溪东溪正式成立,极大地鼓舞了泉属各县中共地方组织和人民群众。同年秋,在南安大盈仙迹岩召开了中共晋南同边区第一次党员代表大会,拟选举成立晋南同苏维埃政府,代表约 140 名,会中遭国民党民团 500 多人突然围攻,与会代表分两路突围脱险,晋南同苏维埃政府未能建立。但中共晋南特支升格为晋南县委(黄国英任县委书记),辖梅岭、官桥、安海 3 个区委,1934 年 5 月,又增设了南同边区(莲河)区委(吴复基任区委书记)。同年 7 月,中共泉州特支、共青团泉州特支分别并入中共晋南县委和共青团晋南县委,形成了以梅岭、官桥为中心的游击根据地。

1935 年 2 月 21 日(农历正月十八日),陈先查到新店湖头村从事革命活动,晚上回到山后亭家里,凌晨 3 时许,国民党同安县党部书记长曾文墨带领保安队 50 多人,把陈先查的家包围得水泄不通。陈先查听到敌人的撞门声,从另一个门冲出去时,被埋伏在门外的敌人击中,英勇牺牲。敌人继续在山后亭"守株待兔",年底,厦门中心市委派到该村送公文的一名交通员,因人地生疏被捕,押送泉州后不知去向。

4 月上旬,红二支队精干小分队跳出敌人的"清剿"圈,与晋南游击队一起,打通了安南永、晋南同、安同南边区的游击路线,完成了预定的任务。13 日,支队长尹利东(尹林平)、政委李剑光、彭德清率小分队从梅花岭出发,回师安南永根据地。18 日午夜,李剑光率部分队员先行,土匪出身的游击队员苏天时开黑枪杀害了政委李剑光,拖枪投敌。安溪中心县委临时会议决定由彭德清继任红二支队政委。

9—10 月,中共晋南县委机关驻地南安岭兜先后两次遭受国民党军队的"清剿",县委委员、晋南游击大队大队长尤大斧,副大队长

王美，县委委员、政治部主任王村生等人先后被捕惨遭杀害。在白色恐怖下，党组织遭受严重破坏，县区一些主要党团干部被迫转移隐蔽或出国。区委组织先后消失，县委主要领导带领几个坚强的干部继续坚持在晋南同地区活动。

10月中旬，红二支队化整为零，暂时分散活动，永春、南安组织两个组回本县活动，安溪10多名干部和游击队员转移到湖头隐蔽。月底，尹利东到厦门向中心市委汇报工作。

1936年春，形势更加险恶。曾在晋南活动过的红二支队第一大队长郭港在安溪叛变投敌，参加“铲共义勇队”，并带队到晋南地区抓捕共产党员、革命干部、游击队员。其间，中共晋南县委委员李昭曹、共青团官桥区委书记林青、共青团山边区委书记郑双先后被捕叛变。5月，晋南县委委员傅文煌被捕叛变。6月，南同边区区委书记吴复基、副书记吴天赐因叛徒告密被捕，区委因此解散，党员各自隐蔽。在党组织屡遭严重破坏的情况下，晋南县委补充新成员，从南安县金淘游击区转移到晋南活动的李刚，任晋南县委委员。1937年1月，中共厦门工委派李毅然回莲河地区，寻找、考察失散党员，逐步恢复了党组织。5月，晋南县委书记黄国英被捕叛变，晋南县委改为晋南工委，划归闽中工委领导，李刚为闽中工委委员，负责领导晋南工委。

七、彭德清在沙美成功突围

1936年春，彭德清到厦门与尹利东和厦门中心市委书记余南见面，汇报了红二支队受损失的情况。针对叛徒易培祥（原安溪中心县委书记、特派员）纠集“铲共义勇队”，破坏党组织，革命暂时处于低潮的严重情况，余南明确表示：①尹利东目标太大，暂不回去，要彭德清继续坚持斗争，做好恢复工作；②如果情况严重到不能坚持了，可向晋南同转移，今后还要注意多加联系。

彭德清得到市委指示后，便重回金淘区，召集安溪中心县委执委曾奎、金淘区游击队长蔡东，传达市委指示，分析形势，鼓励大家坚持斗争。不久，由于反动势力步步紧逼，又发生了两个游击队员拖枪逃跑事件。为了稳定局势，接受群众打土豪的要求，镇压了一个恶霸，振奋了群众情绪。

隔了几天，彭德清召开了一次农民集会，准备重新建立农会。就在这时，突遭民团包围，游击队的陈班长当场壮烈牺牲，遗体和武器未及抢出。敌人便利用这一事件大做文章，造谣彭德清已经被打死了。

游击队的活动地区越来越小，仅存安溪大箭村一块小地方。安溪城里的敌人又扬言要“清剿”大箭村。在这种形势下，为保存这一小部分革命力量，彭德清决定队伍撤离安溪，向晋南同地区做远途转移，甚至打算袭占国民党兵力薄弱的金门岛。大家化了装，趁夜从大箭村出发，沿晋南同游击路线，转移到南同边界莲河地区，以摆脱敌人的纠缠。

4 月，彭德清转移到莲河地区后，领导同安县委的 3 个区委：莲河区（又称五区，亦隶属中共晋南县委），书记吴复基（霞浯人），委员吴天影（莲河人）、张金锭、张文忠（二张均为南安县石井区前坂村人）；官山区（又称四区），书记陈胜（官山人）；巷南区（又称三区），书记刘企瓶（宋厝村人），委员翁柔（造店村人）、吕琛（九沙村人）。

彭德清带来的 10 来个人，迅速分散隐蔽住在沙美和邻村鹊鸟垵村（属南安县），尽可能减少目标，以防不测。彭德清与沙美村有同宗关系，多次在这里活动过，有群众基础。村后冈峦连绵，是个比较安全的地点。红二支队女战士易秀英等宣传员在沙美、鹊鸟垵积极宣传发动群众，经常在夜里向贫苦姑娘教唱《十劝妹》《八劝哥》《农民革命歌》《红军纪律歌》《正月里来》《六月割稻歌》等闽南语红军歌曲。

丧心病狂的叛徒易培祥带领“铲共义勇队”到各个基点村寻找游击队。4 月 26 日傍晚，易培祥和国民党莲河联保主任李其谅（洧江人）带领“铲共义勇队”和“金南同剿匪训练班”几十个敌人，埋伏在沙美洋头。

其时，彭德清正派共青团员彭畔通知游击队员和市委及当地党组织的同志前来开会，研究如何开展南同边区的工作。彭德清刚到开会地点（沙美六祧一座小楼），彭畔来报告安溪山里来人要找他。此事出乎意外，彭德清立即怀疑这里面一定有问题，马上到村边察看动静，即遭到敌人射击。彭德清立即开枪还击，彭畔与老练（潮州人）、阿南（海南人）随彭德清在重重夜雾的掩护下，冲出包围，脱离了险境。本村基本群众彭炳造、彭炳放、彭炳斗、彭炳上也疏散回家，避免引起敌人注意。敌人冲进村子后，大肆搜查，一无所获，便恼羞成怒，强奸一名妇女，抓走群众彭楷过。

厦门中心市委书记余南和市委机关工作人员郑秀珍及红二支队女战士易秀英住在沙美邻村鹊鸟垵，听到从沙美方向传来剧烈的枪声，立即觉察到情况有变，余南、郑秀珍一路撤退，后失踪不知去向。易秀英跑去霞浯找到南同区委的吴复基、吴天赐、吴两全，4 个人又潜回沙美找到彭畔，然后 5 个人一起到山上住了几天。彭畔、吴两全说厦门有亲戚，易秀英、彭畔、吴两全便到了厦门，吴两全去找亲戚，易秀英改名易碧，与彭畔住在竹坑湖（今湖里），以做豆干、腐竹维持生活并寻找党组织。彭畔在彭德清这次突围中表现非常勇敢，与易碧从革命战友发展成为终身伴侣。

1936 年 9 月，彭德清将由闽粤边区特委交通总站交通员带到平和县粗坑村，他在临行前到竹坑湖找到了彭畔、易碧，交代他俩要机智地隐蔽、顽强地坚持下来，以后如果接洽方便，路线没有危险，就派人来接他们。彭畔、易碧一直盼望着彭德清来接，希望能够继续在彭德清的领导下从事革命工作。1938 年 1 月底，彭德清任新四军四团一营三连指导员，赴皖抗日，成长为一代名将。

晋南同边区党组织领导、开展的武装斗争，经历了由顺利到挫折、由公开到隐蔽的过程。其间，由于反革命势力的强大，“全国革命形势若不是继续地向前发展，而有一个比较长期的停顿，则小块红色区域的长期存在是不可能的”。但是，党领导的地方武装在人民群众的有力配合和支持下，拖住了国民党李延年部大批兵力，为中央苏区反“围剿”斗争和中央红军长征，做出了积极贡献，也为本地区革命力量的恢复和发展奠定了基础。

第三节 抗日烽火

一、《抗日救国纲领》的宣传

1931 年 9 月 18 日夜，日本关东军进袭沈阳，制造了震惊中外的九一八事变，激起了全国人民的抗日怒潮。9 月 27 日，各机关、学校、社团在县政府大礼堂举行“同安各界反日救国宣传大会”，参加大会的共 2000 多人。

1932 年 3 月 6 日，陈嘉庚写信给叶渊校董，强调说：“时至今日，任何人皆应抱牺牲精神，各尽所能，以与暴日抗，希勉励学生，激昂勇气……”陈嘉庚赤诚爱国的伟大精神，给同安人民和集美学校师生很大的鼓舞。翔安地区各小学，特别是侨建小学，纷纷组织“晨呼队”，如井头侨领林金殿独资创办的九牧小学、井头小学，澳头侨领蒋骥甫独资创办的觉民学校，每日清晨集队高呼抗日口号，高唱抗日歌曲，激励民众的抗日热情。

1933 年 11 月，中共同安县委与十九路军联合召开群众大会，支持十九路军抗日反蒋。1934 年 4 月 20 日，宋庆龄等人以“中华民族武装自卫委员会筹委会”的名义发表《抗日救国六大纲领》，中共同安县委首先向社会上有地位的人士、各社会团体发布，接着向下层群众宣传，和区公所、商会、国民党驻军等共同召开大会，利用这机会来公开宣传鼓动，把纲领以及民众武装自卫会的旗帜公开出来，把抗日的气氛搞得浓浓的。单在马巷就动员了 300 名以上的农民参加抗日宣传大会，由小学生组织宣传队到农村配合赤色群众公开宣传抗日，签名募捐抗日经费。广大人民群众普遍知道六条纲领，甚至“三点会”武装 100 人左右都赞同反日纲领，要求筹委去领导。中共厦门中心市委表扬同安县委：“这是同安的成绩……”在同安（翔安）人民反日浪潮中，宣传、募捐等工作，“主要由我党（共产党）来发动”。“在这过程中扩大了党、红军、苏维埃的影响了，吸收了一部分的群众在反帝组织里面来了，党员大大增加了(特别在同安)。”“同安县党员由数十发展到一百多人，群众由六七百人恢复到人民政府时代的数量了，且开辟了新的工作区域了。”“特别是同安一般商人概知道‘国母’提倡下的六条救国纲领。”

中国共产党在土地革命战争向民族革命战争转变的时候，制定出适合新情况的完整的政治路线和战略方针。1936 年 7 月，中共党员夏明纲到同安县任县长。他根据中共中央关于“共产党员不应该拒绝去参加国民党所包办的、有群众参加的抗敌后援会，参加的目的是争取后援会的群众走上积极抗日的道路，团结其中‘左’倾的积极分子在自己的周围，并利用后援会的合法组织与其中的积极分子去开展抗日救亡运动”的指示精神，于 1937 年 7 月 26 日成立同安县各界抗敌后援会，委员 16 人。同安县各界抗敌后援会配合中共晋南工委，宣传《抗日救国六大纲领》和中共中央《为抗日救国告全体同胞书》(通称《八一宣言》)，大力开展群众性的抗日救亡运动。夏明纲在同安仅任一年县长，就被调到他地任职。

二、金门同胞奋起抗日

金门原属同安县，1775 年(乾隆四十年)至 1912 年属马巷厅翔风里。1914 年属思明县。1915 年始设县治，由大小金门岛、烈屿、大小嶝等岛屿组成，全岛面积 140 多平方千米。由于金门孤悬台湾海峡，险踞东南海疆之胜，距大小嶝的角屿仅 1800 米，与台湾、澎湖亦一夜可渡，其战略地位十分重要，因而早就为日本侵略者所注目。日军企图以金门为跳板攻占厦门，但国民党对金门的防卫极不重视，既不修筑防御工事，又不增派一兵一卒，更不用说动员和组织民众抗日了。因此，当日军对金门发动进攻时，全岛除保安队百余人外，竟没有一支正规部队驻防。

1937 年 10 月 24 日，六七艘日本军舰停泊在金门旧金城海面上，日军乘坐小汽艇企图登陆金门岛，被岛上的壮丁队开枪击退。25 日，日军飞机在金门岛上空盘旋侦察。26 日凌晨 4 时，日军 8 艘军舰炮轰金门海岸。拂晓以后，日军又出动航空母舰舰载飞机俯冲扫射滨海地带。7时许，日本海军陆战队在飞机和战舰炮火的掩护下，分乘20多艘小艇，在水头、旧金城、古岗三路强行登陆，并直逼金门县城。守卫在滩头的100多名保安队员、壮丁队员英勇地迎战进犯的日军，坚持战斗近一个小时，终因敌众我寡和装备陈旧，全部壮烈牺牲。中午，日军攻占了金门县城，“金门失陷，开始了华南的卢沟桥事变”。

在日军强犯金门时，国民党金门县政府对此竟毫无戒备，贪生怕死的邝汉县长竟置金门人民生死于不顾，日军未登陆居然匆忙带上县保安队60余人弃职潜逃，携家眷乘“金星号”逃往大嶝岛，然后将权力交给县社训处教官陈文熙，再次弃职转逃漳州。12月17日，邝汉在漳州被抓获，押到福州被国民政府以弃职潜逃罪枪毙。

抗战时期，金门县县长轮换了8位（陈文熙、周秉彝、韩廷爽、颜德桂、韦淡明、李天锡、何朝元、叶维奏），县政府总部、文书房、保安队、会议室、盐兵楼、国民党金门县党部和县党部书记处迁至大嶝岛田墘村，共7处12栋建筑。国民党金门县政府直至抗战胜利后才迁回金门岛。迁址期间，政府职能没有丧失，机构正常运转。

金门沦陷后，数以万计的金门难民逃难到厦门和泉属各县，金门人民的抗日呼声震撼山河，救亡运动如火如荼地开展。中国妇女慰劳前方抗战将士总会厦门分会工作团由分会执委、共产党员谢亿仁（谢怀丹）带队，前往鼓浪屿难民营慰问金门难民。金门难民陈冰深受感动，致了答谢词。随后，她参加慰劳工作团，跟大家一起战斗，后来成为工作团的骨干。洪涛、卢秋涛主编《金门呼声》，对金南同边区民众抗战热忱起了积极推动作用。

大嶝岛是福建东南沿海大陆最后一道屏障，素有“大嶝一寸土，大陆一座山”之称。1937年11月，国民党陆军第八十师一个营驻扎大嶝，构筑工事，准备抵抗日军进犯。大嶝的百姓主动捐献门板、石料给该营修筑工事。农民郑德语把自己准备建房的木料、石料、水泥全部无偿地捐献出来。

时任金门县县长的周秉彝先生，从泉州搬来数十门旧式的火药炮，安置在大嶝双沪一带的沿海岸边，加强防御。田墘村有一个很出名的土炮手，名叫郑记得。他不仅科学地借用锯木时架设木头的木马原理，设计出可以自如调节古炮炮管高低，从而控制射击角度的新式炮架，还在炮弹射击中有一手绝技：日军军舰驶到土炮的有效射击圈内时，他把炮弹射击到最高处，让炮弹垂直自由落体，正好落在日军军舰上面。他作战勇敢，负了伤依然不下火线。大嶝的百姓感念他的精神，仿其相貌，雕刻了一尊神像，披上红袍，供奉在田墘郑氏宗祠里。生前受此殊荣，他是大嶝第一人。

1938 年 5 月，日军铁蹄踏上厦门。大嶝的印尼华侨郑德珀选择将逃难到厦门的家人带回中国军队驻扎的祖籍地大嶝岛，决定不再到南洋做生意，留在大嶝岛和大家一起抗日。郑德珀将下南洋赚钱建的全岛最漂亮的房子让给八十师师部指挥所使用。房子阁楼视野开阔，可以瞭望海边，指挥位置极佳。八十师与日军打过好几次陆对海的阻击战，使大嶝在抗战中一直未落入敌手。

1939 年 4 月，以金门人(包括大嶝)为主，加上南安水头、石井、莲河地区的热血青年共 40 多人，以许铁坚为团长、陈天伦为副团长，组织了“金门复土救乡团”。是月 19 日夜晚，该团“英勇敢死队”40 名壮士，其中有金门人张荣强、张西湖，大嶝人谢文生、陈旺、陈金汉等人，乘坐快船，借着夜幕的掩护，勇敢地登上日军控制的金门岛，突袭金门的日军营房。敢死队分为 3 队，第一队埋伏警戒，监视日军；第二队疾趋官澳，先擒杀哨兵，然后集中火力，以驳壳枪、手榴弹轰击日军盘踞的红楼；第三队进攻官澳第十号兵房。日军从睡梦中惊醒，仓皇迎战，死伤 20 多人。敢死队队员郑良、陈才在突击中阵亡，其他队员顺利退到海边，登舟离岸。这次夜袭，打死日军第二特别陆战队大西部队第二、第四中队官兵平尾等 14 人，缴获轻机枪两挺、步枪 10 余支和钢盔、子弹等其他战利品 100 多件。

4 月 22 日，《泉州日报》用“我壮士 40 名突袭金门建立伟绩”的醒目标题，及时报道了这一鼓舞人心的胜利消息。水头镇《许氏族谱》载朴里村爱国老人吕良亨为袭金胜利即兴赋诗志其事：

铁坚谊侄，爱国男子也，民二十八年四月，壮士夜袭官澳敌营，凯旋后向予索诗纪事，受赠七律一首：

怒发上冲壮士冠，腰悬驳壳手榴弹。
小嶝登艇夜潮急，官澳摸营敌胆寒。
缴得洋枪新又好，斩来贼首矮兼胖。
赏功羊酒君休醉，待捣黄龙饮尽欢。

清光绪八年(1882)版的《金门志》卷二《分域略·津梁》载："西黄渡：小渡船，往莲河。"古西黄，今名西园，乃是金门对渡莲河的水上要道。西园至莲河用木船过渡不过二三十分钟的航程。

金门西园人黄天算因开金门与莲河对渡的渡船，与莲河贩布姑娘张晟喜结连理。金门沦陷后，黄天算与妻子、女儿及弟弟回莲河妻家避难，弟弟参加了金门复土救乡团。

救乡团依靠莲河与金门的地缘优势，不断组织夜袭日军的行动。在一次暗渡金门的刺杀行动中，黄天算虽身为百姓，但作为最熟悉这条水路情况的人，应征为救乡团的船夫。行动结束后，他没能及时赶回船上，被搜捕的日军抓获。随后，他被送往厦门虎头山监狱审讯。黄天算始终强调自己只是被征用的船夫，并不是救乡团的人，但他最终还是被杀害了。黄天算的弟弟为了报仇，在救乡团组织的一次袭击日军的战斗中，与敌人同归于尽。这就是莲河、西园演绎的两岸联姻家庭抗日故事。

抗日期间，救乡团还袭击金门砂美伪区公所、琼林伪派出所等，打击日军的同时也给逃亡各地的金门人以鼓舞。西园抗日纪念碑刻有抗日烈士的英名。

金门沦陷后，金门民众在抗日救亡运动中结成了广泛的抗日民族统一战线，除了国内的各阶层民众外，还包括许多身在异乡、心系祖国的爱国金门籍华侨。他们或在异国他乡为祖国奔走呼号；或献财献物，支援抗战；或毅然回国，投身抗战，为祖国的抗战事业立下了汗马功劳。

1939 年，国民党安南支部委员、越南华侨救国总会主席、越南麻包商和蛋业出口商救灾会主席、越南华文报业公会主席、法华越联谊会常务委员、金门人陈国础(1902—1969)被选为南侨筹赈代表大会主席团成员。南侨总会成立后,又被选为常务委员。1940年,参加南洋各属华侨回国慰问团,任第三团团长,到抗日前线绥远五原、山西中条山、河南郑州等地劳军。1941年秋,日军照会南圻总督要求逮捕陈国础,究办其筹赈救灾、主持抵制日货运动等罪,陈国础黄夜化装逃跑,家人四散,产业忍痛牺牲。一年多后,始经广西入贵州转重庆。1943年,陈国础被选为国民党第六届中央执行委员。其次子陈梦山加入中国青年远征军,秉承父志,献身杀敌报国。

抗战期间,金门籍印尼华侨郑曼如任"中爪哇华侨抗日民族解放大同盟"负责人。金门籍菲律宾华侨陈铁民、萧山贞参加"中华民族武装自卫会菲律宾分会",1939年,该分会派出"菲律宾华侨各劳工团体联合会慰问团"携带物资回国慰劳新四军,全团23人都参加了新四军。抗战初期,国民政府派员到菲律宾、马来亚、新加坡招收华侨青年回国报考军校,金门籍华侨青年董敏翔等人回国报考了军校。

金门籍报人洪丝丝(1907—1989)在新加坡任教,兼任印尼棉兰《南洋日报》特约评论员、《新中华报》总编辑,1938年在马来亚槟城创办《现代日报》,主编《现代周刊》,鼓励华侨抗日救国,成绩卓著,获"南洋邹韬奋"的美誉。

三、中共南同边区支部的抗日救亡运动

1937年7月,以莲河地区互济会中的共产党员为基础成立了中共南同边区支部,书记吴金埕,组织委员张钦锭(南安石井前坂村人),宣传委员吴天影。1938年5月10日,日军侵占厦门。中共厦门工委党员林维炳、张文川转移到南安水头,被安插在南星中学当校工,加入中共南同边区支部,负责南星中学党小组。此时,南同边区已有党员近20人。支部下设马巷、南星、莲河3个小组,分别由黄永妙、林维炳、张钦锭负责。

金门、厦门沦陷后,南安、同安沿海村庄连续遭到日军的狂轰滥炸,翔安地区人民的抗日呼声震撼山河,救亡运动如火如荼。在这

种情况下，中共厦门工委、中共泉州中心县委指示党组织在南同沿海地区广泛发动各阶层人士和广大民众，组织抗日团体，开展抗日救亡运动。

1937 年 11 月，中共南同边区支部领导的莲河抗敌后援会正式成立，由中山大学教育系毕业生李安水（南安石井洳江人）任主任，南同边区党支部书记吴金埕兼任政治委员。后援会下设警备队、纠察队、救护队和抗日剧团等。

警备队拥有群众武装 30 余人，由党支部直接指挥，相当于党领导的抗日游击队，准备在日军侵入大陆时作为游击队的骨干力量。纠察队的主要任务是监视汉奸、特务，查看路条和缉私等社会治安工作，曾逮捕金门汉奸张西湖，截获焚毁运载白糖资敌的走私船。救护队主要是救护遭受日军炮击轰炸时受伤的群众。抗日剧团则深入乡镇农村，进行抗日宣传演出，经常公演的剧目有《放下你的鞭子》《姐妹开荒》《珠江怒潮》《过关》等。

莲河抗敌后援会抗日剧团冲破国民党顽固派的阻力，在城乡宣传和发动群众，唤起各阶层群众的抗日热情，投入抗日救亡运动。剧团的抗日救亡宣传活动搞得轰轰烈烈，有声有色。福建省抗敌后援会厦门分会宣传部出版的《抗日导报》曾以《救亡宣传在莲河》为题做了专题介绍：10 月 10 日，莲河抗敌后援会在莲河演出时，观众有七八百人。“我们即开始表演《警号》《张家店》《秋阳》《放下你的鞭子》等，每个节目完了，即配以救亡歌曲及演讲。全场情绪非常高涨。当演《放下你的鞭子》时，那台上的人说到：‘无国便无家，诸位同胞！在此全面抗战展开时，要保全我们家，先要保全我们的国；要保全我们的国，就要全国无分男女总动员起来，实行有钱的出钱，有力的出力……’即时台下掌声雷动，铜板、纸票如雪般的往台上掷，有的因身上没带钱来，即先认捐多少，然后回家拿来补交。当晚结算共得八块多的国币。这是不愿作亡国奴的一种表现。”在奎霞演出时，全场六七百名观众自始至终站着看演出，无一人事先退场。在大嶝演出时，观众达千余人，破大嶝岛观众人数记录。在佬港演出时，正逢该村“佛生日”，群众热情邀他们吃酒。宣传演出起到抗日救亡效果，激起广大群众对日本侵略者的仇恨。大嶝一位老太婆看了演出后说："真是变了，哪里来的这样凶而不讲理的日本强盗，我们真是非给他们一个教训不可！"佬港一位刚退职的联保主任说："他今年已经70多岁了，倘倭寇敢侵到此地来，他至少要先行打死他几个，然后才与老命配他。"

1937年下半年至1938年初，剧团巡回到南安水头镇，要筹借道具，办理膳宿，派剧团团员吴青贵向水头区政府接洽，区长王朝璧不予理睬。吴青贵抗议区长对抗日宣传持反对态度，王朝璧即以吴青贵反政府为由将其扣押。李安水闻讯率领全体剧团团员向区政府进发，沿街呼口号，同情的群众也纷纷参加游行，并包围了区政府。王朝璧慑于众怒难犯，当场放回吴青贵，并乖乖地将道具借好，安排食宿和各乡村的公演地点。

党支部同时对国民党反动官吏展开有理有利有节的斗争。1938年下半年，莲河联保办事处办事员庄振德强迫征兵征粮征税，从中贪污受贿，群众怨声载道。党支部即搜集其罪恶事实，由李安水执笔，发动群众签名向南安县政府控告。南安县政府在事实面前，不得不将庄振德撤职查办。

1938年初，马巷抗敌后援会成立。由南同边区党支部马巷党小组负责人黄永妙任后援会主任兼马巷抗日剧团团长。黄永妙提出只要有一颗爱国心，一致抗日，不分政治倾向都可以团结到抗敌后援会来，从事抗日救亡工作。他深入山后亭等沿海村庄，联系土地革命战争时期地下党基本群众骨干，动员他们在抗日中再做贡献，发动山后亭中心小学师生开展抗日宣传，做侯牧乡乡公所分队副的工作，使其同意组织全乡青少年进行军训和抗日教育，连汽车司机都参加后援会的工作，抗日救亡运动搞得轰轰烈烈。后援会还在马巷地区开展抵制日货和打击走私的活动，在琼头村缴获一批日货。

马巷抗日剧团是一支集文字、漫画、歌咏、化妆演出为一体的宣传抗日的队伍。为了充实剧团阵容，中共厦门工委调洪凌、王秋田、陈轻絮、童新民、童如、许德沁等同志到马巷协助剧团演出与指导歌咏。洪凌、陈轻絮给剧团传授《古庙钟声》《在炮火中》《打鬼子去》《小流亡者》《谁是我的爸爸》等剧目，还向厦门抗日青年联合会借聘化妆师一名、女角童角各两名，演出水平大为提高。厦门青年战时服务团同安工作队还到马巷、刘五店宣传演出，当台上唱出“九一八，九一八，从那个悲惨的时候……”，台下一片静寂，可以听到妇女低泣的声音。当唱到“种子落地会发芽，仇恨人心会生根。不杀冤仇臭日本，海水也洗不掉心头恨”时，会场情绪沸腾，高呼“打倒日本帝国主义”口号，收到很好的宣传效果。

每天上午，马巷抗敌后援会宣传组编写抗日壁报、漫画到街上张贴，下午排练剧目、合唱歌咏各两小时，其余时间演员背诵剧本，集体读报，听形势报告，由黄永妙、王秋田、许德沁轮流主讲。抗日宣传的生活既紧张又有秩序。

1938 年 5 月 9 日，剧团首次在马巷书院门口广场公演《放下你的鞭子》《一颗子弹》《过关》《罗店秋月》等抗日话剧。每当演完一个节目，就穿插歌咏队合唱《义勇军进行曲》《松花江上》《大刀进行曲》《游击队之歌》《农工商学兵团结起来救亡》等抗日歌曲，歌声悲壮激昂，催人泪下，极大地激发了观众的爱国热情。每一场话剧演出前，团长黄永妙必先登台发表演讲，用通俗易懂的闽南话控诉日军“三光”政策的野蛮暴行，号召炎黄子孙应在民族抗日统一战线的领导下，不分党派联合起来抗击日本的血腥侵略，洗雪国耻！

马巷公演的翌日，传来了日本进攻厦门的消息，激起剧团全体同志的义愤，决定立即深入农村巡回演出，进一步开展抗日宣传活动，唤起民众。抗日剧团先后到新圩、诗坂、曾林、曾厝、沙溪、后垵、许厝、黄山前、山后亭、新店、东坑、洪厝、彭厝、珩厝等十几个村庄，历时两个月，演出 15 场。稍做休整后，又与莲河抗日剧团联合，在莲河、浏江、溪东、石井、奎霞、水头、官桥、门口店等南同边界广大农村演出，历时一个月，演出 10 场，有数万群众接受了抗日救亡的爱国主义教育。

抗日战争时期，翔安地区流传着《同安是我老母》《同安人》《快来讨倒返》《锵锵滚》《天乌乌》《十二生肖抗日歌》《抗日五更鼓歌》

《劝新娘抗日歌》《妇女抗日歌》等许多抗日闽南语歌谣。有的是民间艺人新作，有的是旧调填新词，朗朗上口，动听易学，创作素材取之于当地，很受群众欢迎，富有感染力、号召力。

1938年6月，国民党中央调查统计局以“异党在闽活动以闽西南及闽东北二区最见猖獗”为由，制定《防止闽省异党活动之实施办法》，决定“从速加强该二区之党务工作”“严厉取缔异党之秘密集会、非法活动及一切反动宣传，并严限所有武装运动”。对中共南同边区支部领导的莲河抗敌后援会和该支部马巷党小组领导的马巷抗敌后援会，国民党南安县政府、国民党同安县政府则欲取缔而后快。

这年秋天，莲河抗敌后援会被国民党南安县政府解散。马巷抗敌后援会的活动也因为越来越有活力，影响越来越大，引起国民党顽固派的恐慌。同年冬，马巷军统特务图谋逮捕黄永妙，马巷抗敌后援会只好解散。1942年1月，吴金埕在霞浯被该村吴天色带领国民党南安侦缉队逮捕，随即自首。中共南同边区支部遭到破坏，与上级党组织中断了联系。李安水带领10多个党员隐蔽待机。

四、中共金南同边区区委的抗日救亡运动

1938年底、1940年4月，中共泉州中心县委分别派宣传委员苏棠影和许金民、谢振群到珩厝小学以教师身份为掩护开展地下活动，建立中共金(门)南(安)同(安)边区区委，谢振群为书记。为了避免暴露色彩，就以儿童团名义开展抗日救亡运动。组织小先生队教唱抗日歌曲、童谣；编写黑板报，摘抄抗日捷报和要闻；开辟《学生园地》，宣传抗日民族统一战线政策；创办夜校，在对青壮年农民教文化知识的同时，宣传抗日救亡的道理；组建“珩江小学儿童抗日宣工团”，在民俗节日中或下乡演出时宣传抗日；成立“江涛读书会”，组织学生和校外知识青年阅读进步书刊；举办辩论会，批判“亡国论”“速胜论”等错误论调，宣传毛泽东的《论持久战》。

区委积极联络当地驻军，开展抗日宣传。1940年春末，区委派许金民打入国民党大嶝乡政府当乡长，让他利用职务之便和工作关

系，争取洳江驻军营长彭香阶和小嶝驻军中队长谢瑞共同做好抗日救亡宣传工作，彭香阶营长拨出经费支持抗日宣工团，谢瑞送给小学一枚炸弹壳作为敲钟之用。谢振群请驻珩厝的盐兵白队长帮助筹集建学校篮球场的费用，带领亲信为20个同学挑私盐贩卖站岗放哨。

1941年底，内奸郑火炮出卖组织，区委组织委员许金民被捕叛变，导致南同边区支部、金南同边区区委的组织遭到严重破坏，大部分党员被捕或外出隐蔽。南同边区支部、金南同边区区委存在的时间虽然不长，但其卓有成效的抗日救亡宣传已经深入该地区的军心民心。

五、同安国民兵团与汉奸匪特的斗争

1941年5月1日，原中共党员、曾任中共山东省委书记的抗日县长胡邦宪从明溪县长调任同安县长兼同安国民兵团团长，副团长焦国楹是原十九路军营长、中共党员。同安国民兵团实际上是由共产党控制的。

同安国民兵团划为城关、马巷、灌口3个区，共计24个乡镇，240余保，乡设分队副，保设保队副。当时同安县人口25万人，其中18至45岁的男子约5万余人。国民兵团就把这5万人作为组织、训练的对象，以延安南泥湾为榜样，在竹坝边轮训边垦荒，自力更生，自给自足，建立了8个警备大队、24个中队，全团有3000多人枪，用于对汉奸匪特的斗争和准备抗击日伪军队的入侵。

同安查缉所洪山，振南乡(驻地浦园)乡长、振南中心小学校长兼警备队大队长彭炳和，都是同安军统特务骨干分子。他们利用军统特权，暗通厦门与日伪海军情报处处长洪哲民(洪查某)，在马巷、刘五店等处愚弄年轻无知的农民组织所谓“六十猛”“百人团”“次子会”等汉奸组织。其声称已和日本海军打通关系，可以到厦门做生意，实际上是计划组织暴动，进攻县城，企图达到一箭双雕的目的：若攻县城得手，即可将厦门日伪政权扩大到同安来解决他们的农副产品供应问题；若攻县城失败，就将参加暴动的青年连人带枪退到厦门，让光杆司令洪哲民编入伪军。

1942 年春，胡邦宪命令焦国楹带队前往彭厝、刘五店镇压企图叛乱的附逆分子，收缴长短枪 300 多支，枪毙两个警备队分队长，逮捕彭炳和等人，押送省保安司令部。而彭炳和声称是奉军统命令，到厦门弄情报。彭炳和最后虽然被释放，但是汉奸匪特的暴动阴谋也破产了。

同年 9 月 7 日，勾结日伪的安溪土匪高云龙率 2000 余“乌合之众”，打着“同安民变”的旗号，攻进同安县城，国民兵团在胡邦宪、焦国楹的指挥下，粉碎了所谓的“同安民变”，使厦门、金门日伪军假手内地汉奸土匪武装力量，企图侵占同安的阴谋彻底破产。

六、锄山抗日民族解放先锋队义薄云天

锄山地处同安、南安交界，地势险要。1937 年 7 月，黄永妙到锄山联络土地革命战争时期隐蔽下来的党员宋公铺，重建了锄山党支部。11 月，中共锄山支部成立了锄山抗日民族解放先锋队，准备在日军进占同安时开展游击战争。先锋队有一支 20 多人的侦缉队，深入沿海一带侦缉日货、走私进口、私运粮油资敌的船只，曾在塘厝港截获一艘运载海鲢鱼的日本走私船。

锄山抗日民族解放先锋队与国民党顽固派进行了一系列的斗争。国民党军设立的小盈岭哨所，是顽固派监视、侦察中共闽中工委及其抗日武装进入同安活动的“眼睛”，限制地下党、游击队的发展。锄山抗日民族解放先锋队经过周密计划，于 1938 年底奇袭了该哨所，收缴其武器。国民党同安县长、大贪官李品芳的爪牙马巷镇镇长谢昌涛，助纣为虐，与共产党为敌，民愤极大。锄山抗日民族解放先锋队通过内线配合，攻进马巷镇公所，震慑了反动当局，振奋了民心。谢因不在，侥幸逃脱。马巷反动当局猖狂报复。第二天，先锋队队员朱步德在家里被谢昌涛逮捕杀害。

1940 年 10 月至 1941 年 3 月，国民党顽固派发动了第二次反共高潮。1941 年 12 月 28 日，马巷侦缉队头目王伯皆、杨大鹏趁宋公铺和杨碧补办“上头”（旧式婚礼一种仪式）之机，率队夜袭宋宅，宋

公铺在突围中中弹牺牲，头颅被砍下悬挂在马巷大宫口电线杆顶示众 3 天。黄永妙的母亲李蓉（李松林之妹）出资 300 元雇人取下头颅，交杨碧带回锄山尸首缝合安葬。其弟宋代、宋温（先锋队队员）也相继被捕遇害。不久，黄永妙介绍党员苏深渊与宋公铺遗孀杨碧成亲，苏深渊以沙溪小学校长身份为掩护，担任锄山党支部书记，继续坚持抗日活动。杨碧这位来马巷做工的金门姑娘，服从党的地下斗争的需要，忍受世俗的非议，堪称女中豪杰。

共产党人不屈不挠、前仆后继的斗争精神，引起国民党顽固派的恐慌和仇视，必欲置之死地而后快。1944 年，黄永妙在泉州八卦沟惨遭特务头子王介暗杀藏尸灭迹。新中国成立后，人民政府追认黄为烈士。

1945 年 8 月，福建省保安纵队右地区指挥部秉承国民党顽固派“战后国共两党必有一战”的反动方针，制订了《清剿晋南同安边区奸匪计划》，出动保二团、保九团各两个中队兵力和晋江、南安、同安、安溪 4 县自卫队统一行动联合“清剿”，又组织南同两县政务督导团进入边区配合“清剿”。8 月 5 日，保九团第三大队大队长杨湧率两个中队兵力包围锄山，“剿灭奸党武力”，按名单拘拿共产党员和民族解放先锋队队员。6 日，同安县政务督导团进入锄山办理“清剿”事务。

国民党顽固派花了那么大力气，除“进剿”时拘拿一部分人外，并没有抓到多少人，名单上所列的人多已“逃匿无踪”，或经保甲长、地方人士证明其为“良民”，纯属“误会”，获得保释，但锄山地下党组织和民族解放先锋队已是元气大伤。8 月 20 日，苏深渊在南安水头被捕，后在泉州牺牲。

七、支援澳头防御战

澳头“居厦门之东北，离厦水程百里有奇”，海阔港深，历来为兵家必争之地。日军要从金厦进攻大陆，必从澳头登陆。防御澳头就成了守军的重中之重。

1937 年 11 月 8 日，日舰 5 艘炮轰澳头，日军陆战队乘机登陆，企图攻占翔安地区沿海，包抄厦门，守军在澳头民众抗日武装壮丁义勇队大力支援下，以炮火击退日舰和陆战队。12 月 24 日，日舰又炮击澳头，小学被击崩一角，基督教堂全毁，乡民两人被弹片击毙。这是日军对攻占澳头的头几次试探。

翔安地区的中共地方组织广泛开展爱国统一战线工作，积极推动翔安各界各阶层民众，组织抗敌后援会、抗日武装和民工支前，在防御澳头的战斗中给守军以有力的援助。

金厦沦陷后，澳头壮丁义勇队以陈水生为队长、蒋才锐为副队长的 30 多名热血青年，义愤填膺，奋起抗日，保家卫国。他们坚持每天清晨操练，每夜站岗放哨，配合驻军坚守海防；监视盘查可疑之人，严防汉奸特务窃取前沿情报，维护村庄治安。购买枪支弹药及活动经费由新加坡富商蒋骥甫资助。

1939 年初，厦门港内麇集日舰 9 艘，载运陆上部队径趋我大陆海岸，企图窜犯内地。福建省保安第六团第一大队（团长沈翘，浙江人；大队长李清波，福建云霄人）连夜整装离榕南下。上级命令该大队在澳头沿海阵地抢修防御工事，做长期固守的准备。

当时盘踞金厦的日军，依仗飞机、舰艇，拥有制空、制海权。守军和民工要在敌人严密监视下修筑国防工事，只能采取“昼伏夜动”的策略。但就是在夜间施工，也常遭到日军巡逻艇探照灯搜索和机枪扫射的干扰。同时，为避免在阵地附近冒出炊烟，炊事班要到远离前沿的山村里做饭。在民工和友邻部队的密切配合下，经过几个月的彻夜奋战，从集美经刘五店达澳头的前沿阵地防御工事，终于修筑完成，全线用水泥加固。

4 月 14 日下午 2 时左右，驻厦门日军派出几艘军舰，掩护满载海军陆战队的大批汽艇，向澳头阵地窜进。中尉分队长连祯祥命令射击要听指挥，下令才可开枪猛击。不久，敌机飞临阵地上空，俯冲轰炸、扫射；敌舰开炮向阵地轰击。顿时，敌人的炸弹声、炮弹声、扫射声震耳欲聋，阵地上硝烟滚滚。

敌舰见澳头阵地毫无动静，趁势加速逼近海岸。等到敌舰进入有效射程，连祯祥才下令射击。全分队步枪、机枪一齐向艇上敌人猛烈射击。敌艇看到守军阵地坚固，火网炽烈，被迫后退。敌舰反复多次组织进攻，都遭守军迎头痛击，战斗持续了4个小时，连祯祥分队近半数战士负伤，阵地仍屹立在我手中。直到太阳西沉、夜幕低垂，敌舰登陆企图不能得逞，始掉头而去。

保安第六团在澳头守了4个多月后，奉命将阵地移交给保安第三团防守，日军始终未能在澳头登陆。他们在翔安人民群众和爱国侨胞的支持下，在1939年打了一场漂亮的澳头防御战，表现了高度的爱国主义热忱。

为了巩固澳头防线，1939年夏，同安县第十三办事处设在相对比较隐蔽的吕塘后树自然村，辖21保（村）。他们出动民工3000余人，自带地瓜干、大米和工具，县政府再补贴一点伙食费，与国民党七十五师密切配合，经过5个月的连续奋战，构筑了第二道防线。大家为了抗战，毫无怨言。其间，吕塘和周边村庄常遭日机轰炸扫射，但防线工程一直没有中断。

民工们挖坑拆桥，破坏交通，化路为田，切断通往马巷、刘五店、澳头、水头、同安的公路，从九溪西林段开始，沿香山山脚，经巷东许厝，达南同边界小盈岭，开挖一条长8000米、宽6米、深2.5米的壕沟。同时，西林至后树也开挖许多隐蔽体和战壕工事，在4个小山头建筑了7个碉堡，可置放重机枪。该防线的战术设想是，如果日军攻破第一道防线，第二道防线就负责把登陆内侵的日军消灭在九溪以西的滨海地带。

吕塘港发挥了刘五店港、澳头港无法替代的隐蔽作用，承担起战时货运业务。军用物资、海盐运抵吕塘港后，再由同安骡马工会驮运到内地。

八、救护美军飞行员

中共翔安地方组织领导的抗敌后援会对抗日救亡的宣传，家喻户晓，深入人心。翔安是著名的侨乡，消息灵通，知晓中国的抗日战争是世界反法西斯战争的东方主战场，盟军有难，必出手相救。

1945年3月22日，从菲律宾起飞的美国海军一架四引擎重型轰炸机，在对禾山机场的袭击中被日军炮火击中，坠落于距机场仅 5 里的鳄鱼屿西海面。机上航员 13 人，6 人当场罹难，7 人受伤。

收蚝的渔民看见从机头玻璃窗里相继钻出几个黄头发白皮肤、身材高大的“番仔”，发现是美国盟军，于是挥动手臂齐声呐喊：“往这边来，往这边来！”美军飞行员却心存疑虑，急急坐上自备的橡皮筏，慌不择路地向厦门沦陷区方向划去。

这时，空中飞来一架日机，禾山海面也开来一艘日军快艇。日机围着橡皮筏盘旋、俯冲、投弹、扫射。渔民不顾生命危险，几十条小船从不同的方向往橡皮筏划去，将满身油污血污的 7 名美军飞行员藏到船舱里，日机只好对分散开的小渔船盲目扫射逞凶。小渔船载着美军飞行员，直驶鳄鱼屿东礁大石头下隐蔽下来。日机终于无可奈何地飞走了。日艇在不远的海面上胡乱放了一阵机枪后也溜了。事后得知，日艇驾驶员是被日军抓去的丙洲爱国渔民，用各种借口蒙骗敌人，使日艇不敢靠近鳄鱼屿。

美军飞行员在陈下厝渔民陈君安家里洗了澡，包扎了伤口，喝了热汤，心情才渐渐平静下来。通过归侨陈保罗的翻译，得知他们是当天早上奉命轰炸厦门日军军事目标时被击落的。下午 4 时许，国民党驻军一〇七师将美军飞行员接送到漳州美国空军联络处。7 名美军飞行员感动得跪在地上，泪眼汪汪地同全村人拜别。为感谢渔民冒死救护美军飞行员，美国驻华海军指挥官特向其中 27 名渔民颁赠特制银质纪念牌各 枚。银质纪念牌为长方形，上缀一只鹰徽，下为英文，再下为中文：

“TO CHEN TING IN RECOGNITION OF FAITHFUL DEVOTION TO ALLIED WAR EFFORT IN EXHIBITING OUTS TANDING BRAVERY WHILE RESCUING U. S. NAVY FLYERS FROM ENEMY HANDS 22 MARCH 1945 TUNGAN CHINA COMMANDER U. S. NAVY GROUP CHINA

1945 年 3 月 22 日，本国海军飞行员在中国福建省同安县马巷镇飞行出险，荷承陈君尽力救护，获告脱险，免沦敌手。陈君爱护盟国，勇毅过人，铭篆之余无从为谢，用颁数言以表感忱而纪毋忘云尔。美国驻华海军指挥官颁赠”

九、巷声图书馆的抗日救亡活动

在抗战后期，马巷有一处共产党员参与、集文化体育为一体、宣传抗日的阵地——巷声图书馆。该馆是由就读于四川重庆社会教育学院的傅有才倡议，以马巷知识青年为主体，许先兆、洪凌等共产党员共同筹办的。“巷”代表马巷地区，“声”乃唤起民众之声。馆藏一万余册进步书籍和数十种刊物。巷声图书馆为减少麻烦，聘请马巷上层社会人士为董事、董事长，设立董事会，内设推广、采编、阅览、总务、剧务、体育 6 个组。

1944 年 1 月 25 日(农历正月初一)，巷声图书馆进行隆重的开馆仪式，在广西经商的石浔村巨贾吴玉琛专程前来主持剪彩仪式。馆名横匾由国民政府主席林森手书，大厅墙壁和两厢壁廊挂满了国民政府、国民党、民主党派中央和地方政要及文化教育界知名人士如林森、冯玉祥、陈立夫、于右任、孙科、何成浚、马叙伦、黄炎培、刘建绪、陈肇英等的条幅、横匾和贺词，宣纸书写，裱褙精美。

开馆期间，剧务组演出了由洪凌导演的多幕话剧《海啸》，体育组举办了首届“巷声杯”篮球、象棋、自行车车技比赛和猜灯谜等多种文体活动，持续 3 天，盛况空前。

翌年春节，巷声图书馆举行开馆周年庆祝会，开展多种多样的文体活动，演出独幕话剧《放下你的鞭子》，举办以抗日战争为主要内容的图片展览，出版纪念专刊。

巷声图书馆很受青年、学生的欢迎，渐渐成为马巷地区一个联络四方宣传抗日、传播文化知识、活跃文体活动的阵地。这些进步的抗日活动引起了国民党当局的注意。1945 年夏，在世界反法西斯战争胜利前夕，国民党泉州“兴泉指挥部”指挥官陈重亲率二三十人搜查巷声图书馆，虽然一无所获，但是图书馆却横遭扼杀。后经多方努力,复馆一年多,随着国民党查封进步报刊、书店,巷声图书馆又被迫停办了。

十、华侨投身抗日斗争

抗日战争前夕,同安籍华侨有6万多人,其中旅居新加坡、马来亚者占80%。翔安地区华侨同广大侨胞一样,饱受帝国主义、殖民主义和种族主义压迫剥削的痛苦,他们具有强烈的民族意识和爱国心,迫切希望祖国强盛。抗战爆发后,广大华侨遥望故土,密切注视祖国事态发展,对于日本侵略者屠杀同胞,无不义愤填膺。他们关心祖国的存亡,思念自己的亲人,因而无论是出身于中产甚至家产亿万的巨贾富商,各界名流,还是贫侨穷侨;无论是知识分子、青年学生,还是妇孺老翁;无论是老板,或是"估俚工"(苦力),都以各种形式积极支援祖国的神圣抗战;在日军魔爪伸进东南亚的时候,都奋不顾身地投入武装捍卫或募捐宣传保卫第二故乡的战斗行列。同时,大批华侨青年回国参军参战,尽管受到国民党政府的阻挠和破坏,但仍有许多爱国青年辗转奔赴延安,奔赴八路军、新四军部队。

翔安地区在东南亚的广大华侨踊跃参加"南洋华侨筹赈祖国难民总会"(简称"南侨总会"),他们节衣缩食,有的甚至变卖家产,踊跃捐输。新加坡、马来亚工会规定,华侨工人将每月工资的10%至20%捐献给祖国抗日部队;菲律宾华侨每人每月平均捐款5元;印尼华侨每人每月平均捐款2元以上。在南侨总会的领导下,68个分支机构采用特别捐、常月捐、货物捐、纪念日捐、卖花卖物捐、义演球赛游艺捐、舟车小贩助赈捐、迎神烧香演戏捐、设箱自动捐等多种形式的捐款活动,甚为踊跃而持久。据统计,从1937年至1940年,南侨总会共发动募集支援祖国抗战的义捐约5亿元(30多亿国币)、寒衣50万件和价值250万元的药品。日军十分仇恨华侨抗日救国活动,1942年新加坡在大检证时被杀害的侨胞有5万人,其中同安籍857人(还有不知祖籍是同安的侨胞)。

日军大举南侵使我国沿海港口陷落敌手。1939年初,滇缅公路成了我国最重要的一条战时国际运输线。滇缅公路山势险峻，路面崎岖，且受瘴气猛兽侵袭，条件十分恶劣，而积压的军需器械又亟待运到战区。国内汽车司机人手、技术短缺无法胜任。为此，陈嘉庚发动东南亚司机和机工回国效力。南侨总会组织回国机工共9批3200人，其中同安籍100多人。按照二战史专家分析，重返、留下、牺牲各占三分之一，同安(翔安)籍重返东南亚机工有姓名者30多人，留在国内工作、将鲜血洒在祖国大地的也各有30多人。

洪晓春(1862—1953)，同安马巷窗东人、厦门商界领袖。任厦门各界抗敌后援会会长，日军侵占厦门后，领事则重信多次出马劝驾出任伪厦门市维持会会长，均被坚拒。旋即辗转越南、星马，鼓动抗日。南洋沦陷后，日酋加紧诱胁，拘禁于马六甲观音亭集中营。1945年，日军面临崩溃前夕，要他在"悔过书"签名。他答："抗日救国，何罪之有?"提笔大书："八十老翁，无过可悔!"终于坚持到日本投降后出狱回国。王卓生(1927年春出任同安县首任建设局长，民安里美山湖人)在《怀念晓春老人》的五言诗中写道："海都四君子，劲节推芳洲。吾公钟其后，嶙嶙骨更遒。"海都，指翔风里；四君子，指明代理学名宦林希元、刑部左侍郎洪朝选(芳洲)、兵部右侍郎贵州巡抚蔡复一、会元许獬。诗中借此赞美洪晓春抗日救国的骨气，谓可与明代海都四君子媲美，甚至更为遒劲。

洪镜湖(1878—1964)，洪晓春的胞侄。抗战期间，次子洪绍佐被日军杀害，国恨家仇，激起他无限的爱国热忱。不但自己慷慨解囊，还积极发动当地华侨募捐。

1937年10月、1938年5月金厦相继沦陷，难民大量涌入同安，马巷井头人、华侨实业家林金殿(1879—1944)与同安莲花澳溪人、银行家陈延谦(1881—1943)发起组织同安救济会，持续数年赈济家乡难民。1940年陈嘉庚率南洋华侨慰问团回国考察期间，林金殿代理南侨总会主席职务。新店人、新加坡华侨洪子晖为南侨总会劝募工作奔走，足迹遍及南洋各地。

黄琢齐(1918—2013)，祖籍马巷西炉。其父是辛亥革命志士黄廷元。黄琢齐肄业于香港圣约瑟书院，1941年从广州岭南大学毕业后受聘任福建省政府外事科科长、福建省盟军联络处处长。

李金泉(1916—2000)，祖籍马巷同美。《星洲日报》《南洋商报》和英国新闻处记者，新马著名华文诗人，投笔从戎，加入新马抗日英雄林谋盛和盟军共同组织的“一三六部队”，接受特战训练；仿制日军“香蕉钞票”，扰乱日军金融；替英军编印日版《军阵新闻》，空投到日军阵地，动摇其军心。1942 年 8 月，印度国大党举行全国大会，游说尼赫鲁等政要别投靠日本。组织滞留印度的华籍海员成立战时工作队，在码头搬运军火和物资。

黄盛澧(1917—1984)，新圩后埔人。9 岁时往柬埔寨金边市与父团聚。1939 年 1 月接应侨领、革命家蔡长青到金边新华学校以训导主任掩护身份。多次掩护和接应南越一些进步人士转移到安全地方。

陈恩典(1923—2000)，新圩东寮人。抗战末期考取中美合作所特种技术工作人员训练班(简称“华安班”)，受训成绩出类拔萃，被推举为教育班长。1945 年夏，盘踞厦门的日寇在海澄抢滩登陆，向漳浦、诏安等地流窜，华安班英勇追击杀敌，日军一路溃败。是役，陈恩典获记功奖励。

蒋才锐(1920—1988)，新店澳头人。抗战期间，在澳头发动 30 多名青年组织抗日壮丁义勇队，任副队长，配合驻军坚守海防。1938 年秋，调任马巷抗敌后援会干事、歌咏队队长，筹办剧团下乡演出抗日剧目，组织“晨呼队”，带领队员每日黎明时沿街呼口号、唱抗日歌曲，以唤起民众奋勇抗日。1946 年冬南渡新加坡，联络旅星澳头乡亲组织“鳌东同乡会”，发动乡侨复办被日军炮火炸毁的澳头私立觉民小学，多年任新加坡同安会馆和驳业联合会秘书，热心会务与公益。

蒋骥甫(1862—1944)，新店澳头人。大华银行创办人之一，是新加坡重要社团怡和轩俱乐部的主要会员，积极参加陈嘉庚领导的南侨总会各项筹赈救亡运动，汇款为家乡壮丁义勇队购置军械。日军侵占新加坡期间，不甘效敌，乃皈依佛门，息影家园。

洪文菁(？—1945)，新店东坑人。抗战期间积极参与峇眼亚比的筹赈工作，秘密组织锄奸团，制止奸商贩卖日货。公开指责日军暴行，被逮捕囚于望加丽、北干等地，屡遭严刑拷打而坚贞不屈，为掩护同志而视死如归，后被判处5年徒刑。1945年日本投降时，已牺牲3个月。

洪华民（1921—?），原名洪六爻，新店东坑人。父是华商，母是日人。1939年，他把姓名改为洪华民，表示身为中华民族，虽为中日混血儿，也要回国参加抗战。他参加第三批南侨机工，编入西南运输处第十二大队第十中队担任汽车驾驶员。1944年5月滇缅公路被日军切断，辗转到云南盟军机场做工，一直到抗战胜利。国民政府特颁奖状，嘉其“抗战军兴，应募服务，前后七载，备致勤劳”。1989年，他作为健在的南侨机工代表出席南侨机工昆明纪念碑揭幕庆典。

郭茂祺（1914—2013），新店后村人。原同安二中语文教员，1933年任共青团上海法南区委宣传部长。1935年、1939年两次组织营救区委书记白清矶，并资助他去苏北参加抗战。1941年在西贡任福建学校校长，在西贡越共党支部培训班讲授“辩证法与历史唯物主义”。抗战胜利不久，国民党在南越大肆搜捕地下党组织成员，他主动掩护福建学校地下党员林莺（新中国成立后任上海侨联秘书长）、洪淩（原厦儿团团长兼导演）、叶近智，让他们找到党组织。他还帮助到河内采访的《云南日报》记者、地下党员裴默农，转移到安全地点与中共华侨党组织和越盟接上关系。

柯朝阳（1894—1984），内厝田中央人。1931年在上海经商，先后开设华侨商业公司、仰新公司，全力支持留日回沪闽南学生创办《现实周刊》宣传抗日，继任上海漳泉中学董事长，聘艾思奇、张楚琨等任教，以抵制反动势力，使中共党员、学生颜天德等得以活动。后该校被封，又帮助革命教师安全撤离。1935年重渡新加坡，抗战中参与南侨总会工作，曾让马共党员陈诚志到其公司隐蔽养病。回国后加入中国致公党，任该党第一届福建省主委、中央常委，4任同安县副县长，3任同安县政协常委，6任同安县侨联主席，4任福建省侨联副主席等职。

第四节　解放之歌

一、中共南同边区地方组织的恢复和发展

1946年12月上旬,闽中系统的中共南安县工委宣传委员黄竹禄先后带领岭兜支部党员张克昌、张尚楚转移到石井,与南同区工委书记林金榜取得联系,恢复了老党员吴复基、吴天赐、陈火把的组织关系,并与30年代马巷地区的赤卫队员翁代、陈玉深、洪界等人接上关系,局面迅速打开。中共南同区工委改称中共南同工委,书记黄竹禄,委员林金榜、陈延曝(后去南洋)、陈都。1947年3月增补陈火把,4月增补林文庆为委员。南同工委成立后,深入农村宣传发动群众,发展党组织,在新圩的黄岗,五显的黄坂、棋盘厝建立3个党小组。

1947年8月,黄竹禄调往南安县中部开辟新区,泉州中心县委决定把南同工委改组为南同边区区委,任命陈火把为书记。9月,曾任安溪县坪殊临时党支部书记的王朝阳和弟弟王水法,从安南永地区转移到南同边区区委工作。

1948年7月、9月,黄竹禄、陈火把先后牺牲,王朝阳接任南同边区区委书记。到年底,党组织有较大的发展,共有5个党支部:一支部南安院前,二支部同安五显、新圩、马巷、大嶝地区,三支部南安惜坂,四支部南安仙景(山仔),五支部南安水头镇康龙。

1949年1月28日晚,王朝阳从泉州中心县委开会回石井途中被捕。南同边区区委工作暂由王水法负责。5月,区委改为工委,书记吴治奸。下旬,为纪念烈士陈火把,南同边区工委改称火把区工委。8月,闽中系统的同安县工委成立后,火把区工委将同安县辖的大帽山、大嶝、黄岗、黄坂、棋盘厝、市头6个党小组移交给中共闽中同安县工委。南同边区(火把区)工委结束其历史使命。

二、中共金南同县工委的建立和发展

1947 年 8 月，中共泉州中心县委建立金南同县工委，任命林文庆为书记，县工委委员先后有林金榜、吴复基、林金荣、叶玉惠、周奚水。活动范围包括同安、金门两县，南安县石井以南地区，安溪县新康，长泰县林墩、青洋，海澄县海沧（今属厦门市）等地。是年秋，林文庆通过同学关系应聘为民安乡曾厝小学教员，掩护革命工作，深入到马巷、灌口、后溪等地开展活动，在一些乡村建立党的基层组织。1948 年 11 月 12 日，林文庆（化名林永平）向泉州中心县委呈报的《组织情况调查（报告）表》称，金南同县工委共有党员 600 人，分布在南安、同安 6 个乡 61 个村，其中列出姓名的有 92 人，没有列出姓名的 508 人。

1949 年 2 月，金南同县工委把活动区域划为九片一区：大金门工作片负责人林文庆（兼），大嶝片负责人郭松柏、吴子明，南同片（延平乡部分村庄和民安乡下五保）负责人王建智、陈大柱，曾厝片（民安乡上五保和公安乡）负责人林文庆（兼），巷南片（翔风乡和马巷镇）负责人叶健、蔡天良，何厝片（同禾乡）负责人郭洙斗，新城片（长兴、美峰、大同、莲山、康乐乡）负责人吴复基，后溪片（集美、灌口、海沧和角尾乡）负责人叶玉惠（女）、王天赐，长泰林墩、青洋片负责人王日丁，安溪新康区负责人周奚水。

5 月底至 7 月，在金南同县工委所辖各工作片的基础上，成立巷南、金南同、新城、新三区、新康 5 个区工委和大金门工作片。根据上级党委提出的“迅速发动群众，建立人民武装，反对‘三征’，筹备粮草，迎接解放”的指示精神，积极开展工作。

8 月初，泉州中心县委指示在金南同县工委的基础上成立中共同安县工委（工作团），仍辖马巷、金南同、新城区、新三区、安溪县新康区和长泰县青洋林墩等地 5 个区工委及大金门工作片。书记许永炯，组织委员吴良成，宣教委员叶玉惠，军事委员林文庆，民运委员郭洙斗。

在今翔安区境域内各区工委是巷南区工委、金南同区工委和大金门工作片。巷南区工委活动区域是翔风乡、马巷镇和同禾乡，即现在翔安区的新店、马巷镇和同安区的洪塘镇。它北邻县城南郊，南至澳头、刘五店，马巷镇居中。金南同区工委活动区域是金门县大嶝乡，南安县延平乡（现南安市石井镇）佬港以南，同安县民安乡（现翔安区内厝镇）、公安乡（现翔安区新圩镇）。

巷南区工委成立于1949年5月底，书记黄龙飞，组织委员王建智，宣教委员叶健，军事委员郭洙斗。7月，区工委成员调整，书记黄龙飞，组织委员叶尚谋，军事委员叶健，宣教委员陈邦连，民运委员吴水凉。8月，增补吴丽玉为妇运委员。全区脱产干部26人。机关驻地先后设在金沙（今新店镇祥吴社区沟沙自然村）、后村、山尾、溪尾、蔡厝等村。为了适应斗争形势的需要，8月，巷南区工委建立3个工作组（也称乡工委）：翔风工作组，书记叶尚谋，组织委员兼宣传委员林永忠，军事委员吴连池，民运委员洪安晋；马巷工作组，书记吴水凉，组织委员兼宣传委员李钟伟，军事委员郭大城，民运委员方水含；同禾工作组，书记陈邦连（兼）。

中共金南同区工委成立于1949年6月，书记叶玉惠（兼）。7月，区工委成员调整，书记吴良成（兼）（后陈怡仁），组织委员何建智（后陈元海），宣教委员郭松柏，军事委员黄金石，民运委员吴顺英，妇运委员吴美姜。全区脱产干部33人。机关驻地先后设在南同边界的西福、霞浯、七里、莲河等村。为便于开展工作，金南同区工委建立4个工作组：公安工作组，负责人曾克念、梁松枞；民安工作组，负责人陈元海（兼）、陈金土（县工委机关工作人员）、吴金契；南同工作组，负责人吴美姜（兼）、陈大柱、吴土蚶；大嶝工作组，负责人郭松柏。

为加强通讯联络，及时传递文件和接送保护干部安全，闽中同安地下党先后建立20个交通站：同安城关交通站，马巷何厝交通站、后莲交通站，新店澳头交通站、浦南交通站，蔡厝交通站、溪尾交通站、董水前交通站、茂林交通站，莲河交通站，新圩七里交通站，南安佬港交通站、鹊鸟垵交通站，厦门开元路41号交通站、海后路交通站，集美岑头交通站、郭厝交通站、后溪交通站，金门官澳交通站、后埔交通站。其中，翔安地区有以下12个交通站：

马巷何厝交通站：站长陈为炉，交通员4人。该站打通马巷至同安县城的交通路线，为地下党发动官山群众打下基础，进一步从南北钳制由军统特务、官山知名人物陈企钳控制的马巷。

马巷后莲交通站：站长洪学挞，副站长洪尧锡，交通员4人。1949年9月4日晚上，洪尧锡为马巷区工委领导人研究工作站岗，被国民党交通警捉拿并逼他带路去抓游击队员。洪尧锡机智地带着敌人在村巷里转悠，巧妙地发出警报，使游击队员和工作人员及时转移。洪尧锡和交通员洪壬癸等4人被捕。

新店澳头交通站：站长苏水愿，副站长苏炳儒，交通员4人。备有交通船，负责来往金门、厦门交通，接送党的工作人员。1949年8月，县、区工委指示苏炳儒侦察驻五通国民党炮兵营的情况。苏炳儒首先策反该营排长陈冬保，继而送《中国人民解放军布告》(即《约法八章》)给该营营长。9月20日，解放军解放澳头时，国民党炮兵营坐视观战；10月17日，解放军第八十五师二五六团登陆五通时，国民党炮兵营大炮朝天，静坐接受解放军收编。9月初，金门戒严，苏炳儒接受林文庆交代的任务，以走私蔬菜为名，将交通船开往金门，撤回外地在金门岛上工作的脱产干部。

新店浦南交通站：站长蔡根藏，交通员6人。备有交通船，负责来往厦门、集美、后溪交通，接送党的工作人员和转送文件。

新店蔡厝交通站：站长蔡金福。1949年10月9日，蔡金福率蔡厝游击队员11人，为解放军第二十九军二五四团、二五九团和第二十八军二五一团当向导，解放大、小嶝，游击队员蔡仙查光荣牺牲。马巷区工委机关曾设在蔡厝侨眷康奔的洋楼。

新店溪尾交通站：站长余清池，副站长余九沙，交通员4人。1949年9月9日傍晚，新店游击队负责人洪德祥来该站汇报保二团就要“围剿”新店村，马巷区工委当晚进入新店村做战斗部署，经激战粉碎“围剿”。余九沙的母亲吕别对来溪尾的工作人员都热情接待，供膳留宿，冒着生命危险掩护共产党员脱险。有一次敌人来溪尾，吕别把来站联系工作的翔风工作组组织兼宣教委员林永忠藏在阁楼上，撤去梯子，打开门，然后拿条毛巾包在区工委妇运委员吴丽玉的头上，提着篮子，装作母女俩去溪边洗衣服，使两位同志脱离险境。9 月 14 日，巷南区工委军事委员叶健化装成商人，把文件和短枪留在溪尾交通站，闯过国民党军的封锁线，取回上级要求派人到安海内坑为解放军带路解放同安的指示，3 次遇险，在余九沙和革命群众掩护下完成任务。

新店董水前交通站：站长董大。1949 年上旬，巷南区工委书记、组织委员、民运委员 3 人在交通站研究工作，突然国民党溃兵进村。董大和妻子洪福端出开水"招待"溃兵，同敌人周旋，使 3 位同志脱离险境。

新店茂林交通站：站长蔡神棚。1949 年 6 月，共产党员、交通员王玉蕊打破习俗，让出房子，伺候金南同县工委宣教委员叶玉惠分娩，并代养婴儿，让叶玉惠在坐月子的第八天参加整风学习。

新店莲河交通站：站长吴清风。交通员吴德成负责传递组织间的信息，如果要到金门取回情报，一般都是先驾船到小嶝，然后再从小嶝游泳到金门。取完情报后，为了防止情报被海水弄湿，每次都是放在一个竹筒内封闭起来，然后藏在身上，再从金门游回小嶝，把情报带回给组织。1949 年 9 月，交通船送金南同县工委军事委员林文庆到金门后埔进行策反起义工作；之后，吴德成、杨清课、吴进文又将林文庆留在金门官澳吴春霖药店的藏有机密文件的自行车取回。10 月下旬，解放军进行金门登陆战的时候，莲河成了解放军屯兵场和出发的主要渡口之一。吴德成等许多渔民把渔船主动移送给驻军，主动请缨，协助驾船将解放军从莲河码头运往金门登陆作战。

金南同县工委(同安县工委)还建立了新店后村交通站，站长郭文团；新店山尾交通站，站长康树；新圩七里交通站，站长林吉。除县工委建立的交通站外，金南同区工委又建立了大嶝、莲塘、山峰、黄厝、吕塘 5 个交通站和 10 个送信点，各站有交通员 2 至 5 人(点 1 至 2 人)，共有交通员 47 人，接头户 70 个。所有交通站、接头户和分布在各村的 47 名交通员都出色地完成了党交给的任务。

三、攻打大嶝乡公所和围困莲浔盐兵

1949年春,根据中共闽浙赣省委关于动员和组织一切力量,积极扩党练干,放手发动群众,瓦解敌人,主动地粉碎敌人进攻阴谋,并不放弃一切可能机会,特别是敌人溃败时,袭击消灭敌人,以配合解放军解放全闽浙赣的指示和泉州中心县委的部署精神,金南同县工委把游击队扩大到500余人(不包括南同边和新康区),同时,还组织一支1000余人的群众武装。

4月底,林文庆任第三团(金南同县工委游击队的番号"闽浙赣游击纵队闽中支队泉州团队第三团",简称第三团,下同)指挥兼政委。县工委通过宣传解放战争的大好形势,发动群众献枪、借枪、买枪支援游击队,向富商、侨眷和一切支持革命的人士募捐,解决游击队的供给问题。在5月,进行了攻打大嶝乡公所、围困莲浔盐兵两次主要战斗。

4月间,游击队接到泉州团队副指挥朱义斌的指示,要在金南同地区开展打乡公所行动,以牵制敌人的兵力,支援晋江县的反"清乡"。当时,只有大嶝乡公所还没有与地下党联系表示诚意,于是决定攻打大嶝乡公所。5月1日上午,县工委派陈明贤率10多名游击队员,分乘两只小木船,在岛上30多名游击队员的配合下,突然冲进乡公所,乡政人员慌作一团,举手投降。游击队当场收缴步枪5支,没收户籍册和田赋册,砸烂乡公所牌子,控制大嶝达半个月之久。

金南同沿海地区晒盐历史悠久,历代政府都置官管理盐务。国民党统治时期,建立莲浔盐场,管理南安、同安、金门、晋江等县的盐务。该场有一队武装税警,俗称"盐兵"。队部设在南安县延平乡前坂村祖祠内,税警分别驻前坂、霞浯、东园、田墘和晋江县东石,配备机枪、冲锋枪和步枪,是一支武器装备较好的地方反动武装。

第三团在分析敌我态势后,决定攻打莲浔盐兵,收缴其武器。攻打盐兵的指挥部设在前坂的邻村鹊鸟垵,靠近指挥。指挥林文庆,副指挥叶玉惠。郭洙斗、郭松柏负责秘书工作,吴复基、吴俊杰负责情报工作，陈大柱负责通讯联络，吴金契、王岭负责后勤工作，叶玉惠负责保管机要文件和协调工作。

为了摸清敌情，指挥林文庆与王建智化装成盐民，在深入盐场实地侦察、了解盐兵生活作息规律后，制定两套作战方案：第一套是奇袭，即由游击队员化装成盐民，突入盐兵队部，控制哨兵，收缴武器，然后迅速撤出。第二套是围攻，即命令长兴游击中队密切监视县城敌军动向，准备袭击侧翼，进行牵制；命令同禾游击中队控制同马公路，战斗打响后烧毁三忠桥，断敌交通；命令盐场周边的民安、马巷、翔风、同禾各乡镇游击队砍电杆割电线，断敌通讯联络；命令延平、民安、公安、马巷、翔风、大嶝游击队和群众武装整装待命；联系南同边游击队配合作战，阻敌援军；以第三团名义向莲河的商人筹粮筹款。

5月1日傍晚，行动开始。由于游击队员经验不足，行动不慎，被盐兵岗哨察觉。前坂盐兵退入侨建钢筋水泥八卦楼，霞浯盐兵退入岗哨，东园盐兵退入新加坡华侨吴成花的红砖楼，双方形成对峙局面。第一套方案未能奏效，指挥部随即实施第二套方案，任命王建智、叶健、郭洙斗分别为前坂、霞浯、东园前线指挥员，连夜召集各路游击队开赴战场，把这三处盐兵包围起来。

起初，盐兵对游击队的围攻不以为意，凭着易守难攻的楼房阻挡游击队前进。拂晓时，盐兵看到我各路游击队陆续进入阵地，才紧张起来。指挥部根据实际情况，决定重点进攻前坂、霞浯盐兵，对东园盐兵围而不攻，同时下令扣留租住民房的盐兵家属和文职人员，开展政治攻势。林文庆亲临前线喊话，宣传我党我军政策，劝盐兵认清形势，缴械投降。

叶玉惠忙得已经好几天没睡觉，腿肿得快走不动了。她不顾身怀六甲，挺着大肚子拖着疲惫的身体，翻山越岭，把被扣的文职人员和盐兵家属转移到安全的地方，对他们进行集中训话，讲形势讲政策，指出只要放下武器不与人民为敌，共产党会实行宽大政策，优待俘虏，保证盐兵全家安全团聚。还煮蛋、杀鸡给分娩的盐兵家属吃，使31名被扣人员大为感动。盐务区长赵凤仙的妻子亲自到霞浯，劝丈夫率部投降。

由于游击队疏于防范，前坂盐兵暗中派人去晋江东石求救，又由于石井一线防守不够落实，致使东石盐兵赴援，前坂、霞浯、东园的盐兵趁机突围至前坂村后的虎崆仔山。正当指挥部准备重新部署力量围困盐兵于野外时，莲河土豪吴金竹、澳江保长李其谅、珩厝保长王江淮等人，来指挥部传达盐务区长赵凤仙表示盐兵愿意谈判，目前缴械有困难，但保证今后不妨碍共产党的革命活动。最后双方达成四条协议：(1)同意盐兵仍驻原地，在解放军未到的这段短时间内要负起责任，配合当地武装截击溃兵，保护公共财产、物资、档案，维持地方秩序；(2)盐兵保证不妨碍地下党游击队开展革命活动；(3)盐兵不得转移武器和财产，俟时机成熟或解放军一到，须立即起义投诚；(4)双方保证以和平方式解决问题，不再发生流血事件，双方立即释放我方被扣人员 3 人，盐场文职人员及家属 31 人。

围攻莲浔盐兵的战斗持续七天六夜，出动游击队员和基本群众约 2000 人次，时间之久、人数之多都是前所未有的。后来，盐兵被溃败同安的军统交警总队强行收编带走，没有达到预期的目的，但震慑了敌人，扩大了我党的政治军事影响，提高了人民群众的革命热情和信心。这也是一次游击武装大演习、大检阅，使长期隐蔽的地下党游击武装转为公开、半公开。此后地下党可以在夜间打起汽灯召开群众大会，宣传党的政策，公开教唱革命歌曲，甚至在农村民俗节日演戏时，登上戏台宣传《中国人民解放军布告》(即《约法八章》)等。闽中同安县工委书记许永炯后来回忆说："围攻盐兵胜利后敌人乡、保政权基本瘫痪，游击队公开半公开活动，可称是半个解放区。"

5 月初，南同边区(火把区)区委委员王水法指挥新圩黄岗、南安佬港、霞浯游击小分队 30 多人，参加攻打延平乡公所，缴获枪支一批。11 日，在泉州中心县委领导下参加安海暴动。新城区工委也派陈企铣、蔡乙珉带领 10 余名游击队员，埋伏于小盈岭，阻滞同安敌军增援安海。

四、黄厝反“壮丁费”斗争

国民党军撤出大陆前，加紧征兵征粮征税（费），搜刮民脂民膏，特别是搜刮硬通货黄金，准备逃台。1949年6月21日（农历五月二十五日），国民党三二五师排长许宗蔡带领一排兵力，窜入黄厝村，一面向村民派饭，一面胁迫“白皮红心”的保长黄章尚（地下党接头户）即日交清壮丁费黄金两斤，“违者逮捕勿论”。群众痛恨地称该师为“金仔兵”。村党支部指示他采取“推、拖、拉”的办法应付，设法宽限日期。群众坚决抵制交壮丁费，敌人收不到黄金，恼羞成怒，将3名“招待人员”毒打、逮捕。这时，埋伏在村后的3名游击队员急中生智，虚张声势，喝令敌人放人，否则将迎头痛击。敌人摸不清虚实，边跑边开枪。3名“招待人员”乘机逃走，其中黄妙不幸中弹身亡。

事件发生后，金南同区工委分析敌人不会善罢甘休，及时研究了对策，决定游击队员和青壮年守卫村庄，老弱妇幼准备随时转移。果然，敌人卷土重来，以抓捕共产党、游击队为名，出动大量兵力，带着准备3天作战用的军火、粮食，由军统特务杨大鹏带领，对黄厝进行残酷“清剿”。

6月30日（农历六月初五）凌晨，游击队员黄朝虹首先发现敌军，鸣枪报警。敌军立刻向村里猛烈扫射，游击队员全力掩护群众向村外突围。敌军进村后挨家挨户洗劫村民衣服、财物、首饰、禽畜，单骡马就被掠走12匹。敌人又四处搜山，企图一举消灭游击队。

敌军“清剿”黄厝，抓走游击队员苏文转、黄金钟、黄永远、黄章尚和村民共31人，被押到马巷城隍庙内，残酷刑罚逼供，又拿游击队长黄永盼的相片出来辨认。黄永远与其兄黄永盼面貌相似，敌人命令拉出去枪毙，妄图杀一儆百，胁迫群众供出地下党员和游击队员。黄永远鸣冤否认，群众陈式新证实“此人不是黄永盼”，敌人不相信，恰好民安乡乡长许秉心经过，再次证明“此人确不是黄永盼”，才使黄永远幸免于难。

翌日,31 名被捕者被关押在县城陈沧江故居。区工委通过各种关系进行营救活动,由地方绅士许有叨、杨子为和肉粽店老板黄永清出面保释 5 人,其余 26 人仍被关押。

为营救仍被关押的人员,区工委决定由未暴露身份的小学教员苏文炭负责此项工作。苏文炭一面为受伤人员备药治伤,提供膳食,联络信息,一面进行营救活动。几天后,被捕人员全部被押走,去向不明。苏文炭等人四处打听,经过十几天的寻觅,终于获悉他们被关押在厦门曾厝垵国民党第十兵团司令部警卫营一间不足 10 平方米的土牢里,吃住都在里面,夏天炎热,被囚者大半病倒。苏文炭等人买东西探望他们,找国民党军官申诉冤情,得知监管的是警卫营长洪青龙。

苏文炭急忙回村向党组织汇报,研究营救计划。原来,洪青龙系前任同安县长黄克立的秘书,曾陪黄克立到黄厝认亲,与村里老人黄忏、黄傌认识。党组织决定做洪营长的工作,让两位老人和苏文炭一起去厦门请他帮助营救乡亲。洪青龙授意赶快呈上"因无力交壮丁费而被捕"的申诉书。国民党军法组开庭审讯时,索要"犯人伙食费",于是筹集银圆 100 元、黄金 1 两交"伙食费",使 26 人全部获释。

五、金门岛工作的拓展

中共金南同县工委成立后,加强了对金门的工作。金门历史上属同安辖地,人民来往密切,民间结亲较多。党组织利用这一优势,发动翔安沿海地区党员、游击队员以走亲戚、串朋友、拉家常等形式,同他们联络感情,向他们宣传革命道理,发展组织,建立武装,取得很好的效果。

1948 年秋,中共金南同县工委派莲河党员吴土源往大金门岛的官澳村开药店,建立交通站,后又陆续派 13 名党员去大金门开展工作。林理永、曾昭铎等党员通过关系受聘为珠浦小学教员,使该校成为党的活动据点之一。

考虑到金门是个岛屿,进出都要靠渡船摆渡。为确保情报及时传递和人员往来安全，金南同县工委先后建立了霞浯至大嶝、澳头至金门县城、莲河至官澳交通线和澳头、莲河交通站，指定安全可靠有丰富驾船经验的人员负责，确保随叫随到，工作万无一失。还开辟了后村、蔡厝、珩厝至大嶝双沪等村浅海滩陆路交通线，就是在国民党严密封锁金门、大嶝岛时，地下党人员也能进出自如。

1949 年 6 月，大金门工作片划为独立单位，由林文庆直接领导，在那里吸收了 10 名党员，建立了两个交通站，活动非常频繁。9 月，随着解放军第十兵团进军福建，大批国民党溃兵涌向金门，整个金门岛已是兵满为患。

9 月 3 日，林文庆接到闽中支队泉州团队指挥兼政委许集美的亲笔手令，要他火速进入金门岛后埔某地点找杨某，协助做敌两个营兼一个团部的策反起义工作。林文庆迅速赶到莲河，借了一辆三枪牌自行车，乘船到金门官澳，骑车找到接头人杨某，由杨某写介绍信去找某营长，不巧，营长回乡探亲未归，策反工作无法进行。

第三天上午，林文庆在官澳交通站遇上彼此认识的曾被地下党逮捕后又逃走的国民党特务张飞银，把车留在那里，装着去找国民党军黄团长，唬住张飞银。林文庆再进县城找杨某，要他防患敌人大举搜捕岛内地下党员，又到后埔交通站找林理永，以县工委领导的名义要他通知在岛内的外地党员干部迅速撤回大陆。

交通船驶回大陆后，林文庆亲自挑选了 3 名游击队员，取回留在官澳交通站的自行车。林文庆金门之行，虽然没有达到策反敌军的目的，但凭着沉着冷静、机智勇敢，不但安全脱险，而且布置交通站接回在金门工作的党员干部林理永、杨奕明、曾昭铎、王璞山、叶声明等人。

六、中共晋南同县工委的整风学习

1949 年 5 月，中共金南同县工委书记林文庆等一批领导干部集中到泉州中心县委所在地参加整风学习班，总结围攻莲浔盐兵等战斗的经验教训。下旬，泉州中心县委在内坑后溪召开第六次区县以上干部会议，会上宣布成立晋南同县工委，书记傅维葵，组织委员颜嘉祥，军事委员张尚楚，民运委员许永炯，妇运委员郑秀凤。泉州中心县委决定，林文庆负责的原金南同地区划归晋南同县工委领导，闽浙赣游击纵队闽中支队泉州团队第三团番号撤销，游击队暂归晋南同游击大队领导，晋南同游击大队大队长张尚楚，教导员傅维葵。会后，派许永炯以晋南同县工委特派员的身份往火把区和金南同地区负责整顿组织工作。随后，泉州中心县委又从外地抽调一批干部到原金南同县工委领导的地区加强工作。

为了严密组织，统一意志，统一纪律，经晋南同县工委同意，许永炯先后举办两期整风学习班。第一期于 6 月在新店后树村举办，为期 5 天，参加学习的是金南同地区党员干部，共 20 多人；第二期于 7 月在南安县延平乡路青村举办，为期 3 天，参加学习的学员仍是金南同地区党员干部及新发展的党员，共 30 余人。学习的文件有《党章》《将革命进行到底》《反对自由主义》和泉州中心县委的指示等。

通过整风学习，使党员干部普遍接受了一次马克思主义、毛泽东思想教育，从而更加坚定革命信念和无产阶级立场，增强了群众观点和党性，使党在思想上、政治上、组织上得到统一，为更好地贯彻执行党在新时期的方针任务打下思想和组织基础。

七、中共闽中同安县工委领导的游击斗争

1949 年 1 月，人民解放军已取得了辽沈、淮海、平津三大战役的胜利，国民党反动政府覆灭在即，根据中共闽浙赣省委指示精神，闽中同安地下党积极扩大人民武装，展开游击战争。经过党组织的宣传发动，群众纷纷把自备的枪弹借给游击队使用。郑坂村郑推聪（同安早期的共产党员彭再添的内侄）献出护厂的卡宾枪，洪厝村归侨洪乌栏献出机枪。造店党支部书记翁铭的妻子卖儿买来驳壳枪支持革命。马巷官山地区百姓自备的驳壳枪多，游击队就组建了一支驳壳枪队。

4 月底，闽中同安地下党把各村游击队整编为游击队，泉州中心县委授予同安游击队“闽浙赣游击纵队闽中支队泉州团队第三

团”番号，辖21个中队、103个分队、1个警卫排，近2000人枪。林文庆任第三团指挥兼政委，叶玉惠任副指挥。6月，第三团番号撤销，游击队暂归晋南同游击大队领导，大队长张尚楚，教导员傅维葵。8月成立同安游击大队，辖4个区联队、13个中队、69个分队，1300多人枪。同安游击大队大队长林文庆，教导员许永炯，副教导员吴良成。其中，翔安地区有金南同区联队、巷南区联队。金南同区联队辖4个中队、27个分队，434人枪；联队长陈元海，副联队长吴永盼，教导员陈怡仁，副教导员郭松柏；同时建立40个护乡队，有队员1000余人。巷南区联队辖3个中队、21个分队，380人枪；此外，还有护乡队的群众武装1000多人；联队长叶健，教导员黄龙飞，副教导员叶尚谋，参谋吴水凉。

在1949年5月，泉州团队第三团主动出击，进行了攻打大嶝乡公所、围困莲浔盐兵两次主要战斗。

8月6日，福州战役开始后，解放军沿福厦公路攻击前进，国民党第五十五军、军统交警总队、福建省保二团等部队先后溃逃至巷南地区。游击联队积极贯彻上级下达的设法阻止敌军骚扰和逃跑的指示，在堵截国民党溃军方面起了很大作用。在翔安地区的战斗主要有：

8月16日至18日，在解放军侦察连配合下，巷南区游击联队联队长叶健、同安县工委宣教委员陈邦连指挥巷南区、金南同区游击队主动向驻扎在市头的保二团开火，实施牵制。打打停停，停停打打，持续三昼夜，轮番参战的游击队员达500余人次。敌人听枪声知道是游击队的土枪旧枪，火力不强，不以为意，可是游击队人多势众，也觉胆寒，遂组织反扑。为了打退敌人的进攻，叶健和解放军侦察班长商量，由班长亲自打汤姆生冲锋枪。枪声一响，正想冲锋的敌军，知道除了游击队外，还遇上了解放军，随即停止前进。僵持一段时间后，色厉内荏的敌军终于夹紧尾巴龟缩于驻地。游击队达到预期目的，随即停火。

同月，同安县工委宣教委员陈邦连带领游击队员纪天水、陈金盾、陈启九等人，在同禾乡乡队副陈天情的配合下，突袭同禾乡公所

(驻地洪塘),收缴步枪5支,并清点其余枪支,责令乡长保管。

9月8日,区工委获悉驻市头保二团要派通讯小组往澳头与敌第五十五军驻军联系。遂指挥祥吴、新店、洪厝、洪前游击队沿途埋伏,在前边崎活捉保二团副官、士兵各一名,缴获军马一匹。保二团扬言如不放回,就要“围剿”新店村。叶健、吴丽玉、方水含等同志于9日晚到新店村做战斗部署。10日凌晨3时许,保二团一个连由军统特务杨大鹏带领,迂回至湖头村,湖头游击小分队与之接火,双方交战多时。尽管敌我双方众寡悬殊,但是游击队进行了顽强的战斗,游击队员郭马意、郭地队、洪复源、郭挺光荣牺牲。拂晓前,巷南区祥吴游击队和金南同区西林游击队赴援,会集于陈塘村,并鸣枪示威,敌军不知游击队的虚实,怕被包围,遂仓皇撤退。

9月10日至12日,吴良成率领金南同区游击队在解放军侦察连的配合下,在小盈岭阻滞驻田中央村、沙溪村敌第五军一个营逃跑,以利解放军聚而歼之。

为了防止敌军骚扰,金南同区游击队100余人,在吴永盼、吴俊杰、王树林、郑功任等率领下,兵分两路,一路由3名侦察兵配合,驻于西林村,监视驻吕塘港以西山前山军统交警总队;另一路驻于大宅村白石岭,监视驻市头保二团。

13日凌晨4时许,保二团约200人偷袭大宅村,与布防于白石岭的游击队发生遭遇战。游击队迅速利用有利地形阻击敌人。解放军侦察连听到激烈枪声,迅猛冲出村外,由游击队员带路,登上“三忠王宫”山顶,控制制高点。破晓,侦察连4门迫击炮齐射,第一发炮弹就把敌军重机枪炸毁,继而摧毁敌军阵地,击毙敌连长和士兵12人,伤10余人,粉碎敌军企图洗劫大宅村的阴谋。

14日,亭洋游击队抓获国民党第五军通讯排长一人,切断敌军同塘厝港的通讯联络。

18日,市头、郑坂游击队抓获敌军谍报人员两人。18日至19日,同安县工委(闽中)游击队全面控制马巷至小盈岭福厦公路段,主动向溃败敌军进攻,收缴枪弹一批,俘虏的人员经教育后予以释放。

1949年5月至9月间，闽中同安游击大队先后与国民党盐兵(税警)、第五军、第五十五军、保二团、保安大队的部队展开20余次战斗，活捉特务头子王介、保二团副官、反共救国军大队长陈益群、保安大队长杨瑞云等营级以上军官4人、连排长10人，俘获和瓦解敌军400余人，击毙敌连长一人、士兵37人，缴获机枪9挺，冲锋枪、卡宾枪8支，步枪400余支，驳壳枪和短枪4支，子弹数万发，电话机4部。

八、中共厦门临时工委在翔安地区建立据点

1949年春，中共厦门临时工委(闽西南)决定在岛外建立据点，筹建革命武装，宣传群众，开展反"三征"，迎接全国解放。于是派厦大党支部书记庄炳章和党员彭金励到同安翔风乡彭厝实地考察。经过实地考察，庄炳章认为"地点很理想，是一个名副其实的桥头堡，咽喉之地"。经向厦门市临时工委书记熊德基汇报后，市工委决定派彭金励回彭厝建立据点，开辟农村新区，并从厦门侨师抽调十来位党员给彭金励带去彭厝工作。4月29日，中共彭厝支部成立，书记彭金励，副书记林希圣(女，原侨师党支部书记)，委员林多速。

党支部以彭厝小学为基地，办起了农民夜校，自编教材，有很强的针对性。白天，党员分散和村民一起劳动，拜农民为师，串联交友，动员他们参加夜校学习；晚上，就到夜校当教员，按照不同年龄段上课，既上文化课，又讲形势，进行革命教育。学员学习情绪高涨，连邻村欧厝和澳头的青壮年也纷纷加入，人数天天增加，最多时达三四百人。《解放区的天》《团结就是力量》《你是灯塔》等革命歌曲在彭厝一带传播开来，激励着人们的革命斗志。在一批积极分子的带动下，反"三征"斗争迅速开展起来。夜校的影响越来越大，党支部的活动地区扩展到山后亭、琼头沿海一线和马巷镇沈井等地农村。夜校办了半个多月，震惊了国民党当局，敌人策划"清剿"彭厝。党组织决定暂停夜校，党员分散扩大活动范围，到马巷、新圩广大农村开展建点工作，把夜校办到侯亭私立小学。

5月中旬，厦门临时工委先后派厦大洪宗禀、郑天海两位学生

党员到翔安地区工作。彭厝党支部升格为彭厝区工委。区工委发展了一批青年骨干入团，成立了共青团彭欧支部(包括浦园)。

5月下旬，庄炳章代表厦门市工委在马巷蔡浦村洪宗禀家召开会议，会上宣布：根据中共安溪中心县委指示，成立中共同安县工委，书记彭金励，组织委员林希圣，宣传委员林多速，农工委员郑天海，青工委员洪宗禀。中共同安县工委(闽西南)仍属厦门市工委领导。县工委下辖城关、马巷两个区工委和灌口团总支、新垵党支部。

7月12日深夜，保队副彭天资(新中国成立后被镇压)密报彭金励、陈惠珍夫妻在家，国民党第五军200多人包围彭厝，企图逮捕彭金励。彭金励躲在离家几十米远的一间破旧角楼里，待敌人撤走后，从容不迫地转移到外村安全的地方。

九、中共闽西南同安县工委及其直属武工队的建立和活动

1949年5月初，彭金励已通过厦大同学叶明哲，取得他的哥哥、国民党区分部书记叶不对革命的支持，在长兴乡(今分属五显、新圩镇)开展地下活动，打通同安—美峰—安溪通道，把毕业后回乡的原同安初级中学地下党员串联起来，四处开花，发动群众，筹建地下武工队，迎接解放。

8月，中共同安县工委(闽西南)把新圩武工队编为直属武工队，并被中共安溪中心县委授予“中国人民解放军闽粤赣边区纵队第八支队第四团第四营”番号和“司马永生”的绝密代号(司马代表同安，永生即时任解放军闽粤赣边司令员、第十兵团副司令员刘永生)，陈诚志任武工队队长，林多速任指导员。县工委命令陈诚志带队上山，以大帽山为据点，开展武装斗争。

陈诚志，1947年1月被迫回国的马来亚共产党党员。他一方面积极寻找党组织，一方面以共产党员的标准严格自律，自觉担起革命责任。他从马共放弃武装而走向失败的教训中，认识到闹革命离不开枪杆子的道理，因而在家乡新圩诗坂村以防匪盗为名，组织巡山队，一起学文化、学政治、学军事，到年底发展到20余支枪，编为1

个中队、3 个分队，并向四周邻村扩展。1949 年初，陈诚志等人在诗坂、东寮、前山、埔仔顶、新圩、马巷、官山、布塘、彭厝，甚至集美后溪、灌口的每个基点村都建立一支 10 人左右的可随时拉出去参加战斗的机动班，遂改称“新圩武工队”。

8 月下旬，中共泉州临工委书记许昭明在南安洲江会议宣布闽南地委决定：同安县工委（闽西南）收归泉州临工委领导，彭金励仍任县工委书记，林希圣仍任组织委员，杨奕坂任宣传委员。洲江会议决定建立县工委武工大队，大队长郑天海，教导员彭金励；各区成立中队，区委书记兼指导员，乡成立分队。全县武工队员有五六百人，长短枪约 250 支。

武工大队根据县工委给予的发展武装，宣传党的方针政策，收集情报，统战策反，监视、打击、瓦解敌人，配合主力解放全境的任务，积极开展工作。陈诚志统一指挥执行县工委所在地大帽山山下守卫任务；集美后溪武工队参加坂头桥伏击战、围攻灌口警察所（“灌口民变”）等一系列武装斗争；马巷区工委武工队在塘厝港、崎头宫截击国民党溃兵，派人监视特务头子王介部下彭水锦和杨大鹏等特务的活动情况。

洲江会议后，县工委机关移驻大帽山。月底，一些政治色彩比较明显的厦大、侨师地下党领导和党团员也上了大帽山。厦大、侨师同志上山后，协助县工委举办了两期武工队骨干和共青团员“青干班”。县工委组织了“迎接解放委员会”，下设供应部、宣教部、总务部、武工队。解放战争时期，中共同安县工委（闽西南）先后建立彭厝、马巷、城关、美峰 4 个区工委、4 个党支部，共有 72 名党员；在马巷地区建立彭厝、欧厝、洪厝、马巷 4 个团支部，共有 75 名团员。

十、群众性的反“三征”斗争

全面内战爆发后，蒋介石扬言要在三五个月内消灭共产党领导的人民军队，在国统区大肆征兵征粮征税。抽丁开头“三抽一”，即兄弟三人抽一人当兵，不久改为“二抽一”，后来连独子、未到征兵年龄的、走亲戚的、过路的、外地来做工的也被抓壮丁。最后产生买卖壮丁,一些殷实人家和独子人家花钱让贫穷青年或地痞流氓冒名顶替当兵。以卖壮丁牟取钱财的地痞流氓要价很高,每名卖 100 多个银圆,当兵后想方设法逃跑,然后再卖两三次。不少人家因为买壮丁倾家荡产。欧厝解放前有 300 个劳力,被抓壮丁 112 人,被敲诈壮丁油(花生油)600 多担,卖孩子 10 个,卖土地、粍堆 23 人,倾家荡产迫不得已当兵的 54 人,为不当兵逃到外地谋生的 80 多人。

国民党发动内战,横征暴敛,同安城乡经济雪上加霜,全面崩溃,能逃往南洋的再次被迫出洋,大批民众因生活无着而流落街头巷尾,形成丐帮丐营,如马巷有"妈祖婆宫乞食营",东烧尾有"破瓦窑乞食营",莲河有"破大九架乞食营"。

人民处在水深火热之中,国民党政府却不管人民的死活,税收照样有增无减。1947 年,福建省地价税原预算额为 7500 万元,实征 1.75 亿元,超征一倍以上;土地增值税原预算额为 750 万元,而实征竟达 3.7158 亿元,超征 50 多倍。还有种类繁多的苛捐杂税,仅在报刊上能看到的就不下 40 多种,特别是所谓的"因地制宜税",要收什么税就可收什么税。无怪乎民众称之"万物皆有税,唯有屁无捐"。

哪里有压迫、剥削,哪里就有抗争。因此,群众性的反"三征"斗争,伴随着解放战争的发展而持续不断,而且从软抗争转变为武装抗争,进而发展为广泛的人民游击战争。

1947 年春,中共泉州中心县委决定从反征兵入手,发动群众性的反"三征"求生存的斗争,利用群众自发组织的"独子会""次子会",建立了"晋(江)南(安)惠(安)同(安)安(溪)五县壮丁大同盟",并发表宣言,揭露国民党反动派强抽壮丁的罪恶。同安分盟以青年团员为骨干,具有广泛的群众基础,有盟员 2000 余人,其主要任务是开展反"三征"、调查敌情、筹备粮草、统战策反、保护地方财产等工作。有的乡镇村制定盟约,集体立誓,抽丁期一到,青壮年就白天一起干活,晚上一起"看山""守更",随时随地可以集体反抗抽丁;有的采取"抗""跑""抢""赖"等软抗争方式,对付"三征"队;有的村庄,男女老少齐发动,看见抓壮丁的来了,便大声呼喊报信,敌人未进村,壮丁早已躲开。1949 年 2 月下旬,厦门大学晋(江)南(安)永

(春)惠(安)同学会《反对征兵征粮联合宣言》也在翔安地区广为散发,对该地区群众性的反“三征”斗争起到了很大的推动、鼓舞作用。翔安地区地下党组织采取的各种反“三征”办法,都是为了切断敌人的兵源、粮源、财源,推进解放战争的进程。

1949年2月2日(农历正月初五),中共金南同县工委指示九沙党支部利用香山庙会宣传力度大之机,在印斗山、西岩山上和西林村外枪楼上竖起三面红旗,上面大书“官逼民反”“毛泽东号召起来革命”。这是自中央红军长征后,在马巷地区再次飘扬的红旗,大大鼓舞了翔安人民反“三征”的斗志。

地下党还通过各种渠道,对国民党乡政人员晓之以理、慑之以威,警告他们别太卖力“三征”。国民党政府的“三征”到处碰壁,恼羞成怒,抓人逼粮,地下党领导群众巧妙应对,乡公所抓了几个老弱病残者关了几天,无可奈何,只得放了。对于甘为国民党鹰犬的反动官吏则千方百计把他们轰下台。1948年底,闽中地下党组织调查霞浯顽固保长吴树栏的贪污罪行,发动群众向国民党南安县政府控告,把他赶下台。事后,党组织派人当保长,控制了霞浯保甲政权。越临近解放,群众的革命情绪越高涨,党的活动也逐步由秘密转为半公开,利用农村民俗节日演戏等机会上台演讲,公开进行反“三征”宣传。

反“三征”斗争的深入开展,大大削弱了国民党的农村基层政权,为推翻国民党反动统治,配合人民解放军解放翔安全境奠定了坚实基础。实践证明,只有充分发动群众,组织群众,开展经济、政治斗争,武装斗争才能真正成为群众性的人民战争。

十一、翔安地区人民民主统一战线的巩固和扩大

统一战线是中国共产党领导人民革命取得胜利的三大法宝之一。随着解放战争的节节胜利,蒋管区爱国民主运动的不断高涨,国民党反动派统治的基础日益瓦解,越来越多的人士同情、支持人民革命,和人民站在一起,就是一些国民党中上层人物的思想也随着形势和周围环境的变化而有所改变,这就给党进一步做好争取他

们的工作带来有利条件。翔安地区地下党组织抓住这一有利时机，大力开展统战工作，争取更多的朋友，团结、联合各阶层爱国力量，组成广泛的人民民主统一战线，为消灭国民党反动派在翔安地区的黑暗统治而共同战斗。

当历史的长河进入到1948年春天时，人民解放军在山东、东北、晋南、陕北都取得了重大胜利。中原战场告捷，直逼国民党长江防线。战争形势和民意人心都向着革命方面发生重大转变。4月30日，中共中央审时度势，发布五一劳动节口号，正式发出召开政治协商会议、召集人民代表大会、成立民主联合政府的号召。五一口号的发布具有重要的时代价值。华侨领袖陈嘉庚提议：解放区应紧急成立联合政府机构，以对抗国民党国大后的局面。他的主张，无疑代表了当时许多民主党派、爱国民主人士的意见。

1947年8月至1948年底，中共金南同县工委争取了马巷官山知名人士陈为炉、陈启勇、陈式乒等人参加革命，建立了何厝交通站。1947年秋，林文庆通过同学关系争取了国民党民安乡陈春霖、许秉心两任乡长，他们交出20支步枪支持革命。民安乡大部分保长表示要站在人民一边，保长杨琼辉自动交出大曲七手枪一支。县参议员王江淮经动员教育后交出步枪一支、“马咬箭”手枪一支。

随着人民解放战争炮声的逼近，马巷一些头面人物感到国民党大势已去，惶惶不可终日，有的人还到安海龙山寺抽签，求问出路。中共同安县工委（闽西南）彭金励、洪宗禀、郑天海、陈诚志等人通过各种关系，与马巷各界人士协商，在1949年6月中下旬，成立“马巷镇人民解放同盟工作委员会”，马巷“土皇帝”、军统特务陈企钳（起义人员）任主任委员，马巷镇镇长许宗取、马巷镇商会会长陈远让、马巷镇镇民代表朱炯德、国民党同安县政府科长朱为满、舫山中学校长陈水扬、马巷小学校长朱克修、县工委代表曾梅生任委员。该委员会的成立，为马巷和平解放创造了有利条件。县工委通过陈企钳控制了陈文式的地方武装，陈文式率领20余人枪上大帽山接受陈诚志指挥。陈远让以商会名义储备粮食1500担，支援解放军，张贴布告、标语，宣传共产党三大经济政策，安定了马巷地区工商界人士，稳定市场，保障了人民生活需要。陈企钳、许宗取掩护了马巷地下工作站的安全，使新任镇长朱星樵率镇兵查抄时一无所获。

彭金励、洪宗禀、郑天海亲自造访国民党闽西南“清剿”指挥部通讯员、晋南同联防队通讯员、第四专署情报员、福建省新闻处联络员李礼阁，他表示决心立功赎罪，承诺尽力效劳，为地下党提供情报、保护安全，做好马巷朱、陈两大姓上层人物的工作，筹措粮食支援解放军。

在统战策反、开展政治攻心、分化瓦解敌人的同时，对于那些坚持反动立场，不听劝告，继续为非作歹的地方首恶分子，则坚决予以镇压，以促进统战策反工作的顺利进行。

茂林村的蔡中朗处处与地下党为敌，向晋南同联防队密告地下党员蔡天良（后越狱）、郭洙斗（后保释），致使两人于 1949 年 3 月 11 日被捕。中共金南同县工委决定镇压蔡中朗。4 月 4 日，蔡中朗到马巷采购物资，游击队员暗中跟踪。上午 10 时许，蔡中朗在池王宫口吃点心，两名游击队员伺机抵近射击将他击毙。

5 月中旬，游击队镇压了后村保长郭吉天，普山保长郭文崇（受伤未死，逃往金门），东界特务分子许赌，欧厝恶霸、特务、国民党厦门水上稽查分队长王九溜。8 月下旬，翔安地区地下党组织甚至跨县镇压了佬港乡队副李顺耀，国民党区分部执委李凯父子，特务王友平，便衣队长李挨夫妇，水头侦缉所所长陈奕昌，国民党南安县党部代理书记长、参议员洪永彬。这些果敢的行动，有效地削弱了国民党基层政权的统治力量，打击了顽固分子的嚣张气焰，惊醒了还在十字路口徘徊的动摇分子的梦想，促进他们尽快做出抉择。

6 月，中共同安县工委（闽西南）在卿朴村杨奕坂家召开全县统战策反工作会议，贯彻安溪中心县委指示精神。随即在全县迅速展开统战策反工作，给国民党党政军警沈乃光、王登沂、叶金泰、李宗题、施永灿、徐云情、徐文通等头面人物寄去《约法八章》等传单，再派与这些人物有关系的人，同他们谈论看法，试探其态度，然后有针对性地做统战策反工作。

农民运动、妇女运动是翔安地区地下党组织进行统战的一项重要工作。1949年春,中共金南同区工委派17人参加泉州中心县委在晋江举办的农会干部训练班,学习半个月后,回来着手建立农民协会。8月1日,金南同区工委根据泉州中心县委《农民协会组织暂行办法》,整顿农会组织,全区有16个保组织农会,有会员2000多人。农会在团结群众、开展游击战争、筹备粮草、组织支前等方面做出了贡献。农会建立的护乡队、民兵队,平时护卫乡里,战时服从区工委统一调动,参加战斗。

在旧社会,妇女社会地位最低,受到的压迫最大,她们强烈要求翻身解放,妇女运动在解放战争时期得到长足的进步。金南同县工委组织的妇女运动委员会,会员650多人。她们当接头户、交通员,在后勤保障、站岗放哨、掩护地下党员、传递信件等方面都积极地为革命做了大量工作。在围攻莲浔盐兵战斗中,西林村妇女照管被游击队扣留的31名盐场文职人员和盐兵家属。蔡厝村侨眷蔡奔无所畏惧地把一栋三层洋楼借给巷南区工委机关使用。

十二、迎接解放军解放翔安全境

为了筹集粮草,支援解放军,中共闽西南马巷区工委在沈井村魏耀胜家里召开工作会议,就筹粮工作做了专门研究和部署,决定采取“派、捐、借”三种办法:以对大户富户派粮为主,以发动党团员捐粮、向群众借粮为辅,统一打收据给交粮户,解放后凭收据抵交公粮任务,向粮站结算。

中共闽中同安县工委不但筹备粮草,还筹备了食油、花生、鱼虾干、日用品、钱币等。巷南区群众共捐大米、花生2000担、鱼虾干250斤、毛巾440条、牙刷200支、万里鞋73双、手表3只,以及一些银圆和少量黄金。金南同区群众共捐粮食16万斤,以及花生油、花生、鱼干、万里鞋等。

1949年9月7日,中国人民解放军第二十九军侦察连抵达莲河,莲河解放。闽中游击队积极帮助搜集敌军情报。闽中游击队泉州团队政治处派王曼生进入厦门岛,到市工委取回国民党厦门军事布防图后,又马不停蹄地赶到莲河,交给二十九军侦察科长。闽中大嶝游击中队分队长曾焕土在潜回大嶝侦察国民党军事布防时遇险，在东蔡自然村幸得一位妇女帮他藏在一口空棺材里才得以脱险。

中共闽中同安县工委在莲河设供应站，共供应解放军所需的大米5万多斤、花生油一万多斤，还有蔬菜、副食品和柴草等。

9月12日、13日，巷东和新店东部地区解放。9月18日下午，解放军第三十一军九十三师二七七团从大帽山埔顶经古宅跨越新圩境域到五显寮野，由闽中新城区游击联队带至竹坝，下午4时部队开到后坝，晚上9时，第三十一军九十三师二七七团、二七八团和九十一师二七一团一部分三路进军同安县城，9月19日早上县城解放，共歼、俘守敌2000余人，活捉国民党福建省保安纵队司令胡季宽、省保安二团团长黄振欧、军统泉州潜伏组组长陈润卿（辖泉、莆、漳、厦）、反共救国军鹭江纵队大队长吴成仁、反共救国军同安副司令刘谦成、同安末任县长余愚。

9月19日晨，第二十九军八十六师一部进入马巷，由于马巷镇工作委员会为和平解放创造了有利条件，马巷不动枪炮而解放，闽中马巷区工委军事委员叶健召集国民党驻军200余人于五甲尾礼拜堂开会后，派游击队员把他们押送到县城集中处理。

9月19日上午，配合第八十六师搜集船只的军侦察营第三连和师侦察连一个排进至新店时，得悉刘五店守敌已撤走两个连，余下的一个连在下午涨潮时也有逃走的可能。解放军侦察连当机立断，于15时半向刘五店发起攻击，守敌退守街道。17时，被压缩于学校内全部歼灭，而解放军无一伤亡。

解放军第八十六师获悉刘五店已为侦察连攻占，澳头守敌又增加一个营兵力（共两个营），当即以第二五六团第二营一个连协同侦察连控制刘五店；以第一营沿公路两侧进抵张厝、傅厝，绕向澳头；以第三营由澳头交通站副站长苏炳儒和苏神秘等人向导，经彭厝、欧厝抵达澳头外围。22时许，二五六团向守敌发起进攻，准确地摧毁守敌两个配有重机枪的碉堡，经过6小时激烈战斗，全歼守敌两个营和一个工兵连，新店地区全部解放。

1949年10月上旬，第二十九军八十七师二五九团，第二十八军八十四师二五一团二营（加强营）进驻新店珩厝、蔡厝，奉命解放大嶝。10月9日晚，解放大嶝岛战斗打响，解放军兵分4路涉水渡海登陆进攻，经过一天激战，10月10日晚，全歼大嶝岛上4个团的国民党军，大嶝岛解放；10月11日晚，二五一团一个连乘胜解放小嶝岛；10月15日，第二十八军八十五师二五四团解放角屿。至此，翔安全境解放。

十三、解放厦门和金门登陆战的支前工作

1949年9月，翔安大陆地区解放前夕，中共翔安地方组织就开始为大军筹备粮草，16日，人民解放军在晋江安海镇会师，并成立同安县支前办事处，立即着手进行支援人民解放军解放厦门、金门的筹措工作，诸如搜集国民党军事情报，为制定作战计划提供依据；筹集粮草、保障军队供给；修复公路桥梁，以利军需补给；动员船工船只运载，便于渡海作战。在当时，这些都是迫在眉睫、刻不容缓的任务。

在县支前办事处的正确指挥和催粮队的积极努力下，群众明确交纳军粮支援部队的重大意义，仅两个多月就筹到军粮240万斤稻谷、大米167万斤，柴草450万斤，囤积在境内沿海各村。新店的莲河、霞浯、珩厝、东园、彭厝、后村、蔡厝、欧厝、前浯、刘五店、澳头、下许、垵山、东界等沿海村庄纷纷出船出人，组织船工队伍，支援解放厦门岛、“三岛”、金门岛。

为了解放厦门任务需要，县支前办组织民工大队及船工参战。民工大队280人，完成11918个工日的工作。征用各类船只，动员民工船工修路、运输、参战，服务4000多个工日。如马巷井头、城场、琼头村的林坤助、林付星等人自愿参加船工队伍，支援解放厦门。1950年初，民工还在集美、高崎给部队装卸粮草物资。在解放厦门战役中，境内支前民工船工共牺牲9名，其中新店船工牺牲7名，马巷船工、巷东民工各牺牲一名。在厦门战役前后，五区、六区动员民工一万多名修补同安至马巷、后坝至马巷、莲河至新店等3

条公路。

在解放厦门战役和金门登陆战中，解放军部队和县委、县政府以及各区公所组织一批苦大仇深的渔船民及厦门大学学生，成立“蒋匪罪行控诉团”，在前沿各村庄讲演。血泪的控诉，激发了广大指战员为新中国而战、为人民的解放而战的强烈责任感，也激发了广大人民群众同仇敌忾、军民团结消灭敌人的革命热情。部队掀起了练兵杀敌大竞赛热潮，渔、船民在控诉大会上掀起了报名献船参战的高潮，许多群众自动拆门板、床板，甚至连房子也拆了，献出木料，为大军造新船、木排、竹筏，作练兵运兵之用。

1949 年 8 月，闽中同安县工委，澳头交通站副站长苏炳儒成功策反国民党驻五通炮兵营。他结识该营排长陈冬保，送《中国人民解放军布告》给营长，营长表示愿为解放厦门出力。10 月 17 日解放厦门登陆五通时，苏炳儒为解放军第八十六师二五六团当向导，该炮营大炮朝天，官兵静坐，接受改编。

1949 年 10 月 15 日下午，中国人民解放军第十兵团在叶飞指挥下，以两个军的主力，乘木帆船强渡海峡，向厦门岛发起总攻。10 月 17 日，厦门全岛解放。

解放军解放厦门，威逼金门。解放军第十兵团对金门国民党军兵力估计严重不足，认为只有 2 万多人，攻取金门问题不大。实际上，在解放军发起厦门岛战斗前夕，金门有国民党李良荣第二十二兵团 4 个师的 8 个团防守。青年军第二〇一师两个团位于大金门岛西北部；由潮汕地区撤抵金门的国民党胡琏第十二兵团第十八军第十一师（在大嶝岛被歼灭一个团），于 1949 年 10 月 11 日接替第四十五师在大金门岛东部和东北部地区的防务；第四十师（在大嶝岛被歼灭两个团）一三三团位于金门县城附近；国民党第五军军部率二〇〇师位于小金门。此时，国民党第十二兵团第十八军、第十九军从潮汕地区陆续撤抵金门，使金门国民党军的总兵力增至 4 万余人。且有海军巡防处 9 艘舰艇和空军第一大队助战。汤恩伯的私人日籍顾问、日本侵华战犯、华北日军司令官兼驻蒙军司令官根本博一行 7 人也参加指挥抵抗解放军进攻。

解放军第十兵团把攻打金门的指挥责任交给了第二十八军前指。由副军长和军政治部主任负责指挥。

10 月 24 日深夜，第二十八军指挥第一梯队第八十二师二四四团（加强二四六团第三营）、第八十四师二五一团和第二十九军第八十五师二五三团，分别从莲河、大嶝岛、后村等地启航。由于第八十二师指挥所未随船跟进，通讯联络又不畅通，各团均失去上级指挥；加上战前未组织协同，途中又遭国民党军炮火拦击，造成部分伤亡，因此船队已不能保持完整的航渡队形。船只因退潮在海滩上搁浅，无法返航，遭敌海空军扫射轰炸，全部损失。第二梯队无法增援，形成敌我兵力对比四比一！

10 月 25 日凌晨 2 时许，解放军在金门岛蜂腰部北岸的琼林、兰厝之间，岛西北部的安岐以北、林厝以东，岛西北的古宁头、林厝之间登陆，于拂晓前攻占古宁头。各登岛部队不等待，不犹豫，勇猛攻击，大胆向纵深穿插。在突破国民党军一线阵地后，于拂晓前前进至西山、观音亭山、湖尾、湖南高地、安岐、埔头一带，向国民党军二线阵地发起了进攻。

4 时 30 分，国民党军在坦克和炮兵的配合下，分三路向解放军登岛部队实施全线反击。8 时起，又出动海空军，反复轰炸扫射解放军登岛部队阵地、搁浅船只和厦门至围头沿岸的解放军炮兵阵地及船只。解放军登岛部队孤军作战，在埔头、林厝、古宁头给予国民党军重大杀伤，战斗十分惨烈。

解放军第二梯队十兵团仅收集到装载 4 个连兵力的船只，由第二四六团团长孙云秀率领，登陆增援。第二梯队与坚守古宁头的部队会合，在极端困难的情况下，连续向国民党军反击，但因兵少力薄、后援不继，终难挽回败局。

10 月 26 日拂晓，国民党军在坦克、火炮和飞机的配合下，向坚守古宁头的解放军猛烈反击。解放军登岛部队激战终日后，剩下的少数指战员利用坚固的房屋，同国民党军进行巷战。22 时，解放军利用暗夜向东南转移到山区与国民党军周旋。28 日下午，在沙头附近陷入国民党军的包围，除第二四六团团长孙云秀负伤自尽外，其余全部被俘。

金门登陆战虽使国民党军付出伤亡约9000人的代价，但解放军两批登岛部队共3个多团9086人（内有船工、民夫等350人），大部壮烈牺牲，一部被俘。这是解放战争中人民解放军的一次重大损失。这个沉痛的教训，为人民解放军如何充分做好必要准备，进行解放海南岛等渡海战斗提供了重要鉴戒。金门登陆战虽然失利，但登陆作战的人民解放军和支前船工顽强战斗、英勇献身的牺牲精神是不会磨灭的。

在金门登陆战中，境内牺牲船工22名，其中新店地区的霞浯、东园、茂林船工各牺牲一名；大小嶝船工失踪17名（1983年6月追认为革命烈士），牺牲两名。人民政府对牺牲、受伤、失踪的支前船工民工都进行抚恤。失踪的支前船工民工有的被国民党军的飞机大炮炸得粉身碎骨，有的则被掳到台湾。1987年10月，台湾当局开放除了军人、公务员之外在大陆地区有三等亲、姻亲的外省人到大陆探亲。到了90年代，珩厝一位失踪的船工才从台湾回来探亲，其时，他的妻子已阴阳两隔，儿子已结婚并育有二女一男，知者无不唏嘘。

1950年10月至1951年初，驻军遵照“不拿群众的一针一线”和“损坏东西要赔”的军纪，县民政科协助境内驻军对1949年大嶝、金门战役受损及失踪的民船进行调查补偿，落实沿海渔村应补偿船只205艘，发放补偿款3.61万元。

理赔不仅是一次经济行为，更是解放初期一次成功的政治宣传行动，体现了人民解放军拥政爱民的历史传统，宣传了人民军队的“三大纪律八项注意”。琼头村时年70余岁的老渔民林双感叹：“我活了这么大年纪，从无看到这么好的军队和政府。”

第三章　翔安英雄谱

翔安人杰地灵，在新民主主义革命时期，在翔安这块仅有411平方千米的热土上，就曾诞生多少英雄先烈，就曾洒满多少爱国志士的鲜血，就曾演绎多少涤荡灵魂、震撼心魄的悲壮故事？下面，简单介绍新民主主义革命时期16位中共翔安党史人物（以姓氏笔画为序）：

许英宗（1904—1930）

同安县民安里许厝村（今翔安区内厝镇许厝村）人，毕业于厦门中华中学高中部，1926年加入中国共产党，建立共青团同安支部并任书记。1927年春夏之交，建立共青团同安县委并任书记。1929年夏，参加中共福建省委在珩厝召开的党团活动分子会议，当选为中共同安县委委员。1930年参加厦门"五二五"破狱斗争，负责侦察思明监狱内部情况，在同安物色接应难友的两艘木帆船，选定彭厝、珩厝、蟳窟等革命基点村为难友停歇点，圆满地完成任务。同年7月25日，在攻打厦门盐关的战斗中被捕，3天后被国民党反动派杀害于厦门港鱼行口广场。

许涂淼（1904—1928）

学名许嘉壁，同安县民安里许厝村（今翔安区内厝镇许厝村）人，幼年就学于厦门宝善堂私塾，后在厦门印务业当童工。1922年到漳州印务业做工。1926年秋在承印革命刊物《民声周报》期间受影响参加革命活动，同年冬加入中国共产党，成为漳州工人运动领袖。1927年春，参加中共闽南特委领导的"二五加薪"运动，率先在漳州成立印务工会，领导印刷工人罢工，推动各行各业工人运动，形成罢工高潮，取得了“二五加薪”斗争的胜利。“四一二”反革命事变后，留在漳州和家乡同安坚持斗争。10 月，和王占春在漳州发动轻便车工人罢工，又一次取得胜利，把他们教育引导成为党领导的一支地下运输队。年底，当选为中共福建临时省委委员、常委，1928 年，作为福建省党员代表，赴莫斯科参加中共全国第六次代表大会。会议期间，肺病复发，医治无效，逝世于苏联。

李文端(？—1957)

化名李白、白文端、苏白厘等，出生于同安县翔风里浦园村(今翔安区新店镇浦园社区)。20 世纪 20 年代中期在集美中学读书，后进上海大夏大学深造。1929 年就任金门县金沙小学校长。1930 年在厦门发起组织“普罗学社”，积极开展革命宣传活动。1930 年秋，经省委书记罗明介绍，加入中国共产党，并参加省委“农村工作训练班”学习。1931 年 9 月，任中共惠安县委书记。1932 年初，在厦门中心市委巡视员蔡协民的指导下，组织领导惠北农民武装抗捐运动，并取得胜利。但自 5 月起，因“左”倾路线在党内占统治地位，抗捐运动被打成“富农主义”。9 月被调任厦门中心市委职工部长，10 月调任中心市委组织部长；1934 年 6 月再任中心市委组织部长。其间，一边工作一边接受审查“右倾机会主义”错误，最后与党组织脱离关系。解放后在晋江青阳建新药房当职员，直到去世。

李松林(1903—1993)

原名李礼枞，化名唐沙白、李吉成，同安县民安里官塘村(今翔安区内厝镇新垵村官塘自然村)人。1922 年就读于厦门大学经济系，参加罗扬才领导的工人运动，在平民夜校教书，担任厦大学生会主席和厦门学联主席。1925 年加入中国共产党。1926 年冬奉命随北伐军进入泉州，任兴泉永政治监察署指导员，负责指导泉属各县大革命运动。1927 年 1 月，任中共泉州特支负责人，领导泉属各县党组织的创建工作，深入各县具体指导农民协会惩办土豪劣绅的斗争。其夫人洪碧云(原名陈阿亮,化名白海棠、白梨华)是台北人,也是中共党员,在泉州一家书店当店员,作为台湾革命青年的联络点。4月10日,国民党晋江县党部在泉州召开“拥蒋护党”大会,通缉共产党人和国民党左派人士,李松林转入农村坚持革命斗争。8月,被选为中共闽南临委组织委员。1928年6月,省临委组织部长陈祖康叛变,党组织受破坏,李松林避走南洋,后来投资房地产业与橡胶种植业致富。1951年,因涉及售卖橡胶及卡车轮胎、零件等“违禁”战略物资给新中国,被英国新加坡殖民当局逮捕入狱,幸得朋友担保而获释,但直到1984年11月才被授予公民权。他和全家人热心家乡教育事业,捐资兴学达1000万元人民币,达到福建省人民政府立碑表彰的标准。

吴复基(1907—1976)

南安县石井区霞浯村(今翔安区新店镇霞浯社区)人。1933年参加中国共产党。1934年任中共南同边区区委书记。为筹措革命活动经费,卖儿鬻女、卖盐田、卖土地、卖房屋。1935年11月,因叛徒出卖被捕,判5年有期徒刑。1937年国共合作具保出狱。抗日期间参加金南同边区抗敌后援会,宣传抗日救国,组织“父母会”,抗丁抗税。解放战争时期,吴复基以同安初级中学炊事员和牛贩的身份,积极联络土地革命战争时期失散党团员,如易秀英、彭畔,重新恢复革命活动。解放后任南安县石井区委组织委员,水头区委组织委员、水头镇党委副书记,南安县油脂公司经理、水头粮食加工厂厂长等职。

陈先查(1911—1935)

字清流,同安县翔风里山后亭村(今翔安区马巷镇山亭社区)人。1931年加入中国共产党。1932年以西柯小学校长身份为掩护开展革命活动。9月任中共同安县委组织委员。1933年秋至1934年春,参与组织和领导攻打马巷税契局、珩厝抢盐、后村抢布、新圩抢米等4次斗争。1934年9月任中共同安县委书记(代理)、安同南临时特委组织委员。1935 年 2 月 21 日夜，在家中被敌人包围，突围时中弹牺牲。

陈诚志（1924—2018）

原名陈诚济，生于同安县同禾里施王保诗坂村（今翔安区新圩镇诗坂村）一个贫困侨眷家庭。9 岁随父亲到新加坡，11 岁进贫民小学半工半读。抗战爆发，陈诚志被学校任命为儿童团团长，查缉日货，街头卖花，为筹赈祖国难民募捐。1944 年 2 月，加入马来亚共产党，被任命为锄奸组长，专门暗杀汉奸走狗、日本鬼子。新加坡光复后，陈诚志受命担任边佳兰区人民委员会治安委员，并参与接管新加坡市府。1946 年 10 月，英国殖民当局取缔马共，大肆搜捕共产党人。1947 年 1 月，陈诚志秘密回国，返家乡故籍务农，一面积极寻找党组织，一面自觉担起革命责任，于 1948 年 6 月建立游击武装。1949 年 7 月，任中共闽西南同安县工委直属武工队队长。解放初，武工队转入中国人民解放军正式编制，陈诚志率领县警备队在同安与邻县接合部山区剿匪。曾任中共福州市北峰区党委书记、平和县人武部政委，1984 年以正师职离休。

林文庆（1924—2005）

曾化名林永平，安溪县虎坵镇湖坵村人。1944 年 8 月考进内迁安溪的省立高级水产学校。1945 年 5 月加入中国共产党，7 月任中共安溪新康区临时支部书记。1946 年夏，任中共新康乡工委书记。1947 年 6 月，任中共闽中金南同县工委书记，县工委活动范围包括同安、金门两县，南安石井以南地区，安溪县新康，长泰县林墩、青洋和海澄县海沧（今属厦门市）等地。1949 年 5 月，林文庆组织、领导了围攻莲浔盐兵的战斗，持续七天六夜，先后出动游击队和群众武装 2000 余人次。8 月，任中共闽中同安县工委军事委员、同安游击大队大队长，领导游击队积极主动打击敌人，配合人民解放军解放同安。9 月，带领闽中同安地下党部分同志参加安海会师和同安的接管工作，任县民力科长，发动群众，征集民船、船工、木料，动员党员、游击队、青年学生，支援解放厦门和金门登陆战。解放后，历任同安县政府秘书，县人武部部长，华东海军后勤部科长，浙江农业大学物理系主任、党总支书记，浙江三门县人委办公室主任，浙江三门中学党总支书记等职。

林有声(1920—2019)

同安县民安里莲塘保乌营寨店头村人。1936 年从马来亚回国读集美中学初中。1938 年秋赴延安抗大分校学习。1939 年 9 月调到八路军一二九师师部队训科当防化干事。1940 年任该师三八五旅参谋。1941 年 12 月加入中国共产党。先后参加百团大战，北晋、邢沙战役，当过武工队员，负伤两次。和八路军山西祁县一个独立营一起战斗、生活了一个月，将该营作战经验及时总结，并迅速在部队得到推广。在刘伯承、邓小平首长指挥下，参加了浴血太行驱日寇、挺进大别山逐鹿中原、渡过长江直捣蒋家王朝、进军大西南解放全中国的战斗，从小干事成长为团首长、师副参谋长。抗美援朝战争中，任志愿军第十二军三十一师参谋长，在上甘岭战役中推广坑道和小兵群战术。回国后任十二军参谋长、副军长。1960 年 6 月被授予大校军衔，1981 年任江苏省军区司令员，1984 年 4 月任江苏省军区正军职顾问。曾荣获三级独立自由勋章、二级解放勋章、朝鲜一级独立自由勋章、朝鲜二级国旗勋章、中国人民解放军独立功勋荣誉奖章。主编《鏖战上甘岭》。

周少梁(1899—1934)

又名周栋，浙江平阳人。1928 年加入中国共产党。大革命失败后，同安党组织瘫痪，党员星散，临危受命来同安整顿党组织，以山后亭小学为据点、教员职业(校长)为掩护，把 1927 年同安“四二九”反革命事变后隐蔽下来的共产党员组织起来，恢复革命活动，培养和发展了一批新党员，还建立了党的外围群众组织。1928 年春至 1934 年 9 月，先后担任中共同安临时县委负责人、同安特支宣传委员、特支书记、县委书记等职。其间，先后组织发动攻打马巷税契局、珩厝抢盐、后村抢布、新圩抢米等4次斗争，扩大了党在群众中的影响。在“福建事变”中，旗帜鲜明地支持第十九路军联共反蒋抗日斗争。1934年9月，调到中共厦门中心市委做工运工作，10月，在一次公开演讲中被捕，坚贞不屈，后被杀害。

胡邦宪（1902—1991）

原名胡允恭，又名胡克波、胡萍舟。安徽寿县人。1923年在上海大学加入中国共产党。1925年参加讨伐陈炯明的第二次东征。1927年被派回寿县重建县委，开展地下工作。1929年春，被派往烟台任军事特派员，专做军阀“胶东王”刘珍年的统战工作。刘珍年反共后，胡邦宪返回上海任“秋阳书店”董事长，由于叛徒告密，胡邦宪等多人被捕，经营救出狱。1931年2月调山东，历任中共济南市委书记、省委宣传部长、省委书记。1932年4月，受王明“左”倾错误的排挤，与党失去联系。1934年到福建参加第十九路军“反蒋抗日”的“福建事变”，任兴泉省保卫科长兼游击总队长，兵败后东渡日本求学。1936年初回上海第二次被捕，关押10个月后出狱。1937年5月，经福建省政府秘书长、国民党左派人士程星龄介绍，出任泰宁县县长。1938年9月回安徽任怀宁县县长。1939年12月至1940年3月，国民党顽固派制造第一次反共高潮，新四军东撤，安徽省反动当局公开通缉胡邦宪，遂三进福建任职，先后任明溪县县长、同安县县长、省政府设计考核委员会设计组组长、福安县县长。任职同安县县长期间，告发前任县长李品芳大贪污案，粉碎日伪汉奸、土匪未遂暴动和“同安民变”。胡邦宪一身正气，两袖清风，为同安人民做了许多好事，深受同安人民爱戴。1946年，经中共福建省委批准恢复党籍，任特派员派赴台湾，台湾“二二八”起义后回上海，接受策反国民党浙江省主席陈仪的任务，因汤恩伯告密而失败。上海解放后，随军南下，任福建师专军代表、福建师院院长。1951年整党中，被错误地认为恢复党籍手续不清而再次停止党籍。1952年任南京大学历史系教授。党的十一届三中全会后，经中共江苏省委转报中共中央书记处批准，于1983年1月恢复1923年以来全部党籍，并任全国政协委员，享受国家副部长级待遇。

黄永妙(1910—1944)

1910年出生于马巷镇著名的工商企业“福三春”(生产糕饼)家庭，深受好善乐施、富有正义感的家风影响。1928年参加革命，1931年加入中国共产党。在集美师范读书时，一次参加篮球赛，被人撞倒，扭伤右臂筋络，医治无效致右手残废，群众多呼其“跛手”。为适应地下斗争需要，咬紧牙关，刻苦锻炼，终于练成用左手书写漂亮硬笔字，装卸驳壳枪子弹准确射击的过硬本领。1934年任共青团同安县委组织委员，深入南同边区、马巷、新圩等地区发展党团组织，建立革命群众团体。1935年1月被捕，后由家庭花钱赎出。1938年5月，任中共南同边区支部马巷党小组负责人兼马巷抗敌后援会抗日剧团团长。每次演出前，必先登台演讲。并到南同边界的锄山村联络土地革命战争时期隐蔽下来的党员宋公铺，建立锄山抗日民族解放先锋队，有队员400人。1941年至1944年，黄永妙任安溪县政府秘书，利用职务之便，深入龙涓、露营、长坑、西洋等地，策反收编当地土匪地霸，收缴武器准备送给安溪游击队，引起县长、同学吕德超的不满，欲将其逮捕，黄永妙得悉后，连夜翻墙逃往泉州，匿于好友家。1944年在泉州八卦沟惨遭特务头子王介暗杀灭尸。1984年3月，经批准为革命烈士。

彭友圃(1893—1931)

同安县民安里沙美村(今翔安区新店镇沙美社区)人。1914年创办新式学校，成绩斐然，为集美学校校主陈嘉庚、陈敬贤所赏识，聘为集美学校教育推广部办事员、办事处主任。1926年秋，在集美加入中国共产党，是同安县党组织第一任负责人。同年11月，随北伐军回同安开展农民运动。1927年1月，担任中共同安县特别支部书记，在同安东半县广大农村组织农民协会。3月，国民党福建省党部筹备处加派彭友圃等人为国民党同安县党部筹备员，以国共合作形式开展反帝反封建的革命斗争。同月，彭友圃在马巷成立同安县农民协会，当选为委员长。3月30日晚上，领导农会镇压与农会作对的马巷商会会长、马巷地区鸦片苗捐包捐人陈剑经，大灭土豪劣绅的威风。4月29日，同安县国民党右派召开“拥蒋护党”大会，通缉共产党人和国民党左派人士，彭友圃只得把党的工作移交给彭甘杏，走避他乡。1927年底，彭友圃应越南河内闽籍华侨之聘，到大同学校任教务主任。任职期间，锐意改革，除旧布新，把私塾式学校改为新式学校，教学用语由闽南话改为国语，并免收学费，学校面貌为之一新，入学学生由30多人增加到80多人。正当学校蒸蒸日上之时，国内反动势力勾结河内闽侨社会的封建势力，将他驱逐出境。1931年，秘密回厦，不久病逝。

彭金励（1922—1965）

出身于同安县翔风里彭厝村（今翔安区新店镇彭厝社区）一个农民家庭。1945年9月，考进厦门大学数理系，翌年因父病逝，家庭困难被迫辍学，到同安初级中学代课，赚点薪水作学费准备继续复学。1947年3月，在同安初级中学加入中国共产党。9月，又回厦大复学，同时在厦门市立中学兼教数学，半工半读解决求学的经济困难。1949年春，中共厦门市临工委决定在岛外建立农村据点。彭金励主动请缨，把岛外据点建在自己的故乡彭厝，带领厦师林多速、林希圣等十多位党员到彭厝开展革命活动，建立中共彭厝区工委。5月下旬，建立中共闽西南同安县工委并任书记，积极开展游击战争和统战策反工作，为解放同安做出贡献。解放后任中共同安县委委员，宣传部副部长、部长。1951年10月，任永安专区大田、宁化县省委土改工作队第四分队分队长、土改工作队党总支委员。1952年8月，任福建医学院政治辅导处政治教育组组长、院支部委员。1953年10月，任中共福建省委党校文化班教务主任、校党委委员。1955年7月，任省委党校经济教研室主任。1957年在整风运动中遭受不公正待遇，被错划为右派。1965年9月10日，病逝于福州。1984年4月27日，福建省委党校宣布对其给予平反，恢复其政治名誉，恢复党籍和原行政15级工资待遇。

彭德清(1910—1999)

原名彭楷珍,曾用名陈国华,同安县翔风里彭厝村(今翔安区新店镇彭厝社区)人。1926 年参加农民协会和农民赤卫队,1927 年加入共青团,1930 年转为中共党员。土地革命战争时期,历任共青团同安县委宣传委员、团泉州特支书记、团晋南县委书记、团靖和浦中心县委书记、中共同安县委书记、中共安同南临时特委书记、中共漳浦城关工委书记、闽南红军游击队第二支队政委等职。领导游击队转战安(溪)南(安)永(春)晋(江)同(安)游击区,进行反"围剿"斗争,坚持艰苦卓绝的三年游击战争。其间,建立发展党团地方组织,开辟革命根据地,战斗足迹遍及闽南各地。抗日战争时期,历任闽南抗日义勇军独立大队大队长、新四军第二支队连指导员、新四军教导总队第二大队教导员、团政治处主任、团长兼政委、苏浙军区第三纵队副司令员兼参谋长等职。参加指挥黄桥战役、掘港保卫战、启东县城解放战役、苏中通海区战役、攻克灵甸港伪军据点战役、夏家渡战役、望首港伏击战、保卫孝丰等战役。他指挥的老七团被誉为"一代劲旅"。解放战争时期,历任苏中军区三旅旅长,华东野战军第十二师师长,第三野战军第二十二军、二十三军副军长等职。参加指挥苏中七战七捷、枣庄、莱芜、孟良崮和淮海等著名战役。新中国成立后,参加抗美援朝,任中国人民志愿军第二十七军军长。参加第一次、第二次和第五次等重大战役,在朝鲜长津湖地区歼灭美军骑兵第一师一个加强步兵团 1900 余人。1954 年调入海军工作。1955 年被授予海军少将军衔,先后任东海舰队副司令员兼福建基地司令员、政委,配合陆军和空军协同作战,胜利解放一江山岛。1958 年任炮击金门领导小组成员暨海军前指指挥员。彭德清出生入死,战功显赫,曾荣获二级八一勋章、二级独立自由勋章、一级解放勋章和朝鲜民主主义人民共和国二级国旗勋章。1965 年调任交通部副部长,1981 年任交通部部长,同时担任中国航海学会理事长、香港招商局董事长等职。在"文化大革命"中,与"四人帮"进行不屈不挠的斗争,被无故关押折磨 5 年之久。1975 年恢复工作后，毫无怨言，振奋精神，努力工作。此后，对肃清"四人帮"遗毒和拨乱反正、对各项交通事业的发展和改革开放、对交通部门的许多重点工作，如远洋运输、救助打捞、港口和公路建设等各项事业，殚精竭虑，积极推动且卓有成效。他是交通部建立蛇口工业区的决策人之一，对深圳特区的建设和发展做出过特殊的贡献。1983 年退居二线担任中共中央顾问委员会委员之后，仍雄心勃勃，先后主编了《中国航海史》《中国船谱》《中华海魂》等书籍，填补了我国航海史书的空白，取得了海洋文化研究新的成果。他对家乡的建设十分关心，担任集美大学校董会顾问、福州市高级经济顾问，晚年多次回家乡考察，提出许多宝贵意见。1999 年 6 月在京逝世，骨灰撒在家乡的厦门海域。

鲁藜(1914—1999)

原名许涂地，同安县民安里许厝村(今翔安区内厝镇许厝村)人。3 岁时随父母到越南堤岸市。高小一年级失学。18 岁时陪伴病重的父亲返回祖国。父亲病逝后，报考进入集美试验乡村师范学校读书。在同学、共青团员陈剑旋介绍下，参加"反帝大同盟""互济会"等革命组织，到乡村宣传抗日被警察局关押数日。1934 年，到上海宝山"山海工学团"分团教书。1936 年 6 月 19 日通过"山海工学团"地下负责人张劲夫介绍，加入中国共产党。随后，组织派他往安徽蚌埠、安庆做民众教育工作，又辗转武汉指导汉阳兵工厂的抗战工作团。1938 年秋，奔赴延安到"抗日军政大学"学习。1939 年毕业，分配在陕甘宁边区文化协会工作，介绍周而复入党。是年秋，写下《延河散歌》，诗名大噪，成为"七月诗派"代表人物之一。在晋察冀抗日民主根据地任军区报社记者、民运部干事。1942 年参加延安文艺整风运动，留在鲁艺学院中文系当教员。1949 年，任天津市文学工作者协会主席，兼任天津市文化局党支部书记、中国大戏院经理等职。1951 年赴朝鲜慰问志愿军。1955 年被认为是"胡风集团"的骨干分子，开除党籍，下放劳动，蒙冤达 25 年之久。1981 年冤案平反，任天津市文联、作协副主席，为《诗刊》编委。鲁藜一生发表了近200万字的文学作品，先后出版了13部著作，其中诗集10部。逝世后，又有《鲁藜的泥土诗歌》《鲁藜诗选》两部诗集出版。2004年为纪念鲁藜逝世5周年，《鲁藜诗文集》出版，周而复为其作序。许厝文化广场竖立鲁藜半身雕塑，许厝小学更名为鲁藜小学，村委会办公楼内辟有鲁藜纪念室。

第四章　老区基点村

1987年至1988年，同安县开展老区普查，分两批核实申报，经厦门市人民政府批准，境内所有的镇，即大嶝、新店、马巷、内厝、新圩5个镇为老区乡镇。同安县人民政府审核确认，翔安老区基点村79个。2003年翔安区建立以后，因新店镇陈塘村从溪尾村析出，内厝镇鸿山村从前垵村析出，新圩镇马塘村从新圩村析出，原来的老区基点村增加到82个。被认定的在乡"五老"人员（革命战争年代的老地下党员、老游击队员、老接头户、老交通员、老苏区乡干部和赤卫队员）908人（已去世的未参评，统计不全）。

第一节　大嶝街道

大嶝街道有双沪、嶝崎、田墘、山头、东埕、北门、小嶝7个老区基点村，在乡"五老"人员49名。但有明显漏报，如蟳窟村在土地革命时期，农民运动就开展得比较好，1930年5月25日，谢石水驾一艘壳灰船接应厦门劫狱救出的难友。早在1931年，彭德清就上岛开展地下革命活动。抗日战争时期，在中共南同支部和金南同边区区委的领导下，广大群众参加抗日宣传活动。莲河抗日剧团、马巷抗日剧团、金南同抗日宣工团都到大嶝演出过。大嶝的百姓主动捐献门板、石料给驻防大嶝的国民党陆军第八十师一个营构筑工事，防御日军占领大嶝。大嶝人谢文生、陈旺、陈金汉等人参加"金门复土救乡团"，夜袭金门官澳日军军营、金门砂美伪区公所、琼林伪派出所等。国民党金门县政府迁至大嶝与日军扶植的伪金门治安维持会(后改组为伪金门行政公署)对峙。解放战争时期,建立中共党支部、工作组、游击队、交通站,开展游击斗争,攻打国民党大嶝乡公所。侦察敌情,给解放军当向导,配合解放“三岛”。征集船只,组织船工运载解放军进行金门登陆战,大嶝岛为解放军启航地点之一,支前船工牺牲 24 名。新中国成立后,“三岛”民兵提出一个响亮口号——“头可断血可流,三岛寸土不可丢”,置生死于度外,同驻岛解放军战斗在一起。1958 年“八二三”炮击金门,“三岛”民兵 1600 多人参战,涌现出洪秀枞、洪顺利、张韭菜、许丽柑等民兵英雄,铸造了“英雄三岛精神”。

一、小嶝社区

在大嶝街道东部小嶝岛上。早在 1931 年,彭德清就上岛开展地下革命活动,发展邱钟仁、许玉红、洪天仁等基本群众。1940 年 4 月,建立中共金南同边区区委,大嶝地下党组织属之,组织抗日宣传活动。1947 年,中共闽中南同边区和金南同县工委陈火把、林文庆、王朝阳等领导人进入大嶝开展活动,建立支部,发展党员,发动群众反“三征”。1948 年 8 月中旬,国民党第三二五师九七四团第三营(工兵营)新组建的一个营(营长潘少虹),在中共闽西南泉州临工委地下党员潘少虹领导下,带着已被关押的师部派来监视的特工人员,在小嶝起义,扬帆起航,经围头、深沪、永宁、祥芝驶入泉州湾,在惠安秀涂登陆,接受解放军第二十九军八十师整编。1949 年 10 月,配合解放军解放“三岛”;征集船只,组织船工运载解放军进行金门登陆战,洪认训、苏安慈、许能买、洪丁再、周神疆、许丕用、洪天庭、周渡 8 位船工在执行支前任务中牺牲。

二、嶝崎社区

在大嶝岛西南部。1927 年,宋安心、宋报等人在中共同安特支书记彭友圃的领导下,到沙美村参加竖旗宣誓活动,接受任务后回岛上开展农民运动。1931 年,参加彭德清领导的地下革命斗争。抗日战争时期,地下党在嶝崎村教群众唱抗日歌曲,进行抗日救国宣传活动。1947年，林文庆、王朝阳、王水法、陈火把、郭洙斗、陈大柱、李开通等人，上岛建立党支部，嶝崎的地下党员积极参加革命活动。1949年初，参加组建大嶝游击中队，队员遍及各自然村，开展反“三征”，张贴革命标语，往金门送传单，镇压顽固不化的反动分子，前往南安院前参加枪决反动分子陈天伦，支援南安仙景村反“清乡”的斗争，参加袭击南安水头特务机关和大嶝乡公所，控制大嶝岛达半个月之久。10月，搜集军事情报，支援和配合解放军解放“三岛”；征集船只、组织船工运载解放军进行金门登陆战，船工陈水理牺牲。该社区被认定的在乡“五老”人员有3人：游击队员蔡双喜、蔡天乞、谢朝枞。

三、双沪社区

在大嶝岛南部。1931年，参加彭德清领导的地下革命斗争。1939年，中共金南同边区区委书记谢振群以双沪国民学校教员身份为掩护，发展岛上的教师郑素文（女）、郑震环、郑文谋、郑宗熙、张清溪、谢朝枞、许水盘等人参加抗敌后援会，进行抗日宣传活动。迁至大嶝的国民党金门县政府第二任县长周秉彝从泉州搬来数十门旧式火药炮安置在双沪一带的沿海岸边加强防御。1947年起，陈火把、林文庆、王朝阳、郭洙斗、郭松柏、吴子明、陈诚、陈智荫和南安惜坂党支部书记许荣照，进入大嶝开展活动。1948年6月建立大嶝党支部。1949年初，参加组建大嶝游击中队。双沪村的游击队员参与镇压南安佬港十班宫乡队副李顺耀和南安水头联防侦缉队特务陈区、王安平，奇袭水头特务机关，缴获电台一部。配合金南同县工委游击队攻打大嶝乡公所，烧毁田赋册、户籍簿，打跑了驻岛盐兵，控制了全岛。10月，支援和配合解放军解放“三岛”；征集船只、组织船工运载解放军进行金门登陆战，船工许文造牺牲。该社区被认定的在乡“五老”人员有29人：游击队员许有土、许阿成、许福利、许天降、许天尝、许天商、许南来、许水贡、许水秋、许水仁、许水转、许水直、许水笔、许水趁、许永国、许琵琶、许特谋、许金井、许金钟、许大珍、许夏生、许树木、许清明、许春生、许顺霞、许顺知、许文助、许文缅，交通员许水双。

四、北门社区

在大嶝岛东北部。1927年，兴起农民运动。1931年，一些进步青年秘密参加彭德清领导的地下革命斗争。抗日战争时期，在中共金南同边区区委的领导下，组织宣传队开展抗日救亡宣传活动。解放战争时期，许多青年参加大嶝游击中队，支援和配合解放军解放“三岛”；征集船只、组织船工运载解放军进行金门登陆战，船工苏寅、蔡火尖牺牲。

五、田墘社区

在大嶝岛北部。1931年，田墘村是彭德清领导地下活动的基点村之一。抗日战争时期，党组织派谢振群担任双沪国民学校教员，在田墘村组织宣传队开展抗日宣传活动。国民党金门县党部、县政府迁至大嶝与日军扶植的伪金门治安维持会（后改组为伪金门行政公署）对峙。普通农民郑德语把准备建房的木料、石料、水泥全部无偿地捐献出来做防御工事。土炮手郑记得设计新式炮架，提高命中率。印尼华侨郑德珀将逃难到厦门的家人带回大嶝岛，留在家乡和大家一起抗日，将下南洋赚钱建的全岛最漂亮的、指挥位置又极佳的楼房无偿提供给国民党第八十师作为师部指挥所。1947年起，陈火把、林文庆、王朝阳等人在大嶝组建党支部和游击中队。1949年5月1日，游击队员郑长水、郑德近、郑火灼、郑先发、郑成兴、郑其保、郑水杉等配合金南同区工委游击队攻打大嶝乡公所。5月3日，参与攻打南安延平乡公所，迫使乡长郑选卿缴械，弃暗投明。10月，20多名游击队员编入侦察队，配合解放军解放“三岛”。征集船只、组织船工运载解放军进行金门登陆战，船工郭炳耀牺牲。该社区被认定的在乡“五老”人员有8人：地下党员陈水旋，游击队员郑长水、郑德近、郑火灼、郑先发、郑成兴、郑其保、郑水彩。

六、山头社区

在大嶝岛中部。1931 年，郑德右、郑神赞、郑万革秘密参加彭德清领导的地下革命斗争。抗日战争时期，地下党组织在山头村开展抗日宣传活动。1949 年初，周春玉（女）、郑开发、郑晚来、郑晨钟等参加大嶝游击中队，开展反“三征”，张贴革命标语，往金门送传单，镇压顽固不化的反动分子，前往南安院前参加枪决反动分子陈天伦，支援南安仙景村反“清乡”的斗争，参加袭击南安水头特务机关和大嶝乡公所，控制大嶝岛达半个月之久。10 月，搜集军事情报，支援和配合解放军解放“三岛”；征集船只、组织船工运载解放军进行金门登陆战。该社区被认定的在乡“五老”人员有 4 人：游击队员周春玉（女）、郑开发、郑晚来，接头户郑晨钟。

七、东埕社区

在大嶝岛东北部。1931 年，东埕村是彭德清领导地下活动的基点村之一。1937 年，组织抗敌后援会，进行抗日宣传活动。解放战争时期，大嶝组建游击中队，中队长许大知，副中队长吴子明、许夏生，指导员郭松柏（兼）；下辖 5 个分队，分队长许火把、许大珍、许金章、曾焕土、陈稽尝。1949 年 5 月，参加袭击南安水头特务机关和攻打大嶝和延平乡公所，控制大嶝岛达半个月之久。10 月，曾焕土、陈稽尝带领游击队员搜集军事情报，支援和配合解放军解放“三岛”。许大知、曾焕土曾 6 次潜回大嶝了解敌情，还曾配合解放军捉回两个“舌头”。曾焕土有一次潜回大嶝侦察遭遇敌人流动哨兵，迅速撤往东蔡村，一位农妇把他藏在一口空棺材里才得以脱险。征集船只、组织船工运载解放军进行金门登陆战。船工蔡天乞、蔡神疆牺牲。该社区被认定的在乡“五老”人员有 5 人：地下党员曾焕土、陈稽尝，游击队员曾文墨、曾水套、邱万法。

第二节　新店镇

新店镇有莲河、霞浯、沙美、霄垄、珩厝、东园、茂林、大宅、吕塘、湖头、祥吴、溪尾、陈塘、洪前、洪厝、新店、东坑、彭厝、后村、蔡厝、欧厝、前浯、浦边、鼓锣、下许、垵山、刘五店、东界、澳头、西滨、浦园31个老区基点村，在乡"五老"人员427名。大革命时期，南同边界早期共产党员就在沙美、莲河、霞浯、东园、珩厝、洪厝、彭厝等村组织农民协会、农民自卫军、赤卫队，掀起轰轰烈烈的农民运动。土地革命时期，彭德清先后建立中共莲河支部、团支部、中共晋南特支、共青团晋南县委、码头工会，进行罢工加薪斗争。1927年4月29日，同安国民党右派召开"拥蒋护党"大会，取缔民众运动，屠杀共产党员，彭甘杏、许英宗、彭德清贯彻闽南临委紧急会议精神，党组织迅速发展，党员达20人。因彭甘杏被捕(用钱赎出，避走南洋后回国加入游击队，1934年牺牲于安溪)。1929年夏，省委在珩厝召开党团活动分子会议，选举党、团同安县委，盐民和青农组织，开展"五抗"(抗捐税、抗征粮、抗征兵、抗派枪、抗派款)斗争，1930年派船接应厦门"五二五"劫狱救出的难友到彭厝、珩厝、东园、蟳窟停歇点。1933年12月至1934年春，同安县委(特支)发动组织分盐分布斗争。1936年春夏之交，彭德清还从安溪长途转移到莲河地区坚持反"清剿"斗争。1936年前，新店的彭厝、沙美、莲河、霞浯、东园、宋厝、浦园、东界、桂园等村为彭德清主要革命活动地区。抗日战争时期，中共南同边区支部、金南同边区区委积极领导抗日救亡运动，抗敌后援会、抗日剧团活跃在沿海广大农村。1939年初，党组织广泛开展民族抗日统一战线工作，在澳头防御战中给予省保安团以有力的支援。1942年抗日县长胡邦宪在彭厝、刘五店镇压叛乱，防患汉奸匪特做日军的内应。解放战争时期，闽中、闽西南党组织都在新店地区建立区级机构和工作组，放手发动群众，巩固和发展人民民主统一战线，组织游击队，开展游击战争。闽中巷南区游击队从

1949 年 5 月至 9 月共与国民党的盐兵、第五军、五十五军、保二团、保一团等展开十来次战斗，配合解放军解放澳头、刘五店。

一、莲河社区

该地在镇东南部，新店社区东南 10 千米处。东邻南安市石井镇，南与大嶝岛隔海相望，据金南同海陆交通之要冲。1971 年 3 月之前属南安管辖。大革命时期，在中共南安特支书记李毅然（南安[illegible]江人，彭友圃的内表弟）的领导下，组织农民协会，掀起轰轰烈烈的农民运动。1927 年初，莲河、霞浯、沙美已有共青团员。1931 年底，共青团泉州特支书记彭德清以莲河小学教员的身份为掩护，在莲河地区开展革命活动，发展了一批党团员，把莲河码头 30 多个工人组织起来，建立码头工会，两次组织码头工人罢工，要求老板加薪。1932 年 5 月，莲河地区已有红色群众百余人，还有 10 多件武器，5 个新党员。考虑到莲河是一个很重要的农村，彭德清积极建立、训练武装组织，为发动游击战争打下基础。6 月，彭德清建立了中共莲河支部和团支部。7 月，彭德清调任中共晋南特支书记并兼任共青团晋南县委书记。同年夏，莲河党支部吴朋愫带领群众与侮辱莲河小学一个教员的国民党石井区区长兼汽车公司老板郑选卿进行了斗争。因暴露色彩，彭德清转移到南安山区岭兜内坑。1937 年 7 月，李毅然到莲河地区考察土地革命战争时期隐蔽下来的共产党员，以群众抗日团体“互济会”为基础，重新组建中共南同边区支部，并在党支部的领导下组织抗敌后援会和抗日剧团，活跃在晋南同边区。1939 年，莲河的热血青年参加“金门复土救乡团”，参加夜袭金门日军活动。贩布姑娘张晟与金门西园船工黄天算喜结连理，黄天算应征为救乡团船夫，参加暗渡金门的刺杀行动，被日军抓获送往厦门虎头山监狱审讯，光荣牺牲，演绎了翔安莲河、金门西园两岸联姻家庭抗日故事。1948 年秋，中共闽中金南同县工委派莲河党员吴土源到金门官澳村开药店，建立金门交通站，吴德成为交通员。同时，中共闽中同安县工委（前身为金南同县工委）还在吴家商店建立印刷所，委任奉集美学校地下党组织指示回乡参加游击区工作的吴哲真负责，印刷文件、标语、革命歌曲。因为莲河的重要战略位置，莲河成为厦门地区最先被解放的村庄。1949 年 2 月，中共闽中金南同县工委建立莲河交通站，站长吴清风。5 月，莲河游击队员参加攻打郭前、大嶝乡公所，莲浔盐兵；参加小盈岭、湖头、大宅、马头山等战斗。9 月 7 日，中国人民解放军第二十九军侦察连抵达莲河，侦察连密切配合闽中同安县工委游击大队作战，闽中游击队积极帮助搜集敌军情报。中共闽中同安县工委在莲河设立供应站，供应解放军所需的粮草。10 月，解放军解放“三岛”和进行金门登陆战，莲河成了解放军屯兵场和出发的主要渡口之一。莲河许多渔民把渔船主动移送给驻军部队，有着丰富驾船经验的渔民更是主动请缨，驾船将解放军从莲河码头运往金门。闽中金南同区工委机关曾设在莲河。该社区被认定的在乡“五老”人员有 19 人：地下党员吴渊泉，老区干部吴天影，游击队员杨先顺、杨钦望、吴朝海、吴金镇、吴金阶、吴金房、吴永吉、吴永年、吴栋柱，接头户曾清平、吴清风、吴青山，交通员吴进文、吴德成、吴天属、吴朝包、吴永瑞。

二、霞浯社区

该地在镇东南部，新店社区东南 9.6 千米处。东邻莲河，南与大嶝岛隔海相望。1971 年 3 月之前属南安管辖。大革命时期，在中共南安特支书记李毅然的领导下，组织农民协会，掀起轰轰烈烈的农民运动。1927 年初，霞浯已有共青团员。1931 年底，共青团泉州特支书记彭德清以莲河小学教员的身份为掩护，在霞浯发展了一批党团员。1933 年秋，中共晋南特支升格为晋南县委。1934 年 5 月，晋南县委增设了南同边区（莲河）区委，由吴复基任书记，吴天赐任副书记，吴秋芬任组织委员，吴南面任宣传委员，吴天影、张文忠（前坂人）、张钦锭（前坂人）任委员。同年 12 月，霞浯和莲河的游击队员参加袭击在晋江白安村收钱粮的国民党兵两个班，缴获长枪 20 多支、子弹数千发；参加攻打南安吟兜的国民党盐馆，切断电线，烧毁桥梁。1936 年 4 月 26 日夜里，叛徒易培祥和国民党莲河联保主任李其谅带领“铲共义勇队”围攻在沙美等待开会的彭德清，彭德清在沙美少共团员彭炳畔和革命群众的掩护下突围，中共厦门中心市委书记余南（台湾人）和市委机关工作人员郑秀珍及红二支队女宣传员易秀英住在沙美邻村鹊鸟垵，易秀英去霞浯找到南同区委几位领导人，而余南和郑秀珍另外撤退一路，失踪不知去向。抗日战争初期，参加莲河抗敌后援会和抗日剧团，活跃在晋南同边区。解放战争时期，林文庆、林金榜、吴复基在霞浯发展党员。1948 年底，闽中地下党调查霞浯保长吴树栏的贪污罪行，向南安县控告，将其赶下台，为金南同边区抗“三征”打下了第一枪。1949 年初，与莲河党员合并为一个党支部，吴土蚶任书记，吴奉红任副书记，吴金契任组织委员，吴福安、吴秋秩先后任宣传委员，吴霖任武装委员，吴文望任民运委员，有党员 40 多人。5 月，金南同县工委游击队在围困莲浔盐兵时，重点进攻前坂、霞浯盐兵。霞浯游击队员还参加了攻打郭前、大嶝乡公所、小盈岭、湖头、大宅、马头山等的战斗。10 月，支援和配合解放军解放“三岛”；征集船只、组织船工运载解放军进行金门登陆战，船工吴神仔牺牲。闽中金南同区工委机关曾设在霞浯。该社区被认定的在乡“五老”人员有 25 人：地下党员吴奉红，苏区干部吴南面、吴天赐、吴朋愫，游击队员吴有存、吴周秋、吴岑尚、吴蚵鱼、吴祥合、吴文儒、吴水埒、吴神柞、吴天推、吴从意、李建华、李韭菜（女），接头户吴福安、吴清钳、洪乌还、张乌缎（女）、李金瓜（女）、宋乌玉（女）、王购（女）、洪丽（女），交通员吴乙金。

三、沙美社区

该地在镇东部、鹊峰山下，新店社区东 8.1 千米处，是中共同安地方组织创建人、同安特支第一任书记彭友圃的故乡。大革命时期，已有共产党员和共青团员，是厦门地区唯一完好保存农会旧址的村子。彭友圃在 20 世纪 20 年代被陈嘉庚聘为集美学校办事员和教育推广部主任，接触和接受马克思主义，成为同安县早期共产党领导人之一。1927 年 1 月，彭友圃组建中共同安特支并任书记。2 月，在沙美村建立农民协会。3 月，成立同安县农民协会，彭友圃当选为委员长，会员有 2000 多人，同时建立了一支 300 多人的农民自卫军，开展轰轰烈烈的农民运动。3 月 30 日晚，彭友圃率领 100 多名农民武装镇压了对抗农民运动的马巷商会会长、鸦片苗捐包捐人陈剑经，向同安国民党反动派打响了第一枪。同安“四二九”反革命事变后，彭友圃、李毅然、彭再添转移到越南东京河内大同学校任教，革新教育，成绩斐然。1930 年冬至 1931 年春，国民党马巷十区民团团长朱景德和陈加水、蒋瑶玉带兵多次“围剿”沙美、山后亭。1933 年 12 月，彭天素、彭天味带领沙美游击队员、农会会员参加珩厝抢盐斗争。1934 年 5 月，游击小分队枪决夜宿沙美的 3 名国民党征税员而遭到民团的烧杀掳掠。1936 年 4 月 26 日夜里，彭德清在沙美少共团员彭炳畔和革命群众的掩护下，冲出重围脱险。彭炳畔和红二支队女宣传员易秀英撤退到厦门竹坑湖隐蔽并与红二支队支队长尹利东、政委彭德清接上关系。抗战期间，日机轰炸莲河，国民党盐务所迁至沙美，盐兵偷盗财物，侮辱妇女，群众忍无可忍。1940 年 7 月，1 个盐兵被群众群殴致死。国民党强迫全村公摊葬费，设宴请“公亲”，以酷刑针对群众并毒打一人致死。1946 年底，彭炳畔、易碧(易秀英)在长期隐蔽后，吴复基来长兴乡后烧村(今五显镇明溪村后烧自然村)帮助他们与闽中地下党接上了关系，他们家成了地下交通站。1948 年 3 月，沙美参加革命群众组织的有 20 多人，动用新加坡华侨彭文服的汇款，购置 7 支步枪武装游击队。1949 年 2 月，陈大柱在沙美发展了 9 名党员，成立了党支部，彭春长任书记，委员彭火红、彭万树。5 月初，全村 90%以上青壮年 300 余人参加围困莲浔盐场七天六夜，沙美设立供应站给游击队员吃住，设禁闭室关押盐兵家属。沙美游击队员还到南安吟兜参加镇压反动分子洪永彬，捉拿东园恶霸地主张厚仁的战斗，参加大宅山、西林山、马头山等战斗和接管国民党民安乡乡公所。中共闽中同安县工委机关曾设在沙美。该社区被认定的在乡“五老”人员有 26 人：苏区干部彭炳盛、彭炳斗、彭炳放、彭歉，游击队员彭春长、彭万树、彭水樺、彭天申、彭天助、彭文刊、彭清陆、彭连天、彭炳汫、彭炳昂、彭炳择、彭垂裕、彭秉、彭且、彭进、彭电，接头户彭火红、吴乌穗(女)、蔡钗(女)、黄彩(女)、彭灿(女)，交通员彭豆煎。

四、霄垄社区

该地在镇东部，新店社区东 8 千米处。土地革命战争时期为基点村之一。1933 年 12 月，中共同安特支领导珩厝抢盐斗争，革命群众在霄垄埔集结。1947 年底，林文庆、吴复基在此建立党小组，党员 4 人，由王木柯负责。1948 年建立游击分队，有队员 10 多人。1949 年参加攻打莲浔盐兵和大宅山、马头山的战斗。10 月，解放“三岛”时，解放军在此设立指挥部，霄垄游击分队积极参与支前工作。该社区被认定的在乡“五老”人员有 7 人：地下党员郑德裕、吴香（女），游击队员李羡石（女）、李文都、吴文岭、郑流水、王建周。

五、珩厝社区

该地在镇东南部，新店社区东南 8 千米处。1927 年初，珩厝已有共青团员。1929 年夏，中共福建省委在党控制下的珩厝小学召开同安县党团活动分子会议，选举党、团同安县委。张益坚任县委书记（龙岩人，参加长征，烈士），委员许英宗、邹鲁；王庶民任共青团县委书记，组织委员王丛生，宣传委员林汉杰。1930 年，珩厝为厦门“五二五”劫狱停歇点之一。1933 年 12 月，爆发珩厝抢盐斗争。1940 年 4 月，建立中共金南同边区区委，谢振群任书记。创办夜校、“江涛读书会”“珩江小学儿童抗日宣工团”，开展抗日宣传活动。1949 年金南同县工委游击队围困莲浔盐兵时，李木组织珩厝妇女烧水送饭，鼓舞游击队员的斗志。解放战争时期，南同边区地下党组织派陈怡仁、陈大柱、吴土蚶到珩厝开展活动，建立党小组，带领游击队员开展武装斗争，开辟了珩厝、后村、蔡厝至大嶝的徒步涉海交通路线，为登陆大嶝作战提供了方便。许多村民主动参加处理为解放“三岛”牺牲的解放军烈士遗体后事，用 3 片石板在安葬烈士的地方搭盖一间 16 平方米的简易“爱国军庙”。1949 年 10 月，支前船工陈莽橄、梁大丁分别在解放“三岛”、金门登陆战中牺牲，1 名船工被掳到台湾。该社区被认定的在乡“五老”人员有 14 人：苏区干部王天赐、李本（女），游击队员王建雁、王国平、王永着、王四川、王清渭、王振煌、王德妥、王八卦,接头户李秀黎(女),交通员王祖林、王金标、王贵良。

六、东园社区

该地在镇东部,新店社区东 6.4 千米处。1927 年初,东园已有共青团员。1928 年,张佳音以办学为名开展地下革命活动,创办农民夜校,组织农会、学生会。1930 年,东园为厦门“五二五”劫狱停歇点之一。1936 年,地下工作人员张鸿串在泉州参加革命活动时牺牲。1942 年,国民党“围剿”东园地下组织,3 人被捕。1947 年,组建东园党支部,张国栋任书记,张鸿民任副书记,有党员 9 人。党支部领导群众恢复农会组织,开展反“三征”斗争。1949 年初,建立游击分队,有队员 30 多人,开展统战策反工作。金南同县工委游击队在围困莲浔盐兵时,重点进攻前坂、霞浯盐兵,对退入新加坡华侨吴成花欧式红砖楼的盐兵围而不攻,迫使盐兵与游击队签订协议。围攻莲浔盐兵之后,翔安地区地下党可以公开或半公开活动。东园游击分队还参加大宅山、马头山战斗。10 月,支前船工张召在金门登陆战中牺牲。该社区被认定的在乡“五老”人员有 31 人:游击队员张吟书、张水便、张水涵、张水屈、张水妒、张后水、张辉章、张振忠、张国太、张耕种、张清契、张汉良、张柔软、张顺滴、张后兜、张后居、张士梨、张口夜、张鸿油、张弄、李守杞、邵士通、陈舰、郑乌梅,接头户张五朝、张国栋、张煌民、张剩(女)、钟队(女),交通员张口章、张天注。

七、茂林社区

该地在镇东部,新店社区东 5.1 千米处。1947 年,林文庆在茂林村发展 3 名党员,建立党小组,蔡天良任组长。1948 年,与大宅村合并为一个党支部,由吴溪任书记。茂林村组织两个游击分队,有队员 80 多人,蔡君旦、蔡朝金任分队长。同时建立农会,有会员 114 人,吴溪兼任主席。1949 年 2 月,中共闽中金南同县工委建立茂林交通站,站长蔡神棚。游击队缴获茂林村恶霸蔡中朗 3 支长短枪,因蔡中朗告密，导致郭洙斗、蔡天良被捕，4 月 4 日，金南同县工委派精干队员在马巷池王宫口将蔡中朗击毙。游击分队参加围困莲浔盐兵和大宅山、马头山等战斗十几次。10 月，支前船工蔡天足在金门登陆战中牺牲。该社区被认定的在乡"五老"人员有 27 人：地下党员王玉芯（女）、王玉英（女）、蔡君旦，游击队员蔡朝金、蔡庆法、蔡庆沙、蔡水污、蔡文华、蔡乌婴、蔡山崎、蔡福荣、蔡汫水、蔡天配、蔡笃田、蔡古树、蔡开成、蔡目、洪泼水、李金庭、吴溪、陈素霞（女）、林厌（女），接头户蔡神棚、蔡毛贬、王课（女），交通员蔡南水、蔡万居。

八、大宅社区

该地在镇东北部，新店社区东北 4.5 千米处。1947 年，林文庆在大宅村发展 4 名党员。1948 年，与茂林村合并为一个党支部，由吴溪任书记。大宅村组织两个游击分队，有队员 80 多人，陈文举、陈丕到任分队长。同时建立农会，有会员 100 多人，吴溪兼任主席。1949 年，游击分队参加围困莲浔盐兵和大宅山、马头山等战斗十几次。闽中金南同区工委游击队和解放军侦察连在大宅白石岭同国民党福建省保二团约 200 人发生遭遇战，击毙保二团连长 1 人、士兵 12 人，击伤多人。在围困莲浔盐兵战斗中，游击队员陈计牺牲。在大宅山战斗中，游击队员陈乌沉牺牲。该社区被认定的在乡"五老"人员有 20 人：游击队员陈丕良、陈不到、陈不炮、陈双能、陈文举、陈文枝、陈振华、陈庆陀、陈皆得、陈荣华、陈银犬、陈银渺、陈饱水、陈芋麻、陈安签、陈查某、陈春叶、陈水坤，接头户蔡晚（女），交通员陈榜排。

九、吕塘社区

该地在镇东部，新店社区东 2.5 千米处。1939 年，同安县第十三办事处设在比较隐蔽的后树自然村，组织所辖 21 个保（村）民工，从九溪西林村至小盈岭开挖一条长 8 千米、宽 6 米、深 2.5 米的壕沟，建立阻止日军登陆内侵的第二道防线。吕塘港发挥了刘五店、澳头港无法替代的隐蔽作用，承担起战时货运业务。1947 年，林文庆、吴复基等人以西林自然村为据点组建两个党支部(后合并),党员12人,负责人柳九岭、柳福星。另有董水、后树自然村5名党员参加茂林、大宅支部。1948年建立游击中队,有队员74人,柳九岭任中队长,柳福星任副中队长。下辖两个分队,洪情任吕塘分队长,柳地任后树分队长。党支部带领群众反“三征”,救回被抓的游击队员柳清、柳神扶。1949年5月初,在围困莲浔盐兵的战斗中,闽中同安游击大队把盐场文职人员和盐兵家属关押在柳福星家里,还煮蛋、杀鸡给生小孩的盐兵家眷吃。6月,中共闽中金南同县工委在后树自然村举办党员干部整风学习班。8月,闽中巷南区工委建立董水前交通站。9月,游击中队参加大宅山、西林狮山、马头山等战斗十几次。该社区被认定的在乡“五老”人员有42人:地下党员柳九岺、柳振天、柳神化,游击队员柳火色、柳福星、柳文相、柳水貌、柳振聘、柳乌任、柳云教、柳云祥、柳火炎、柳天进、柳清国、柳大棍、柳排、柳玉、柳宗、柳溠、柳挖、洪建置、洪若元、洪根柔、洪允件、洪允同、洪永宰、洪德根、洪昌、洪象、练丁心、练泗、董天赐,接头户张彩凤(女)、张锦(女)、张秋(女)、董水棚、郑功任、康市(女)、许恨(女),交通员柳金块、洪进文、洪永圃。

十、溪尾社区

该地在镇东南部,新店社区东南1.5千米处。1934年,余代勤与中共晋南县委南同区委书记吴复基联系,开展地下革命活动,建立农民协会,组织赤卫队,宣传共产党、红军政策,进行抗征兵抗征粮抗苛捐杂税的斗争。1948年起,余清池、洪大山联系林文庆、吴复基,发展14名党员(包括陈塘),建立党支部,洪大山任书记。并建立游击分队,由余九沙任分队长。1949年8月,建立中共闽中巷南区工委溪尾交通站,站长余清池,副站长余九沙。闽中巷南区工委机关曾驻溪尾。游击分队参加围困莲浔盐兵和湖头遭遇战、西林狮山、马头山等战斗十几次,配合解放军解放马巷地区。在浦尾建立花生仓库供应部队。1950年3月,船工洪铁在泉州执行支前任务中牺牲。该社区被认定的在乡“五老”人员有23人:地下党员洪大山、余清池，游击队员余代墙、余安汀、余安沛、余金钉、余同地、余文鸿、余清南、余治安、陈天成、陈江边、陈良溪、洪树明、洪娇，接头户余九沙、陈丽水、蔡惜（女）、郭茅（女），交通员余和尚、余代柱、陈金木、陈专。

十一、陈塘社区

该地在镇东北部，新店社区东北 1 千米处。新中国成立前与溪尾同属仁风乡溪西保，新中国成立后亦长期属溪尾行政村，1984 年 8 月析出，成立回族村。1949 年 8 月 10 日凌晨 3 时许，国民党保二团为了报复其副官被游击队捕获，企图“围剿”新店村，一个连迂回至湖头村，湖头游击小分队与之交战多时。拂晓前，巷南区祥吴游击队和金南同区西林游击队赴援，与溪尾游击分队（含陈塘游击小队）会集于陈塘村，并鸣枪示威，敌军不知游击队的虚实，怕被包围，遂仓皇撤退。

十二、祥吴社区

该地在镇北部，新店社区北 1.7 千米处。20 世纪 30 年代，洪允送、陈瓶、刘柱、洪若锭、陈玉琛等人分别在祥吴、宋坂、上曾、下曾建立 3 个党支部。沟沙、后山自然村地处隐蔽地区，1932 年 4 月 29 日，中共同安特支在后山岩召开会议，准备组织马巷农民暴动，以策应中央红军东路军继续东进，因红军主动撤离漳州，暴动计划取消。1933 年 9 月，同安特支游击队有 3 个中队、120 多人，第三中队在祥吴、九沙（沟沙）等村。1934 年 1 月，省委直接指挥的同安县委，下设 3 个区分部，第一区分部在官浔，第二区分部在山后亭，第三区分部在金沙、上吴、送普都有党员。1933 年 12 月、1934 年 2 月中旬参加了珩厝抢盐、后村抢布斗争。1934 年 2 月中旬农历年关，同安县委在后山岩召开各区区委和游击队长联席会议布置后村抢布斗争，安排巷西、巷北各队集中地点在山后亭，巷东、巷南各队集中地点在后山岩。1935 年 2 月 20 日深夜，彭德清从同安监狱越狱后，在宋厝党支部陈瓶家里暂停，然后去五峰游击根据地。1947 年，闽中金南同县工委林文庆、吴复基先后在此建立4个党支部，有党员40多人，洪若铣、刘柱、陈八挂任书记。1948年建立游击分队，有50人枪，洪若铣、陈八挂任分队长，刘柱、陈玉琛任副分队长。1949年2月2日（农历正月初五），九沙党支部利用香山庙会宣传力度大之机，在印斗山、西岩山上和西林村外枪楼上竖立红旗，号召群众起来革命。6月，闽中巷南区工委机关曾驻沟沙。游击分队参加围困莲浔盐兵和湖头遭遇战、西林狮山、马头山等战斗十几次，配合解放军解放马巷地区。该社区被认定的在乡“五老”人员有31人：农会干部洪允送，游击队员洪文仁、洪文程、洪文溠、洪海水、洪若桃、洪若拱、洪若块、洪学来、洪学传、洪水发、洪偏、洪岩、刘文剑、刘水车、刘冗水、刘言勇、刘柱、陈珠辉、陈南北、陈允钱、陈征、陈坚、陈勘、林大城、郭摇，接头户洪若锭、洪球（女）、颜永（女）、林笑（女），交通员陈躴。

十三、湖头社区

该地在镇西北部，新店社区西北1.5千米处。1930年，洪宗涂在此建立农会，郭宣、郭金计、郭夜等30多名会员在下角宫边竖红旗。1932年，建立党支部。1933年9月，同安特支游击队第三中队有队员分布在湖头。1934年1月，同安县委第三区分部有党员分布在湖头。1933年12月、1934年2月中旬参加了珩厝抢盐、后村抢布斗争。1934年1月，同安县委第三分部在湖头发展党员。县委代理书记陈先查曾以湖头小学教员身份为掩护开展地下活动。1948年，闽中同安地下党领导人林文庆、方水含、叶健、黄龙飞、郭大城、吴水凉等人先后到该村开展革命活动。1949年初，改编股匪郭精言（1950年上山为匪，杀害26条人命，1951年7月12日伏法），建立游击分队，分队长郭精言，副分队长郭清泽。8月10日凌晨，保二团要报复闽中马巷游击队活捉其副官，准备“围剿”新店村。一个连由军统特务杨大鹏带路，避开公路，从小路潜入湖头村，被游击队岗哨发现。湖头游击小分队利用五溪堤岸的有利地形，同敌军作战多时。由于敌众我寡，火力悬殊，就边打边向蔡浦村方向撤退。拂晓前，来援的祥吴、西林游击小分队在陈塘村鸣枪，敌军怕被包围，遂仓皇退去。游击队员郭池队、郭马意、郭逞、洪复源在战斗中光荣牺牲。该社区被认定的在乡“五老”人员有1人：游击队员郭国玉。

十四、东坑社区

该地在镇西部，新店社区西1千米处。1932年，洪宗涂在东坑组织洪文秩、洪文坎、洪天地、洪乌豆、洪春枝等人开展地下革命活动，1935年2月21日陈先查牺牲后，进行隐蔽，停止活动。1947年起，金南同县工委在此建立据点，发展党员，开展革命斗争。1948年建立游击分队。8月10日凌晨，支援湖头游击分队，设伏准备阻击“围剿”新店村的敌军。积极筹集物资，组织民工支前。该社区被认定的在乡“五老”人员有7人：游击队员洪水定、洪添丁、洪文山、郭清泽，接头户洪文寨、陈爱(女)，交通员洪差膑。

十五、新店社区

该地长期作为乡镇政府驻地。1932年，洪宗涂在东坑组织洪文秩、洪文坎、洪天地、洪乌豆、洪春枝等人开展地下革命活动，1935年2月21日陈先查牺牲后，进行隐蔽，停止活动。1947年起，金南同县工委在此建立据点，发展党员，开展革命斗争。1948年建立游击分队，有30多人枪，负责人洪德松。土地革命战争时期的地下工作人员洪文秩、洪德祥打入乡保组织(国民党翔风乡公所设在新店村)，掩护地下党的安全。1949年5月，游击分队参加围困莲浔盐兵的战斗。9月7日，游击队切断马巷至澳头电话线，驻市头村的国民党省保二团于翌日派1名副官骑马要去澳头与国民党第五十五军某营联系，巷南区工委命令祥吴、新店、洪前、洪厝4个游击小分队，沿新店至狗母山公路两侧的山岗、土坡和田间设伏，在前边崎擒获副官和马匹。9日，保二团声言如不放回副官，就要“围剿”新店村。当晚，巷南区工委主要领导进村召开游击队员会议，部署战斗，一面指挥新店游击小分队进入战斗岗位，同时疏散群众；一面通知附近村庄游击小分队会集于陈塘村赴援。10日凌晨3时左右，保二团1个连迂回湖头村准备“围剿”新店村。在附近各村游击小分队协同作战下，敌军“围剿”新店村的阴谋未能得逞。该社区被认定的在乡“五老”人员有 3 人：游击队员雷绪华，接头户洪文秩、郭秀英（女）。

十六、洪前社区

该地在镇中部，新店社区西 1.8 千米处。1947 年，吴复基到山尾自然村发展接头户。1948 年，闽中系统 10 多位地下党员进入洪前村开展革命活动，以自然村为单位建立 8 个游击小分队，康树、康大岩为负责人。1949 年 6 月，闽中巷南区工委机关曾驻山尾自然村，建立山尾交通站，康树、康明竹为负责人。游击小分队参加围困莲浔盐兵的战斗。8 月 10 日凌晨，支援湖头游击分队，设伏准备阻击“围剿”新店村的敌军。积极筹集物资，为解放澳头当向导。该社区被认定的在乡“五老”人员有 5 人：游击队员康汉神、康快水、康推在，接头户康树、康明竹。

十七、洪厝社区

该地在镇西部，新店社区西 1.7 千米处。1927 年，彭友圃、洪天锡在洪厝召开马巷农民大会，检阅农会和赤卫队的武装力量，掀起轰轰烈烈的农民运动。1948 年，郭洙斗、郭坤地介绍杨厝自然村杨坚民入党，而后发展党员 10 人，成立党支部。1949 年，闽中巷南区工委建立洪厝游击分队，队员 30 人。洪厝归侨洪乌栏贡献资金、粮油及冲锋枪支持闽中巷南区工委的活动。游击队参加围攻莲浔盐兵、在前边崎设伏围捕保二团副官和阻击“围剿”新店村的敌军和马头山等战斗。闽西南马巷区工委也在洪厝建立团支部，开展革命活动。该社区被认定的在乡“五老”人员有 7 人：杨尚态、杨金德、杨水断、杨秋云、杨小湜，接头户杨坚民、洪水妙。

十八、下许社区

该地在镇西部，新店社区西南 4.5 千米处。1948 年，闽中地下党干部吴连池、郭坤地、康甲乙、林理永等人在下许开展革命活动，建立群众地下组织。1949 年 2 月，金南同县工委把下许、垵山、刘五店联合起来，建立游击分队和浦南交通站，站长蔡根藏，交通员许水彩，执行海上交通任务。5月，闽西南同安县工委林希圣、施金权等人在下许发展接头户。游击分队控制这一带渔船，不为敌所用；参加围攻莲浔盐兵战斗，为解放军解放刘五店、澳头当向导。该社区被认定的在乡“五老”人员有5人：接头户许孝星、许德和、彭水锦（女），交通员许小彩、许守记。

十九、埈山社区

该地在镇西部，新店社区西南5.4千米处。1948年，闽中地下党干部吴连池、郭坤地、康甲乙、林理永等人在下许开展革命活动，建立群众地下组织。1949年2月，金南同县工委把下许、埈山、刘五店联合起来，建立游击分队和浦南交通站，执行海上交通任务。游击队员林和尚派船护送地下人员到厦门禾山。5月，闽西南同安县工委林希圣、施金权等人在埈山发展接头户。游击分队控制这一带渔船，不为敌所用；参加围攻莲浔盐兵战斗，为解放军解放刘五店、澳头当向导。该社区被认定的在乡“五老”人员有2人：接头户蔡差、林和尚。

二十、刘五店社区

该地在镇西南部，新店社区西南6.7千米处。1925年6月17日，集美学校救国团“分赴同安、马巷、灌口、刘五店及集美附近地区讲演”，声援五卅运动。1927年初，刘五店已有共青团员。1930年秋，中共同安县委在浦南学校和东界各设立一名通讯员。1938年，厦门青年战时服务团同安工作队到马巷、刘五店宣传演出。1942年春，抗日县长胡邦宪命令国民兵团副团长焦国樞带队前往彭厝、刘五店镇压企图叛乱的附逆分子，收缴长短枪300多支，枪毙两个警备队分队长，逮捕振南乡乡长、警备队大队长、军统特务彭炳和，粉碎暴动阴谋。1949年2月，金南同县工委把下许、埈山、刘五店联合起来，建立游击分队和浦南交通站，执行海上交通任务；控制渔船，不为敌所用。9月19日，配合解放军解放刘五店、澳头。10月，支前船工许信在解放厦门战斗中牺牲。该社区被认定的在乡“五老”人员有5人:接头户许团(女),交通员蔡伟节、蔡伟育、蔡再兴、许宗耀。

二十一、东界社区

该地在镇西南部,新店社区西南5.4千米处。1927年初,东界已有共青团员。1930年秋,中共同安县委在浦南学校和东界各设立一名通讯员。解放战争时期,闽中同安地下组织在此建立革命组织和游击分队,由许家起负责。游击分队镇压本村特务分子许赌,参加围攻莲浔盐兵,配合解放刘五店、澳头。10月,支前船工叶三良在解放厦门战斗中牺牲。该社区被认定的在乡“五老”人员有4人:游击队员许永盛、许神课、许志财,接头户王秀斌(女)。

二十二、浦园社区

该地在镇南部,新店社区西南5.2千米处。1927年初,浦园已有共青团员。1930年8月,浦园人、金门金沙小学校长李文端与曾隆声在厦门组织“普罗学社”,发展到20人左右,成为党的外围群团组织,省委书记罗明亲自介绍李、曾两人入党。解放战争时期,闽中、闽西南地下党组织都在浦园发展接头户,建立据点,组织支前。14岁的少年李宗英在解放澳头时当向导。该社区被认定的在乡“五老”人员有5人:接头户郭粉(女)、林金英(女),交通员林卓广、李炎庆、李增议。

二十三、西滨社区

该地在镇西南部,新店社区西南6.5千米处。解放战争时期,西滨是闽西南马巷区工委的活动据点之一,建有两个地下组织,共15人,负责人徐在根、许宗炎。地下工作人员和游击队员积极发动群众,张贴标语,反抗“三征”,站岗放哨,为解放刘五店、澳头做贡献。该社区被认定的在乡“五老”人员有4人:游击队员林子庭、徐礼鹄,接头户徐在根、许宗炎。

二十四、鼓锣社区

该地在镇南部，新店社区南3.7千米处。1934年，陈瓶、洪允送到此组织儿童团、赤卫队，进行散发传单、张贴标语、破坏敌人通讯联络等活动。解放战争时期，林文庆、郭洙斗、林永定在此把周边的13个郭姓村庄和前浯的游击队员联合成一个分队，利用鼓锣岩人稀林茂的自然条件，开展打击敌人的活动。1949年9月19日，解放军第二十九军八十六师二五六团驻于下庙自然村，兵分两路，由游击队员带路，解放刘五店、澳头。该社区被认定的在乡"五老"人员有1人：游击队员郭崇德。

二十五、澳头社区

该地在镇南部，新店社区南7.7千米处。澳头是翔安南部沿海突出部，"据厦门之东北，离厦水程百里有奇"，海阔港深，历来为兵家必争之地。1932年起，澳头侨领蒋骥甫独资创办的党民学校师生，每日清晨集队高呼抗日口号，高唱抗日歌曲。1936年7月至1937年9月，中共党员夏明纲任同安县县长，成立同安县各界抗敌后援会，在党的抗日民族统一战线政策的号召下，同安军民抗日热情高涨。1937年3月7日，守军以炮火击退澳头海面日军舰艇和陆战队。金厦沦陷后，澳头壮丁义勇队30多名热血青年在陈水生队长、蒋才锐副队长带领下，配合驻军坚守海防。1939年4月至8月，省保安第六团第一大队迎头痛击敌机敌舰掩护下试图登陆澳头的日本海军陆战队，使日军的阴谋不能得逞。解放战争时期，闽中地下党在此建立党支部，有党员5人，苏神庇任书记。1949年2月，金南同县工委建立澳头交通站，站长苏水愿，副站长苏炳儒。苏炳儒通过关系，策反了厦门五通国民党炮营。闽西南同安县工委彭金励、施金权以澳头小学为据点开展活动。澳头党、团员和游击队员为解放澳头和厦门做出杰出贡献。该社区被认定的在乡"五老"人员有12人：地下党员苏炳如，接头户苏神秘、苏温柔、蒋尊贤、蒋才吾、蒋造金、蒋晟（女），交通员苏根贺、苏根葛、苏炳其、蒋福元、蒋德记。

二十六、彭厝社区

该地在镇南部，新店社区南 6.2 千米处。彭厝是开国少将彭德清和解放战争时期闽西南同安县工委书记彭金励的家乡。1926 年，彭德清、彭甘杏参加了彭友圃、洪天锡、许英宗、李松林领导的同安农民运动，在彭厝组织了农会，成立了农民赤卫队。许英宗介绍彭德清加入共青团。1927 年春夏之交，建立了共青团振南区委，书记彭德清。在此基础上，建立了共青团同安县委，书记许英宗，组织委员邱振声，宣传委员彭德清。同安“四二九”“拥蒋护党”反革命事变后，彭甘杏负责同安特支领导工作。土地革命战争时期，彭厝农会会员有 100 多人，赤卫队员 18 人。1930 年，彭厝是厦门“五二五”劫狱难友停歇点之一，彭宏概驾驶木船接应 17 名难友到“合安堂”药店和松山学校休整、隐蔽，而后护送到闽西。1934 年 2 月中旬(农历年关)，彭厝游击队员参加了后村抢布斗争。是年，同安县委派彭甘杏到安溪学习游击战，不幸被捕牺牲。1935 年 2 月 1 日(农历十二月二十八日)，同安县委、安同南特委书记彭德清回彭厝筹措党的经费，途中被国民党便衣队彭水锦指认，被押送关在同安监狱，2 月 20 日，彭德清成功越狱。抗日战争时期，黄永妙到彭厝组织抗敌后援会和游击队，开展抗日宣传和反走私、抵制日货活动。1942 年春，抗日县长胡邦宪命令国民兵团副团长焦国楹带队前往彭厝、刘五店镇压企图叛乱的附逆分子，收缴长短枪 300 多支，枪毙两个警备队分队长，逮捕振南乡乡长、警备队大队长、军统特务彭炳和，粉碎暴动阴谋。1949 年 4 月，中共厦门临时工委在彭厝建立岛外据点，建立党支部、区工委和团支部，创办农民夜校，开展革命宣传活动。5 月下旬，成立中共闽西南同安县工委，书记彭金励，组织委员林希圣(女)，宣传委员林多速，农工委员郑天海，青工委员洪宗禀。闽中同安县工委在彭厝建立党支部。7 月 12 日，由于国民党保队副彭天资告密，国民党第五军 200 多人包围彭厝，彭金励安全转移，闽中系统的彭厝党支部书记彭垂遣被捕。10 月，支前船工彭助、彭都在解放厦门战斗中牺牲。该社区被认定的在乡“五老”人员有28人：赤卫队员彭炳盘、彭垂枝、彭垂料、彭九驶、彭九齐、彭文听、彭江海，游击队员彭炳利、彭垂崎、彭青云、彭建成、彭明况、彭水根、彭呆、洪行、范会(女)，接头户彭神交、彭娥(女)、徐汝(女)，交通员彭炳份、彭乌内、彭中元、彭安然、彭垂田、彭垂礼、彭明松、彭清科、彭文墨。

二十七、欧厝社区

该镇在镇南部，新店社区南7.5千米处。1948年2月，金南同县工委委员吴复基等人在欧厝建立党支部，党员8人，负责人王邦权。同时建立两支游击小分队，10多人枪，开展反“三征”，参加围困莲浔盐兵，破坏敌人通讯线。1949年4月，郭洙斗、郭友仲介绍王辉生等5人入党，成立党小组，属于后村党支部。5月，镇压欧厝恶霸、厦门水上稽查队分队长王九溜。是年夏，闽西南同安县工委领导人彭金励、施金权到欧厝发展王辉山等地下工作人员，发动群众捐献大量物资，组织担架队，支援解放澳头。该社区被认定的在乡“五老”人员有17人：游击队员王邦九、王邦电、王坊坤、王坊道、王坊成、王坊熊、王坊要，接头户王辉生、王宗兴、彭楷付、彭腰(女)、郭为忍(女)、洪素芬(女)，交通员王辉式、王辉放、王辉敬、王坊志。

二十八、前浯社区

该地在镇东南部，新店社区东南5.5千米处。1947年起，闽中同安地下党郭洙斗、蔡天良、叶健、黄龙飞等人先后到前浯开展革命活动，建立党支部，负责人林永定，党员10人(含浦边村)。1949年初，前浯游击分队有20人枪，林永民任分队长。游击分队参加围困莲浔盐兵、捉拿东园恶霸张仁厚；组织担架队、向导、船工，支援解放澳头、大嶝岛、厦门。该社区被认定的在乡“五老”人员有5人：地下党员林水定、林永民，游击队员郭天尚、林马上、林培。

二十九、浦边社区

该地在镇东南部，新店社区东南 3.8 千米处。1947 年起，闽中同安地下党林文庆、吴复基、郭洙斗、蔡天良、叶健等人先后到浦边开展革命活动，建立党支部，党员 5 人，负责人郭温水，与前浯合为一个党支部，由后村党支部统一领导地下活动。1948 年，组建游击分队，队员 10 多人。1949 年 5 月，参加围困莲浔盐兵战斗，镇压普山反动保长郭文崇(仅受伤，后逃往金门)。支前船工郭德在解放厦门战斗中牺牲。该社区被认定的在乡“五老”人员有 5 人：地下党员郭胜，接头户郭清水、郭乞、余自然(女)、洪银(女)。

三十、后村社区

该地在镇东南部，新店社区东南 4.6 千米处。土地革命战争时期，彭德清、陈瓶与郭攀皇、吴栽花(彭德清的表姐)建立接头户关系，开展地下活动，宣传建立“苏维埃”制度，组建赤卫队，队员 24 人。1934 年 2 月中旬(农历年关)，爆发后村抢布斗争，共产党员、游击队员杨文憨(官浔人)、陈山(山后亭人)牺牲，村民郭旋被打死，13 名群众被捕，国民党政府索取赎金后才释放，同时抢劫群众财物甚巨。1937 年，黄永妙到后村组织抗敌后援会和游击队。1947 年起，后村人郭洙斗、郭坤地、郭松柏参加闽中同安地下组织，在后村、蔡厝建立 6 个党支部，党员 60 多人。1949 年，组织游击中队，参加围困莲浔盐兵和马头山战斗，镇压后村反动保长郭吉天。7 月，闽中巷南区工委机关驻后村、蔡厝，发动群众，筹集粮草、银圆、黄金。8 月，区工委建立后村交通站。9 月，区工委在后村建立秘密粮仓，存粮 100 担。区工委组织民工、船工支援解放“三岛”，开辟后村、蔡厝、珩厝至大嶝的徒步涉海交通路线，为登陆大嶝作战提供了方便。该社区被认定的在乡“五老”人员有 24 人：地下党员郭文团、郭国兴，赤卫队员郭懋仁、郭天晟，游击队员郭加料、郭文良、郭文普、郭水池、郭水头、郭水驾、郭懋瓢、郭垂树、郭垂明、郭三章、郭玉勤、郭目成、汪制、王明卜，接头户郭动物、汪瑶琛、吴栽花(女)、陈甲(女)、黄全(女)、谢容(女)。

三十一、蔡厝社区

该地在镇东南部,新店社区东南 4.8 千米处。土地革命战争时期,彭德清、陈瓶在蔡厝组建赤卫队,队员 18 人。1934 年 2 月中旬,蔡厝革命群众参加后村抢布斗争。1947 年,建立农会,蔡赞任农会主席。闽中同安地下组织在后村、蔡厝建立 6 个党支部,党员 60 多人。1949 年,蔡厝与后村共组两支游击中队,下辖 12 支小分队,有 300 人枪,蔡金福、郭坤地任中队长。先后参加围困莲浔盐兵和马头山战斗。7 月,闽中巷南区工委机关驻后村、蔡厝,发动群众,筹集粮草、银圆、黄金。8 月,巷南区工委建立蔡厝交通站。区工委组织游击队员、民工、船工支援解放"三岛",开辟蔡厝、后村、珩厝至大嶝的徒步涉海交通路线,为登陆大嶝作战提供了方便。蔡厝游击队员蔡金福、黄加军、蔡武铁、王灵飞、叶作、蔡温、蔡晋全 7 人编入解放军第二十九军二五九团团部,蔡仙查、蔡乌牛、蔡文赛、叶海鹅等 7 人编入解放军第二十八军二五一团各营。游击队员蔡仙查在解放"三岛"战斗中牺牲。该社区被认定的在乡"五老"人员有 18 人:蔡金福、蔡理德、蔡晋全、蔡文交、蔡乌愚、陈企铁、陈金榜、陈远水、陈温、叶海鹅、黄加军,接头户郭仙(女)、郭搘(女)、康奔(女)、洪叶(女)、叶弄花(女)、谢月理(女)、王峰治(女)。

第三节　马巷镇

马巷镇有窗东、蔡浦、后莲、山亭、亭洋、朱坑、市头、西坂、洪溪、同美、赵厝、西炉、后滨、内官、何厝、沈井、黎安、郑坂、井头、城场、垵边 21 个老区基点村,在乡"五老"人员 185 名。1926 年秋,以许英宗为书记的共青团同安支部在马巷地区建立,官山、蔡浦已有共青团员。1927 年春夏之交,在巷南一带建立共青团振南区委,书记彭德清。在此基础上,建立了共青团同安县委,书记许英宗,组织委员邱振声，宣传委员彭德清。在蔡浦等村还建立了儿童团组织。11月，马巷民众夹道欢迎北伐军，织布厂工人纷纷捐款购枪赠送北伐军，北伐军也赠送锦旗给工人。1月，由彭友圃、洪天锡、邹鲁、许英宗、洪宗涂、彭再添等6名党员组成的中共同安特别支部在马巷全辖私立启智学校成立，在该校附设黎明女校。在黎明女校、窗东学校设立妇女解放协会。3月，在舫山书院口的广场上召开同安县农民协会成立大会，兴泉永政治监察署李松林、辜仲钊、左明亮等人出席成立大会，选举彭友圃为农会委员长。农会会员达2000多人，并建立一支300多人的农民自卫军。3月30日晚上，农民自卫军镇压抗拒农民运动的马巷商会会长、鸦片苗捐包捐人陈剑经。4月29日，同安国民党右派召开“拥蒋护党”大会，取缔民众运动，共产党员洪天锡、洪学湍被杀害于马巷五甲尾牛圩埔。彭甘杏、许英宗、彭德清贯彻闽南临委紧急会议精神，党组织迅速发展，党员达20人。省委派周少梁来整顿组织，1928年春，建立中共同安临时县委。翌年3月，同安地区成立4个党支部，其中马巷地区有3个(后许、新伦、蔡浦)。1930年7月，马巷启智学校教师高云览以厦门劫狱斗争为题材，写成中篇小说《前夜》(名著《小城春秋》的蓝本)。9月中旬，同安县委组织马巷农民骚动，分散国民党的注意力和兵力，支援惠安暴动。1930年冬至1931年春，国民党第十区民团多次“围剿”沙美(今属新店)和山后亭。1933年9月，同安特支游击队攻打马巷税契局。抗日战争时期，中共南同边区支部积极领导抗日救亡运动，抗敌后援会、抗日剧团活跃在沿海广大农村。1944年1月，共产党员参与建立集文化体育为一体、宣传抗日的“巷声图书馆”。1945年3月22日，陈下厝渔民救护被日军击中坠落于鳄鱼屿海面美军轰炸机上的7名飞行员。解放战争时期，闽中、闽西南党组织都在马巷地区建立区级机构和工作组，放手发动群众，巩固和发展人民民主统一战线，组织游击队，开展游击战争。闽中巷南区游击队从1949年5月至9月共与国民党的盐兵、第五军、五十五军、保二团、保一团等展开十来次战斗，配合解放军解放澳头、刘五店。

一、窗东社区

该地在镇西南部，镇政府驻地西南 5.3 千米处。大革命时期，集美师范第 18 组学生、惠安人洪天锡毕业后到窗东小学任教，任中共同安特支书记，进行革命活动，成立农会，窗东学校设有妇女解放协会，陈素玉、洪绿叶先后任主席，委员朱淑宝、洪碧请、洪绿叶、洪燕卿、红琼花、洪秀辣。农会和妇女解放协会积极开展农民运动和妇女解放运动。1934 年 2 月中旬，窗东游击队员和革命群众积极参加后村抢布斗争。抗战期间，厦门商界领袖、窗东人洪晓春拒任伪厦门市维持会会长。中共党员洪凌（洪学禹）任中共厦门市工委组织的厦门儿童救亡剧团辅导员、导演，誉满海内外。1948 年，吴复基到窗东建立党支部，党员有 20 多人。并与蔡浦、后莲共组游击队。1949 年 8 月 23 日（农历七月二十九日），中共马巷镇工委民运委员方水含（化名施塑）利用窗东村“普渡”日四乡八里的群众来看戏的机会，上戏台宣讲《约法八章》和国民党第三二五师副师长陈言廉率半个师起义的消息，产生了很大的影响。游击队积极开展反“三征”斗争，破坏国民党交通设施，控制陆上交通和海运船只，打击企图外逃之敌，配合解放军解放马巷和同安县城。该社区被认定的在乡“五老”人员有 5 人：游击队员洪文杭、洪文衷，接头户洪水唱，交通员洪古杞、洪文从。

二、蔡浦社区

该地在镇西南部，镇政府驻地西南 5 千米处。1927 年初，集美学校师范部学生、中共党员洪宗涂回家乡蔡浦开展革命活动，建立共青团、儿童团组织。1929 年 3 月，中共同安临时县委辖蔡浦、后许、新伦、希明学校 4 个支部。1935 年，洪宗涂在南安诗山牺牲。1930 年 5 月，中共同安县委已发展到新伦、后许、希明、山后亭、许厝、蔡浦 6 个支部。1934 年，中共同安县委第三区分部在蔡浦发展党员和游击队员，参加了后村抢布斗争。1948 年，蔡浦与窗东、后莲共组游击队。1949 年 5 月下旬，庄炳章代表厦门市工委在蔡浦村洪宗禀家召开会议，成立中共闽西南同安县工委，书记彭金励，组织委员林希圣(女)，宣传委员林多速，农工委员郑天海，青工委员洪宗禀。游击队积极开展反“三征”斗争，破坏国民党交通设施，控制陆上交通和海运船只，打击企图外逃之敌，配合解放军解放马巷和同安县城。船工洪乌岩在沿海支前时遭敌机扫射牺牲。该社区被认定的在乡“五老”人员有8人：游击队员洪连相、洪五湖、洪金拖，接头户洪家庭，交通员洪宗吟、洪宗件、洪宗思、洪金龟。

三、后莲社区

该地在镇西南部，镇政府驻地西南3.8千米处。1934年2月中旬，后莲游击队员和革命群众积极参加后村抢布斗争。1948年，后莲与蔡浦、窗东共组游击队。1949年8月，闽中巷南区工委建立后莲交通站，负责人洪学挞、洪尧锡，有交通员4人。9月5日凌晨，溃逃到马巷的国民党交通警一个连，围捕后莲游击队员和地下工作人员，洪尧锡、洪壬癸、洪球、洪伟4人被抓到厦门，解放后仅3人返回。游击队积极开展反“三征”斗争，破坏国民党交通设施，控制陆上交通，打击企图外逃之敌，配合解放军解放马巷和同安县城。该社区被认定的在乡“五老”人员有12人：游击队员洪春明、洪尧乳，接头户洪就、郑痢(女)、王香(女)，交通员洪尧柱、洪尧锡、洪尧胜、洪宗山、洪宗钦、洪文民、洪天球。

四、山亭社区

该地在镇西南部，镇政府驻地西南4千米处，是20世纪30年代中共同安县委代理书记、革命烈士陈先查的故乡。1927年底，福建省委派周少梁来同安整顿组织，筹建同安临时县委。周少梁以侯亭小学校长身份掩护革命活动，于1928年春建立中共同安临时县委，周少梁任书记。1930年5月，山后亭建有党支部。1930年冬至1931年春，受到国民党第十区民团多次“围剿”。1933年9月，中共同安特支有3个游击中队，120多人枪，一中队在惠东(今西柯镇)，二中队在山后亭一带，三中队在祥吴、九沙等村。9月上旬，周少梁派游击队中队长陈墙率领40多名精干队员奇袭马巷税契局，打死税契局局长陈遥远等3名征税员。1933年12月至1934年春，洪宗涂、陈先查带领游击队、革命群众开展了珩厝抢盐、后村抢布、新圩抢米的斗争。县委通讯员、山亭人陈珠晒在新圩抢米斗争中牺牲。1934年，安南永游击队队员陈玉祥在安溪反"围剿"战斗中牺牲。1935年，作为同安县委机关驻地的山后亭村遭到国民党同安县保安队3次"围剿"。2月21日晚上，陈先查书记从家里突围，被埋伏在门外的敌人击中，英勇牺牲。是年底，厦门中心市委派到山后亭送公文的一名交通员因人地生疏被捕，押送泉州后不知去向。1938年，黄永妙深入山后亭等沿海村庄，联系土地革命战争时期地下基本群众骨干和山后亭中心小学师生，并做通侯牧乡公所分队副的工作，使其同意组织全乡青少年进行军训和抗日教育。黄永妙领导的马巷抗敌后援会还在沿海地区开展抵制日货和打击走私活动，缴获一批日货。1948年至1949年，闽中、闽西南同安地下党组织都到山后亭开展革命活动，发动群众反"三征"，破坏国民党的通信设施。1949年7月，闽西南马巷区工委山后亭武工队在后阁自然村成立，负责人陈加锥、陈福成。闽中、闽西南山后亭游击队全面控制塘厝港内的民船，不使敌军抢船逃跑，配合解放军追歼溃敌于白兔山。该社区被认定的在乡"五老"人员有29人：赤卫队员陈珍玉、陈乌枞、陈剑文、陈剑养、陈以良、陈福眼，游击队员陈珠寅、陈珠坤、陈珠森、陈珍学、陈珍杯、陈红颜、陈剑昌、陈水夸、陈井水、陈树日，接头户陈玉琛、陈天助、陈万根、陈玉谅、陈加锥、陈加兴、陈清池、林晟治(女)、洪钱(女)，交通员陈珠加、陈珠镭、陈英枝、陈珍贤。

五、亭洋社区

该地在镇西南部，镇政府驻地西南3.4千米处。1927年底，福建省委派周少梁来同安整顿组织，筹建同安临时县委。周少梁在此开展革命活动。1930年建有党支部、游击队。1933年底至1934年春，陈洋、黄厝、坑尾、而来尾都有党组织和游击队组织，参加珩厝抢盐、后村抢布、新圩抢米的斗争。抗战初期，马巷抗敌后援会在塘厝港一带开展抵制日货和打击走私活动,缴获一批日货。1948年至1949年,闽中、闽西南同安地下党组织都到亭洋开展革命活动,发动群众反“三征”,破坏国民党的通信设施。闽中亭洋游击队活捉国民党第五军一个通讯排长,切断敌军同塘厝港的通讯联络。闽西南山后亭武工队在塘厝港、崎头宫缴获长枪两支、子弹500发和一些军用物资,还经常派人监视特务彭水锦、杨大鹏的活动情况。游击队、武工队全面控制塘厝港内的民船,不使敌军抢船逃跑,筹集粮草、物资支前。该社区被认定的在乡“五老”人员有7人:游击队员陈清元、陈玉挂、陈有来、陈珠帆、陈珠都,接头户陈剑赏、陈清沛。

六、朱坑社区

该地在镇东南部,镇政府驻地东南4.4千米处。20世纪30年代初,彭德清、老练(潮州人)等人就在此领导地下革命斗争,发展党员,建立赤卫队。1934年,省委直接指挥的中共同安县委下设3个区分部,第一区分部在官浔,第二区分部在山后亭(辖两个支部),第三区分部在金沙。店仔、陈洋、黄厝、坑尾、而来尾、海滨、赵厝、上吴、送普、造店、蔡浦、窗头、鸟坑、上下曾、湖头、上坂、郑坂都有党员。还有县委游击大队,100多人,分3个中队,第一中队在惠东(今西柯镇),第二中队在山后亭一带,第三中队在祥吴、九沙等村,30来人。1948年,林文庆在朱坑、造店建立党支部和游击分队,组织群众积极反“三征”,筹集粮草、物资支前。造店党支部书记翁铭的妻子卖掉儿子,买来驳壳枪支持革命,热情接待和尽心保护来开展活动的地下党员。该社区被认定的在乡“五老”人员有12人:地下党员蔡玉散(女)、翁马延,游击队员翁仁鎗、翁仁力、翁文电、翁宽知、练天生、陈淮墩,接头户翁仁心、陈乳(女),交通员翁志磁、翁仁欧。

七、市头社区

该地在镇东南部,镇政府驻地南2.2千米处。1933年,陈剑鞋(1934年初县委委员,后去南洋)到坂亭乡(由朱坑、市头、西坂组成)开展地下活动,组织农会和游击队,洪永波任农会主席,洪界任游击队长,参与攻打马巷税契局、后村抢布、新圩抢米的斗争,配合锄山党支部捣毁龙窟东纪亚扁贩卖鸦片窝点。1948 年,南同边区区委书记王朝阳、南安惜坂党支部许荣照等人,在市头建立党小组。1949 年 8 月,将市头党小组移交给闽中同安县工委,后来市头党小组发展为党支部。9 月 16 日晨,巷南区、金南同区游击队在马头山向国民党省保二团开火,以阻止其逃跑和抢劫财物,采取打打停停的牵制战术。战斗持续三昼夜,轮换参战的游击队员达 500 余人次。游击队用的是土枪、旧枪,火力不强,保二团开出驻地,向马头山反扑,解放军侦察班班长亲自打冲锋枪,保二团闻枪声有异,终于龟缩回驻地。9 月 18 日,市头、郑坂游击队活捉敌军谍报人员两人。该社区被认定的在乡"五老"人员有 21 人:地下党员洪助愿、洪炮队,赤卫队员洪美珍、洪牛港、洪婴,游击队员洪銮疼、洪銮棒、洪集锭、洪堂民、洪中鐭、洪仲盛、洪水垄、洪水差、洪天助、洪进水、洪永锡、洪垄、洪界、洪答、洪墩、洪飏。

八、西坂社区

该地在镇东南部,镇政府驻地南 1.7 千米处。1933 年,陈剑鞋(1934 年初县委委员,后去南洋)到坂亭乡(由朱坑、市头、西坂组成)开展地下活动,组织农会和游击队。游击队参与攻打马巷税契局、后村抢布、新圩抢米的斗争,配合锄山党支部捣毁龙窟东纪亚扁贩卖鸦片窝点。1948 年,南同边区区委书记王朝阳、南安惜坂党支部许荣照等人,到五显、新圩、马巷、大嶝等地建立党小组。1949 年 8 月,下坂洪大山等党员组成党支部,开展反"三征"、统战策反、捉拿敌军谍报人员、筹粮筹物支前等工作。该社区被认定的在乡"五老"人员有 17 人:地下党员洪大山,游击队员洪仲春、洪水碘、洪永和、洪永雨、洪永泉、洪永务、洪美梯、洪銮景、洪天堂、洪南天、洪堂镗、洪万然、洪董、洪开,接头户洪永服,交通员洪地。

九、洪溪社区

该地在镇北部，镇政府驻地西北 3 千米处。1928 年春，中共同安临时县委有新伦学校（今在洪溪仑头）、后许学校（今在马巷后许）、希明学校（今在洪塘苏店）3 个党支部，党员 20 人，知识分子、农民各半。1929 年 3 月，增加蔡浦学校一个党支部，党员 25 人。1930 年 5 月，中共同安县委已发展到新伦、后许、希明、山后亭、许厝、蔡浦 6 个支部，还建立了革命互济会组织。1932 年 4 月，中共同安特支准备组织马巷农民暴动，以策应中央红军东路军继续东进，因红军主动撤离漳州，暴动计划取消。1934 年 2 月中旬，农会会员参加后村抢布斗争。4 月，中共同安县委在马巷动员 300 名以上的农民，参加与国民党第十九路军联合召开的抗日宣传大会。1947 年，吴复基、郭洙斗到此建立活动据点。此后，闽中、闽西南都在此建立游击队、武工队，烧毁城（关）马（巷）公路桥，监视郭山一带国民党军。该社区被认定的在乡“五老”人员有 9 人：赤卫队员陈企软、陈企赤、陈企契，游击队员陈踏、吴金华，接头户纪唱（女），交通员陈企榶、陈延东、陈企途。

十、同美社区

该地在镇西部，镇政府驻地西 4 千米处。1932 年，周少梁、陈先查在海滨乡（由同美、赵厝、西炉组成）发展党员，建立游击队。1934 年，海滨乡党员隶属于山亭的中共同安县委第三区分部。1948 年至 1949 年，闽中、闽西南都在此建立游击队、武工队，党组织和游击队开展监视国民党乡保人员的活动，参加在后廍、石浔堵截溃逃的国民党福建省保一团的战斗，配合解放军歼小股敌军与崎头宫。该社区被认定的在乡“五老”人员有 1 人：接头户李文兴。

十一、赵厝社区

该地在镇西部，镇政府驻地西南 4.5 千米处。1932 年，周少梁、陈先查在海滨乡（由同美、赵厝、西炉组成）发展党员，建立游击队。1933

年2月，国民党同安县保安队“围剿”赵厝，地下工作人员方芳林中弹牺牲。1934年，海滨乡党员隶属于山亭的中共同安县委第三区分部。抗战时期，党员方瑶碱回乡开展抗日地下活动。1948年至1949年，闽中、闽西南都在此建立游击队、武工队，党组织和游击队开展监视各国民党乡保人员的活动，参加在后麝、石浔堵截溃逃的国民党福建省保一团的战斗，筹粮筹物，支援解放马巷、同安。该社区被认定的在乡“五老”人员有3人：游击队员方山东、方坪，接头户方文荫。

十二、西炉社区

该地在镇西部，镇政府驻地西5千米处。1932年，周少梁、陈先查在海滨乡（由同美、赵厝、西炉组成）发展党员，建立游击队。1933年2月，国民党同安县保安队“围剿”赵厝，地下工作人员方芳林中弹牺牲。1934年，海滨乡党员隶属于山亭的中共同安县委第三区分部。抗战时期，党员方瑶碱回乡开展抗日地下活动。1948年至1949年，闽中、闽西南都在此建立游击队、武工队，党组织和游击队开展监视各国民党乡保人员的活动，参加在后麝、石浔堵截溃逃的国民党福建省保一团的战斗，筹粮筹物，支援解放马巷、同安。该社区被认定的在乡“五老”人员有3人：游击队员李天乞，接头户李永切、林进练。

十三、垵边社区

该地在镇北部，镇政府驻地西北2.5千米处。1948年起，闽中金南同县工委郭洙斗等人在此领导地下活动，10多人编入何厝游击分队。1949年5月1日至7日，参加围困莲浔盐兵战斗。9月16日晨至18日下午，参加马头山牵制保二团战斗。该社区被认定的在乡“五老”人员有2人：游击队员陈榜，交通员纪溪。

十四、后滨社区

该地在镇中部，镇政府驻地西南0.9千米处。1932年，周少梁、陈先查在后滨乡（由后滨、郑坂组成）领导地下活动，发展党员，组织赤卫队、游击队。游击队参加攻打马巷税契局，镇压一个在龙岩参加“剿共”回乡的国民党反动军官。抗战初期，参加马巷抗敌后援会，在塘厝港一带开展抵制日货和打击走私活动，缴获一批日货。1948 年起，闽中地下党叶健、黄龙飞、吴水凉、陈邦连等人在此领导地下活动，成立游击分队。1949 年 9 月，游击队切断国民党通讯线，在上庄俘虏敌谍报人员两人，为不动枪炮解放马巷做出贡献。该社区被认定的在乡“五老”人员有 9 人：游击队员郑文帽、郑根藤、郑棚、李玉虎、吕仲图、陈剑寨、吴文埔，接头户吴大珍，交通员李其转。

十五、郑坂社区

该地在镇西南部，镇政府驻地西南 6.7 千米处。1932 年，周少梁、陈先查在后滨乡（由后滨、郑坂组成）领导地下活动，发展党员，组织赤卫队、游击队。游击队参加攻打马巷税契局，镇压一个在龙岩参加“剿共”回乡的国民党反动军官。抗战初期，参加马巷抗敌后援会，在塘厝港一带开展抵制日货和打击走私活动，缴获一批日货。1948 年起，闽中地下党叶健、黄龙飞、吴水凉等人在此领导地下活动，成立游击分队。接头户郑腰（同安县早期的中共党员彭再添的遗孀）和侄儿郑聪坚定地支持革命，郑腰拿南洋花衣服把巷南区工委妇运委员吴丽玉化装为华侨，巧妙地进行掩护；郑聪把防护马巷布厂的卡宾枪献给游击队。1949 年 9 月 18 日，市头、郑坂游击队活捉敌军谍报人员两人。该社区被认定的在乡“五老”人员有 10 人：游击队员郑康殊、郑康陆、郑天送、郑推圳、郑推改、郑谦，接头户郑泼水、郑谦卑，交通员郑推现、郑康成。

十六、内官社区

该地在镇西北部，镇政府驻地西南 3.9 千米处。1927 年初，官山（内官及周围陈氏各村庄的总称）已有共青团员。1933 年，市头村洪界到内官与小学教师林子牧组织互济会、游击队，参加后村抢布、新圩抢米的斗争。1947 年至 1948 年，中共金南同县工委集中较大的力量开辟马巷地区，特别是加强官山的工作，这里是封建宗族力量和反动力量比较雄厚、统治马巷的军统特务陈式锐(先去台湾,后定居美国)、陈企钳(后被策反)的故乡,而且拥有陈文式地方武装。党组织先后派黄竹禄、林金榜、林文庆、吴复基、叶玉惠、蔡天良、郭洙斗等一批领导同志深入官山各村宣传发动群众,培养骨干,吸收党员,争取了官山知名人士陈为炉、陈启勇、陈式乒等人参加革命,组建游击队,并有一支清一色的"驳壳枪队",从而在巷南区建立了 33 个党支部,从南、北两面钳制了军统特务陈企钳严密控制的马巷地区。闽西南同安县工委收编了陈文式地方武装,让陈文式亲率 20 人枪上大帽山接受陈诚志的指挥,保护地方安宁。9 月 16 日,闽中巷南区官山、后麝游击队员于下墩村智擒反共救国军大队长陈益群。该社区被认定的在乡"五老"人员有 4 人:赤卫队员陈来好,游击队员陈式枝、陈例,交通员陈式乓。

十七、何厝社区

该地在镇西北部,镇政府驻地西北 4.5 千米处。1949 年 2 月,金南同县工委把活动地区分为 9 个片 1 个区,其中有何厝片(同禾乡),建立何厝交通站,站长陈为炉,交通员 4 人,负责马巷至城关、集美、后溪的陆路交通。5 月初在围困莲浔盐兵的战斗中,同禾游击队根据指挥部的指示,在公路砍电杆割电线,烧三忠桥,控制同马公路,监视马巷敌军的动向。9 月 19 日晨,同禾游击队和群众武装 300 余人在后麝、石浔堵截溃逃的国民党福建省保一团,击毙敌 14 人,俘获特务头子王介、保安大队长杨瑞云和士兵 24 人,缴获枪支 25 支、子弹万余发。该社区被认定的在乡"五老"人员有 8 人:游击队员陈文川、陈延尖、陈亚班、陈企甫、陈式谅、洪文土,接头户陈坤山、许久菜(女)。

十八、沈井社区

该地在镇北部,镇政府驻地西南 3.3 千米处。1947 年,闽中同安地下党领导人林文庆在此发展党员,组建游击队,党员和游击队员各有 10 多人,负责人沈天助。1949 年,闽西南同安县工委书记彭金励派施待来、杨钟蠡负责巷西片，魏耀胜也回乡协助工作，建立沈井交通站，发展民兵武装，进行张贴革命标语、反“三征”、护送过往的地下党领导人、转送秘密文件到大帽山埔仔顶县工委总部等工作。闽西南马巷区工委在魏耀胜家里召开筹粮工作会议，研究出“捐”“借”“派”3个办法，如向西炉村黄笃泗、桐梓村朱成奢分别借粮3万斤、9000斤。该社区被认定的在乡“五老”人员有4人：游击队员沈碘，接头户魏耀志，交通员魏耀连、陈起禀。

十九、黎安社区

该地在镇中部，镇政府驻地西1.6千米处。1948年4月开始，闽中地下党员蔡天良、郭洙斗经陈为炉介绍，到黎安建立游击分队。闽西南地下党员魏耀胜也在黎安建立联络点。年底，建立闽中游击分队，戴文祯任分队长。争取戴建置做“白皮红心”的保长，掩护革命活动。1949年，以巡逻为名向马巷镇公所借14支步枪交游击分队使用。游击分队参加围困莲浔盐兵、追击下乡抢劫的保安团员。该社区被认定的在乡“五老”人员有4人：接头户戴建智、陈金针（女）、林姜，交通员戴文燕。

二十、井头社区

该地在镇西南部，镇政府驻地西南6.7千米处。1932年，周少梁在此进行革命活动。井头侨领林金殿独资创办的九牧小学校师生，每日清晨集队高呼抗日口号，高唱抗日歌曲。1949年7月、8月，闽西南同安县工委书记彭金励派施待来、杨钟蠡负责马巷区巷西片，指导山后亭点的工作，林宗德负责井头地下组织，将陈新、琼头一带划为活动范围，并开辟一条通往大帽山县工委总部的通信线路。同时，组建山后亭点武工队，负责人陈加锥、陈福成。武工队在塘厝港、崎头宫缴获长枪两支、子弹500发和一些军用物资，还经常派人监视特务彭水锦、杨大鹏的活动情况，组织船只、船工支前。县工委通过陈福成向其舅舅林金兰派粮4000斤支援解放军。该社区被认定的在乡“五老”人员有3人：游击队员林进祝、林文格，接头户林奢。

二十一、城场社区

该地在镇西南部，镇政府驻地西南5.6千米处。1948年春，闽中地下党吴水凉到此开展活动，领导游击队在周边村庄张贴革命标语，组织群众反“三征”。1949年5月初，游击队参加围困莲浔盐兵。全村90%以上群众积极捐献粮食、物资给南下大军。林坤助、林付星等人加入船工大队参加解放厦门。该社区被认定的在乡“五老”人员有2人：接头户林文挝，交通员林文谦。

此外，在乡“五老”人员琼头社区有9人：地下党员林金才，游击队员陈清棉、陈南山、陈青云、陈象，接头户林仁森、林仁柔、林水吨，交通员林器；五美社区有1人：苏区干部洪绿叶（女）；前庵社区有1人：交通员陈研；舫阳社区有1人：游击队员洪剑赐。

第四节　内厝镇

内厝镇有许厝、锄山、黄厝、曾厝、官路、莲塘、美山、后田、上塘、前垵、鸿山、新垵12个老区基点村，在乡“五老”人员有124名，是兴泉永政治监察署指导员、闽南地区党组织重要领导人李松林，中共六大代表、漳州工人运动领袖许涂淼，同安县委委员、革命烈士许英宗，奔赴延安的著名诗人鲁藜和百岁将军林有声的故乡。大革命时期和土地革命时期，李松林、许涂淼、许英宗就经常回乡宣传革命思想。1930年，在周少梁、陈先查的领导下，发展游击队员。1932年4月下旬，为策应中央红军东路军东进，烧毁内田桥，破坏电线杆，断绝国民党通信设施。1933年9月至1934年春，参加攻打马巷税契局、珩厝抢盐、后村抢布、新圩抢米的斗争。抗日战争时期，中共南同边区支部积极领导抗日救亡运动，抗敌后援会、抗日剧团活跃在巷东地区广大农村。锄山抗日民族解放先锋队坚持抗日和反对国民党顽固派的斗争。解放战争时期，金南同县工委书记林文庆等人建立党支部、游击队，划为南同工作片（南安延平乡部分村庄和民安乡下五保，负责人王建智、陈大柱）、曾厝工作片（民安乡上五保和公安乡，负责人林文庆），先后参加围困莲浔盐兵、控制马盈公路段（马巷至小盈岭）阻滞溃敌逃跑、黄厝反“壮丁费”斗争，组织民工、筹集粮食和物资支援解放军。

一、许厝村

该地在镇南部，镇政府驻地东南3.9千米处。许厝是中共福建临时省委常委、漳州工人运动领袖、中共六大代表许涂淼，中共同安县委委员、参加厦门劫狱斗争、在攻打厦门盐税局后被捕英勇牺牲的烈士许英宗和奔赴延安的著名诗人鲁藜（许涂地）的故乡。1926年秋，许英宗建立共青团同安支部。1927年春夏之交，建立共青团同安县委，许英宗为书记。同时，组织农民协会和赤卫队。1930年5月，中共同安县委已发展到新伦、后许、希明、山后亭、许厝、蔡浦6个支部。许涂淼、许英宗在家乡进行革命活动时得到许厝亲人的大力支持和掩护。1948年起，许厝为闽中同安地下党的活动据点之一。林文庆通过同学关系，争取国民党民安乡前后任乡长陈春霖、许秉心和陈重超以及大部分保长站在人民一边，交出步枪20支，建立游击队，参加围困莲浔盐兵的战斗。1949年6月，马巷镇长许宗取（许厝人）参加泉州人民解放同盟同安分盟马巷镇工作委员会，为马巷和平解放创造了有利条件。该村被认定的在乡“五老”人员有2人：游击队员许宗恚，交通员许大营。

二、锄山村

该地在镇北部，镇政府驻地东北7.3千米处。锄山地处南（安）同（安）交界偏僻处，地势险要。土地革命战争时期已有宋公铺等中共党员。1937年7月，南同边区支部马巷党小组负责人黄永妙联络宋公铺，重建党支部。11月，成立锄山抗日民族解放先锋队和侦缉队，在沿海一带侦缉日货走私进口、私运粮油资敌的船只。1938年底，奇袭国民党军监视地下党游击队的小盈岭哨所、攻打马巷镇公所。1941年12月28日，国民党马巷侦缉队夜袭宋宅，宋公铺冲出门外时中弹牺牲，头颅被砍下悬挂在马巷大宫口电线杆顶示众3天。其弟宋代、宋温也相继被捕遇害。不久，黄永妙介绍党员苏深渊与宋公铺遗孀杨碧成亲，苏深渊以沙溪小学校长身份为掩护，担任锄山党支部书记，继续坚持抗日活动。1945年8月，福建省保二团、保九团各两个中队兵力和晋江、南安、同安、安溪4县自卫队统一行动，又组织南同两县政务督导团进入边区配合"清剿"。8月5日，保九团第三大队大队长杨湧率两个中队兵力包围锄山，按名单拘拿共产党员和民族解放先锋队队员。8月20日，苏深渊在南安水头被捕，后在泉州牺牲。1947年，闽中南同地区地下党黄竹禄、陈火把、林文庆等人到锄山发展党员，建立党小组、游击队，隶属于黄厝，在宋水芬、宋双的领导下，坚持到同安解放。该村被认定的在乡"五老"人员有3人：宋水芬、宋耙、宋汉。

三、黄厝村

该地在镇东南部，镇政府驻地东南5.3千米处。1933年，黄永妙、吴复基在内塘边自然村开展地下活动，宋子茅在黄厝组织农会。1937年，黄永妙带领马巷抗敌后援会抗日剧团到黄厝宣传抗日。1946年底，闽中南同工委书记黄竹禄和吴复基在此发展党员，建立党小组，后来升格为党支部，黄章舜任书记同时建立游击队，由黄永盼、黄文轩负责。1949年，闽中金南同区工委建立黄厝交通站，负责人黄允志。黄厝游击队参加围困莲浔盐兵的战斗，在沙溪公路截击国民党溃兵，多次抗击国民党军的骚扰、派款，特别是在6月遭受国民党三二五师和第五军二十师"清乡"时，游击队英勇反击，队员黄赞、黄越、苏水栋牺牲，3人受伤，31人被捕，全村被敌军抢劫、勒索，损失惨重。支前民工黄金治在解放厦门战斗中牺牲。该村被认定的在乡"五老"人员有39人：地下党员宋伯豹、宋金猪，游击队员宋红兵、宋乌炮、宋犬水、宋伯炳、宋生、黄春生、黄水永、黄水崎、黄水名、黄坪来、黄治国、黄文良、黄文轩、黄文墨、黄文行、黄文唇、黄卓清、黄永坦、黄永盼、黄永远、黄桂林、黄奕贡、黄奕树、黄金钟、黄金添、黄金鱼、黄神平、黄土瓦、黄怡平、黄世荣、苏养元,接头户黄允志、黄章舜、宋伯荣、宋伯签、吴添寿(女),交通员黄章尚。

四、曾厝村

该地在镇西部,镇政府驻地北 1.8 千米处。1937 年,黄永妙带领马巷抗敌后援会抗日剧团到曾厝宣传抗日。1947 年秋,金南同县工委书记林文庆应聘为曾厝小学教员,以此掩护革命活动,建立曾厝党支部,使曾厝成为县工委和区工委主要活动据点之一。林文庆通过同学关系,争取国民党民安乡前后任乡长陈春霖、许秉心和陈重超以及大部分保长站在人民一边,交出步枪 20 支。1948 年,建立游击分队。1949 年 2 月,闽中同安县工委把活动地区分为 9 个片 1 个区,曾厝片(民安乡上五保和公安乡)为其中一个片。在曾厝党支部领导下,建立农会、妇女会、护乡队,参与围困莲浔盐兵,抵抗"三征",保护地下党工作人员安全,民安乡捐献粮食 5 万多斤支前。该村被认定的在乡"五老"人员有 7 人:游击队员陈厚样、陈厚目、陈仁都、陈白民,接头户蔡秀华(女)、许闹热(女)、许分(女)。

五、官路村

该地在镇西部,镇政府驻地东北 2.6 千米处。土地革命战争时期,地下党在马池内自然村建立武装和地下印刷室,参加新圩抢米斗争;抗日战争时期,开展抗日救亡宣传活动。解放战争时期,吴复基、林文庆、陈怡仁先后到此开展地下活动,建立党支部和游击分队,发动群众筹集粮草和军需物资,组织民工支前。该村被认定的在乡"五老"人员有 6 人:游击队员曾金标、曾金针,接头户陈式根、陈清、曾再,交通员陈根扎。

六、莲塘村

该地在镇中部,镇政府驻地东北 1.8 千米处。店头自然村是开国大校林有声的家乡。1930 年,在周少梁、陈先查的领导下,组建游击队,骨干有林销等人。1933 年 9 月至 1934 年春,进行攻打马巷税契局、珩厝抢盐、后村抢布、新圩抢米的斗争。1947 年秋,闽中金南同县工委书记林文庆在莲塘周边林姓村庄发展党员 20 人,建立党支部和游击队。1949 年,金南同区工委建立莲塘交通站,负责人林松树。5 月,莲塘游击队参加围困莲浔盐兵、攻打大嶝乡公所。9 月 10 日至 12 日,在金南同区工委书记吴良成的指挥下,区游击联队 60 多人配合解放军侦察连,在小盈岭向驻新垵、沙溪的敌军一个营开战,达到阻敌逃跑以利聚歼的目的。9 月 18 日、19 日,区游击联队全面控制小盈岭至马巷公路段,主动向敌溃军进攻,缴获枪弹一批,俘虏经教育后予以释放;还派游击小分队为解放军当向导,向马巷、同安挺进。该村被认定的在乡"五老"人员有 27 人:游击队员林天对、林西永、林金望、林文恭、林玉辉、林着、林皮、林乓、林溪、林芽、林喷、林巷、林粪、林城、林珙、林溪,接头户林水埽、林文补、林国旗、林拱、林再、林送、王姜(女)、陈救(女)、陈跑(女),交通员林镭、林贯。

七、美山村

该地在镇西北部,镇政府驻地北 1 千米处。1930 年,在周少梁、陈先查的领导下,发展游击队员。1932 年 4 月下旬,为策应中央红军东路军东进,烧毁内田桥,破坏电线杆,断绝国民党通信设施。1933 年 9 月至 1934 年春,参加攻打马巷税契局、珩厝抢盐、后村抢布、新圩抢米的斗争。解放战争时期,游击队发动群众反"二征",破坏敌人通信设施,打击敌溃兵,筹集粮食和物资支援解放军。

八、后田村

该地在镇东南部,镇政府驻地东南 3.2 千米处。从 1931 年起,后田是南同边区地下党的活动基点村之一。地下党在此发展党员,属于黄厝党支部。党员黄章同的家为接头户。该村被认定的在乡"五老"人员有 2 人:游击队员黄金彬、黄章箖。

九、上塘社区

该地在镇政府驻地南0.7千米处。1938年,黄永妙带领马巷抗敌后援会抗日剧团到上塘村宣传抗日。解放战争时期,上塘村是南同边区闽中地下党的活动基点村之一。金南同区工委在此发展党员、游击队员、接头户,建立党支部,开展反“三征”、统战策反等工作。该社区被认定的在乡“五老”人员有6人:游击队员许兴坦、许兴错,接头户许水泳、陈箱(女),交通员许复宗、许樱。

十、前垵村

该地在镇东部,镇政府驻地东5.2千米处。1931年,黄永妙在前垵建立地下群众组织,发展革命力量。1949年,金南同区工委在前垵各自然村发展党员,组建游击分队,建立山峰交通站(负责人孙水交)。发动群众反“三征”,参加围困莲浔盐兵、牵制驻新垵、沙溪的敌军一个营的战斗。该村被认定的在乡“五老”人员有17人:游击队员孙生坝、孙潘水、孙献章、孙先助、孙螺、林界源、陈楚财、陈先褒、陈可升、黄清火,接头户孙大灯、孙碧玉(女)、陈永桶,陈水川、吕春(女)、林粉(女)、庄银(女)。

十一、鸿山村

该地在镇东部,镇政府驻地东5.2千米处,地处鸿渐山山麓,2006年由前垵村析出。1933年底,翔安地区爆发抢盐、抢布、抢米群众斗争,游击队曾把红旗插到鸿渐山山顶上。1949年,金南同区工委在此发展党员,组建游击分队,发动群众反“三征”,参加围困莲浔盐兵、牵制驻新垵、沙溪的敌军一个营的战斗。

十二、新垵村

该地在镇中部,镇政府驻地东2.8千米处。新垵村官塘自然村是大革命时期中共泉州特支负责人、闽南临委组织委员、兴泉永政治监察署指导员、爱国华侨李松林的故乡。1931年,陈进金等人秘密参加彭德清领导的地下斗争。1948年2月，成立农民协会，柯之典为农会主席。民兵组织也相应成立。1949年9月10日至12日，在金南同区工委书记吴良成的指挥下，区游击联队60多人配合解放军侦察连，在小盈岭向驻新垵、沙溪的敌军一个营开战，达到阻敌逃跑以利聚歼的目的。9月18日、19日，区游击联队全面控制小盈岭至马巷公路段，主动向敌溃军进攻，缴获枪弹一批，俘虏经教育后予以释放；还派游击小分队为解放军当向导，向马巷、同安挺进。该村被认定的在乡“五老”人员有8人：游击队员梁文屏，接头户梁清坡、陈文例、陈在，交通员陈廷金、陈进兴、陈加裕、柯金定。

此外，在乡“五老”人员后垵村有2人：接头户许渊泉、许友权；莲前村有2人：接头户梁文普，交通员苏文转；赵岗村有1人：接头户王宏盼；霞美村有1人：游击队员柯子份。

第五节　新圩镇

新圩镇有新圩、马塘、凤路、乌山、东寮、诗坂、桂林、后埔、金柄、云头10个老区基点村，在乡“五老”人员110名。1927年初，新圩已有共青团员。20世纪30年代前半期，新圩基本群众秘密参加彭德清领导的地下斗争。1934年春，中共同安县委领导人陈先杳、洪宗涂、陈剑鞋指挥新圩抢米斗争。1937年冬，黄永妙带领马巷抗敌后援会抗日剧团到新圩地区宣传抗日。1945年4月，闽中南同区工委已在新圩地区活动。抗日战争时期，中共南同边区支部积极领导抗日救亡运动，抗敌后援会、抗日剧团活跃在新圩地区广大农村。1949年春，闽中金南同区工委把新圩划入曾厝工作片（民安乡上五保和公安乡，负责人林文庆），金南同区工委机关和交通站曾设在七里自然村。闽西南同安地方组织在新圩街建立基点，负责人黄火杯。陈诚志等人在新圩几个村社都组建了以贫苦青年为骨干的地下武装“新圩武工队”，七八月间，陈诚志率首批武工队员40余人上大帽山，不久编为闽西南同安县工委直属武工大队，全县武工队员五六百人，长短枪约250支，被授予闽粤赣边纵队第八支队四团四营武工队番号。8月底，闽西南同安县工委机关也上大帽山，武工大队根据县工委给予的任务，宣传党的方针政策，收集情报，统战策反，监视、打击、瓦解敌人，筹集粮草，支援解放军解放同安。

一、新圩社区

该地在镇中部，镇政府驻地。1927年初，新圩已有共青团员。20世纪30年代前半期，新圩基本群众秘密参加彭德清领导的地下斗争。1934年春，中共同安县委领导人陈先查、洪宗涂、陈剑鞋指挥新圩抢米斗争。1937年冬，黄永妙带领马巷抗敌后援会抗日剧团到新圩地区宣传抗日。1945年4月，闽中南同区工委已在新圩地区活动。1949年春，闽西南同安地方组织在新圩街建立基点，负责人黄火杯。陈诚志等人在新圩几个村社都组建了以贫苦青年为骨干的地下武装，新圩负责人黄文情，地下武装改称“新圩武工队”。5月1日，金南同县工委书记林文庆指示陈诚志率队赴南安前坂参加围困莲浔盐兵。该社区被认定的在乡“五老”人员有6人：游击队员黄文情，接头户黄带水、黄共胆、朱秋有、朱春旺，交通员孙水碧。

二、马塘村

该地在镇西部，镇政府驻地西2.5千米处。1993年3月从新圩村析出。新中国成立前，人口在100人左右，土地贫瘠，只能种植番薯、木薯、花生，被称为“瘦马塘”，村民积极参加反“三征”的斗争，筹集粮草，支援解放军解放同安。

三、凤路村

该地在镇中部，镇政府驻地东北1.5千米处。1947年，南同边区区委在凤路黄岗已建立游击小分队，5月11日，在泉州中心县委指挥下参加安海暴动。1948年9月，南同边区区委书记王朝阳和惜坂党支部书记许荣照等人，到五显、新圩、马巷、大嶝等地区建立党小组，属于南同边区第二支部。凤路黄岗党小组长蔡乙珉。1949

年春，游击队员到南安曾山村参加惜坂党支部组织的镇压国民党省保安便衣队长李挨。5月3日，参加攻打延平乡公所。8月，南同边区区委将二支部大帽山、大嶝、黄岗、黄坂、棋盘厝、市头6个党小组移交给闽中同安县工委。是年初，闽西南同安地方组织地下武装活动范围扩展至大帽山周围的古宅、金柄、后埔、方田、曾溪（属凤路村辖）、锄山、曾山一带。9月18日下午，解放军第三十一军九十三师二七七团由蔡乙珉、蔡乙崎向导，向五显及县城东门、北门进攻。该村被认定的在乡“五老”人员有19人：地下党员蔡乙珉、蔡乙崎，游击队员蔡乙篇、蔡乙柴、蔡乙劣、蔡乙璋、蔡乙泉、蔡马、蔡樟、蔡坡、蔡杉，接头户蔡乙湘、黄送（女）、陈铺（女）、陈延（女）、李剪（女），交通员蔡家武、蔡乙语、黄章琛。

四、乌山村

该地在镇中南部，镇政府驻地东北1千米处。1947年暑假，中共同安初级中学总支发展24名学生党员，该校第八届学生黄先腾加入中国共产党。是年秋，同安初级中学党总支宣传委员黄富元到乌山前山找到回家乡以小教身份为掩护的黄先腾，布置组织农民武装、开展武装斗争的任务。黄先腾向陈诚志建议把侧重点放在开辟大帽山根据地。1949年春，闽西南同安地方组织在前山自然村建立基点，负责人黄先腾。陈诚志等人在新圩几个村社都组建了以贫苦青年为骨干的地下武装，前山负责人黄先腾。7月，彭金励派林多速到前山领导黄先腾、黄火杯、陈诚志在公安乡一带进一步发动群众，开展斗争。之后，陈诚志带新圩武工队上大帽山，以此为据点，开展武装斗争。该村被认定的在乡“五老”人员有12人：游击队员蔡源钦、蔡源石、蔡源坂、蔡元木、蔡元萍、蔡乙哮、蔡家姜、黄先助、黄金堆、黄天顺，接头户蔡源晗、陈碰。

五、东寮社区

该地在镇南部，镇政府驻地南2千米处。20世纪30年代前半期，东寮基本群众秘密参加彭德清领导的地下斗争。1937年冬，黄永妙带领马巷抗敌后援会抗日剧团到新圩地区宣传抗日。1947 年暑假，中共同安初级中学总支发展 24 名学生党员，该校第八届学生陈尚聘加入中国共产党。1949 年初，陈诚志等人在诗坂、东寮、前山、彭厝、埔顶、新圩、马巷、官山、布塘、灌口等村社都组建了以贫苦青年为骨干的地下武装，东寮负责人陈尚聘。七八月间，陈诚志带武工队上大帽山，编为县工委直属武工大队，以大帽山为据点，开展武装斗争。该社区被认定的在乡“五老”人员有 12 人：游击队员陈光缅、陈乌晚、陈土源、陈尚榜、陈杏、陈握，接头户陈尚裕、陈尚转、陈尚挂、陈洁已、黄天（女）、黄录（女）。

六、诗坂村

该地在镇南部，镇政府驻地东南 1 千米处。20 世纪 30 年代前半期，诗坂基本群众秘密参加彭德清领导的地下斗争。1937 年冬，黄永妙带领马巷抗敌后援会抗日剧团到新圩地区宣传抗日。1947 年秋，新加坡归侨、马共党员陈诚志在老家诗坂开始组织武装力量，到年底，发展到 150 余人枪，编为一个中队 3 个分队。1948 年初，扩展至大帽山周围的古宅、金柄、后埔、方田、曾溪、锄山、曾山一带。1949 年初，陈诚志等人在新圩几个村社都组建了以贫苦青年为骨干的地下武装，诗坂负责人陈雅言、陈董部，地下武装改称“新圩武工队”。5 月 1 日，金南同县工委书记林文庆指示陈诚志率队赴南安前坂参加围困莲浔盐兵。不久，林文庆派陈怡仁、曾克念、曾剑辉、李一新、陈元海等人到诗坂开展工作。七八月间，陈诚志率首批武工队员 40 余人上大帽山，其中诗坂队员 30 多人，编为一、二分队。不久编为县工委直属武工大队，以大帽山为据点，开展武装斗争。该村被认定的在乡“五老”人员有 30 人：游击队员陈雅言、陈原来、陈乌待、陈友荣、陈金带、陈水标、陈水梢、陈文撒、陈臣妙、陈臣帽、陈尊礼、陈朴、陈环、陈驾、陈荷、陈术、陈齐、陈庭、陈传、陈地、陈盐、陈操，接头户陈大火、陈光红、陈听、黄娜塔（女）、林锦（女）、蔡料（女），交通员陈九庆、陈共。

七、桂林村

该地在镇南部，镇政府驻地南 4.5 千米处。从 1947 年秋起，金南同县工委书记林文庆通过同学关系应聘为民安乡曾厝小学教员，建立曾厝党支部，并在附近一些农村建立党的基层组织和游击小分队。1949 年 2 月，金南同县工委在七里自然村建立交通站，站长林吉。5 月 1 日，桂林游击小分队参加围困莲浔盐兵的战斗，发动群众反“三征”，筹集粮食和物资支前。闽中金南同区工委机关曾设在七里自然村。该村被认定的在乡“五老”人员有 5 人：谢柳，接头户林杯、林豹、林缚，交通员林吉。

八、后埔村

该地在镇北部，镇政府驻地东北 4 千米处。1937 年冬，黄永妙带领马巷抗敌后援会抗日剧团到新圩地区宣传抗日。1947 年秋冬，闽中地下党领导人林文庆、许荣照、陈火把、吴复基等人在此活动。1948 年初，闽西南同安地方组织地下武装活动范围扩展至大帽山周围的古宅、金柄、后埔、方田、曾溪、锄山、曾山一带。6 月，闽中党员彭溪、颜车前、黄章约等人也在此组织游击队，7 月，并入闽西南诗坂武工队第一分队。解放前夕，成功策反县参议员黄种献献粮献枪。该村被认定的在乡“五老”人员有 11 人：游击队员黄驾鑫、黄章彪、黄章革、黄要、黄听，接头户江返、江声、陈法（女）、沈面（女），交通员黄笃满、黄文建。

九、金柄村

该地在镇中部，镇政府驻地东北 4.5 千米处。1948 年初，闽西南同安地方组织地下武装活动范围扩展至大帽山周围的古宅、金柄、后埔、方田（属金柄村辖）、曾溪、锄山、曾山一带。6 月，闽中党员彭溪、颜车前也在此发展游击队员。1949 年夏，闽西南同安县工委宣传委员在金柄活动期间患病，得到黄曾夫妇等接头户的掩护和照顾。地下党大力开展革命宣传活动，发动群众反“三征”，筹粮献枪，执行联络任务。该村被认定的在乡“五老”人员有4人：游击队员黄奕琛、黄谅，接头户黄曾、黄智。

十、云头村

该地在镇西部，镇政府驻地北1.5千米处。1946年，同安初级中学陈重育等8个学生回村组织同学会，宣传革命。1947年春，同安初级中学党总支书记王新整来指导工作，把陈重育等学生安插在周边村庄小学任教，发展地下组织，先后协助闽中、闽西南同安地下党组织对逃到云头的国民党民安乡乡长陈重超、县保安大队长陈文式、马巷军统特务陈企钳进行策反。1949年初，陈诚志等人在新圩几个村社都组建了以贫苦青年为骨干的地下武装，云头负责人陈重育。五六月间，闽西南同安县工委在云头及周边村庄建立共青团组织和武工队，宣传发动群众反“三征”，保护地下人员安全。该村被认定的在乡“五老”人员有4人：游击队员陈重育、陈珍棚，接头户陈称镭、黄玉琼。

此外，在乡“五老”人员古宅村有2人：游击队员黄芋畊，交通员黄江霖；面前埔村有2人：游击队员李定泉、陈场；村尾村有1人：接头户刘维在；上宅村有1人：接头户叶文造。

第六节　大帽山农场

大帽山是闽西南同安武工队的根据地。1949年七八月间，厦门大学党总支、厦门侨师党支部（均属闽西南系统）一些政治色彩明显的领导和党团员和闽西南同安县工委机关先后上了大帽山，举办“青干班”，组织“迎接解放委员会”，宣传党的方针政策，收集情报，统战策反，监视、打击、瓦解敌人。9月上旬，与解放军侦察排、筹粮工作队会师于大帽山。

埔顶村在新圩镇中部，新圩镇政府驻地东北5.2千米处。1946年底，中共闽中南同工委成立后，陈火把、林文庆、许荣照、许水目、王朝阳等先后到埔顶宣传革命。1948 年，南同边区区委书记王朝阳、南安惜坂党支部许荣照等人，到五显、新圩、马巷、大嶝等地区建立党小组，属于南同边区第二支部。1949 年 8 月，将二支部大帽山、大嶝、黄岗、黄坂、棋盘厝、市头 6 个党小组移交给闽中同安县工委。是年初，陈诚志等人在诗坂、东寮、前山、彭厝、埔顶、新圩、马巷、官山、布塘、灌口等村社都组建了以贫苦青年为骨干的地下武装，大帽山负责人黄铨。七八月间，厦大一些政治色彩明显的领导和党团员上了大帽山，协助县工委举办两期武工队骨干和共青团员“青干班”，组织了“迎接解放委员会”。8 月底，闽西南同安县工委机关也从蔡浦村移驻大帽山。新圩武工队编为县工委直属武工大队，诗坂 30 多人编为一、二分队，彭厝 10 多人编为三分队，陈雅言、陈董部、彭垂桐任分队长。全县武工队员五六百人，长短枪约 250 支，以大帽山为据点，开展武装斗争。9 月上旬，解放军第二十九军八十五师先遣侦察排 40 余人进驻大帽山，与武工队会师，到前沿侦察，收集情报。接着，解放军第十兵团筹粮工作队 150 多人也到大帽山，武工队予以配合，下山筹粮。解放后，以武工大队为基础，与闽中同安游击大队、闽西南安南同突击大队第五中队共百余人合编为第五军分区（晋江军分区）同安县常备队（后称警备队、县大队、独立营）。该农场在乡“五老”人员有 13 人：地下党员黄章约，游击队员黄章钦、黄鱼、陈溪，接头户黄亦仕、黄奕拣、黄桃（女）、陈纲（女）、陈罪（女）、吕打（女）、沈乖（女），交通员黄奕溪、黄奕将。

第五章　革命历史遗址和纪念室

第一节　革命历史遗址

一、沙美村农民协会旧址

位于新店镇沙美社区中部，原是彭友圃等人的私宅。1914年，在陈嘉庚支持下，彭友圃等人在此创办“同安县国民第三小学”。1927年2月，彭友圃、彭再添等在此创办沙美农民协会，开办夜校，宣传革命思想，发动农民，积极开展反帝、反封建、反剥削的斗争。1928年至1930年，中共党员许英宗、洪宗涂以沙美小学教员的身份为掩护，继续开展革命活动，参加厦门破狱斗争，发动农民进行珩厝抢盐、后村抢布、新圩抢米和抗捐税等斗争。1931年至1936年，沙美是彭德清进行革命活动的基点村。解放战争时期，成立沙美党支部(闽中)，组建游击队，成为围困莲浔盐兵、镇压反动分子的秘密据点。沙美多次遭受国民党反动派的“围剿”。沙美村农民协会旧址建于清代，坐东朝西，三合院式，占地面积约200平方米，1991年11月被同安县人民政府公布为同安县文物保护单位，1997年修葺加固。

二、彭友圃故居

位于沙美村农民协会东侧附近。彭友圃是大革命时期中共同安特支书记、同安农民协会委员长，翔安地区一直流传着他的英雄传说，其中最为脍炙人口的是他率领农民武装深入虎穴，镇压对抗农会的马巷商会会长、鸦片苗捐包捐人陈剑经的故事。彭友圃出身于一个耕读之家，故居坐北朝南，是一栋传统的闽南古厝，古厝前有一个石埕，干净典雅。

三、彭德清故居

位于新店镇彭厝南面，环村路北 25 米处。故居建于清末，坐东北朝西南，前后两落，建筑面积约 220 平方米，大门上悬“彭德清故居”匾。

四、同安早期革命活动旧址——松山小学

位于新店镇彭厝社区内。1927 年中共同安特支在彭厝成立农民协会和农民赤卫队，松山小学即为共产党人活动据点。中共党员、共青团同安县委书记许英宗在该校吸收彭德清入团。1930 年，中共福建省委组织领导的“五二五”厦门破狱斗争，该校和“合安堂”是秘密联络点和部分难友的停歇点、隐蔽点。抗日战争时期，黄永妙在此组织抗敌后援会和游击队，开展抗日宣传和反走私、抵制日货活动。解放战争时期，中共闽西南彭厝区工委在此开办夜校，开展革命活动。解放后仍一度作为校舍，易名彭厝小学。松山小学建于 1918 年，坐北朝南，平面呈曲尺形，单层砖木结构，硬山布瓦顶，走廊钉天花板，南洋建筑风格，占地面积 387 平方米。1991 年 11 月被同安县人民政府公布为同安县文物保护单位，2002 年 4 月修葺加固。

五、中共同安县委旧址——山后亭陈氏祠堂

位于新店镇山亭社区中部，原是祠堂，后来辟为侯亭小学教室。1927 年同安“四二九”“拥蒋护党”反革命事变后，中共同安特支受到严重破坏。年底，中共福建临时省委派周少梁赴同安以侯亭小学校长身份开展党组织恢复工作，并于 1928 年春在这里秘密成立中共同安临时县委，由周少梁任书记。1928 年至 1935 年，这里多次作

为中共同安县委机关驻地。山后亭陈氏祠堂始建于南宋，清代重建，1990 年重修。祠堂坐东朝西偏南，前后两落大厝，占地面积 280 平方米。1991 年 11 月被同安县人民政府公布为同安县文物保护单位。

六、中共同安县委和共青团同安县委成立会议会址

位于新店镇珩厝中部，即珩厝顶厝宫口。1929 年夏，中共福建省委在党控制下的珩江小学召开同安县党团活动分子会议，选举党、团同安县委。张益坚任县委书记（龙岩人，参加长征，烈士），委员许英宗、邹鲁；王庶民任共青团县委书记，组织委员王丛生，宣传委员林汉杰。珩厝顶厝宫始建于明崇祯末年，清雍正年间重修，20 世纪 20 年代曾改为私塾，1927 年废私塾为珩江小学，1988 年重新翻建。该宫坐北朝南，占地面积 220 平方米。

七、厦门破狱斗争难友停歇点旧址——彭厝合安堂

位于新店镇彭厝社区南部环村路北侧 15 米处。合安堂是彭幼潜开设的药铺，土地革命战争时期地下党员秘密活动场所，厦门破狱斗争难友停歇点之一。1930 年，共青团福建省委书记陈柏生、中共厦门市委书记刘端生等 40 余人被关押在思明监狱。5 月 25 日，中共福建省委发动破狱斗争，成功地营救了这 40 余名革命同志。彭幼潜派出一艘木船接应难友，在合安堂隐蔽休整，然后转移到闽西苏区。合安堂坐东北朝西南，平面呈曲尺形，南侧一字排开，平台屋顶，靠东侧一间门上有“合安堂”三字楷书题额。

八、攻打马巷税契局旧址

位于马巷镇马巷街（原名马巷四甲街傅氏巷）80 号。20 世纪 30 年代，作为国民党马巷税契局、水产捐征收所。中共同安特支为支援闽西反“围剿”斗争，骚扰、惩罚敌人，抗苛捐杂税，1933 年 9 月上旬某天凌晨 4 时，游击队中队长陈墙（巷东人）率领 40 多名武装队员，一部分警戒四周，一部分装成鱼贩叫门交税，开门后，武装人员

一拥而入，活捉了税契局局长陈遥远及收捐员、杂役各一名，就地枪决。游击中队几十分钟即完成了战斗任务，而税契局、水产捐征收所只好关门大吉。国民党马巷税契局原是店屋，朱云语建于清末，坐西朝东，占地面积约 80 平方米。

九、珩厝抢盐斗争旧址

位于新店镇珩厝东部，即珩厝东围盐田。1933 年 12 月某日，中共同安特支根据中共厦门中心市委的指示，选择珩厝作为鼓动农民、盐民起来斗争的一个突破口。陈先查、洪宗涂组织南同边界 300 来个贫苦农民、盐民，从四面八方会集于珩厝村北的霄垄埔，进入王德桥的盐田抢盐。在抢盐过程中，受到股匪王仔良的伏击。珩厝东围盐田占地面积约 4000 平方米。

十、后村抢布斗争旧址

位于新店镇后村社区洞庭(二)176 号。1934 年 2 月中旬(农历年关)，巷东、巷西、巷南、巷北 4 个区的革命群众和游击队员共 200 来人，进入郭铃亮顺胜布店抢布。陈先查负责现场总指挥，洪宗涂率游击队员负责警戒出入后村的路线。在抢布过程中，受到民团一个连的截击。郭铃亮顺胜布店建于 1930 年，坐东朝西，建筑风格为一组三落大厝，建筑面积 440 平方米。

十一、新圩抢米斗争旧址

位于新圩镇新圩社区上市街 101、172—175 号。1934 年春，正当青黄不接之时，中共同安县委继续执行上级指令，同时为了解决粮荒，决定再次发动群众，哄抢新圩陈哐铿的源隆米店。指挥抢米斗争的是县委领导人陈先查、洪宗涂、陈剑鞋。此次斗争也因民团的埋伏追击而失败。源隆米店始建于清末民初，坐东朝西，前后两落大厝，建筑面积 286 平方米。

攻打马巷税契局、珩厝抢盐、后村抢布、新圩抢米，是中共同安县委(特支)在十九路军入闽“剿共”到“闽变”失败这个时期，发动、领导的4次大规模的群众斗争。

十二、彭德清沙美突围旧址

位于新店镇沙美社区鹊峰南侧。1936年4月26日傍晚，彭德清在共青团员彭畔和革命群众的掩护下，冲出叛徒易培祥和国民党莲河联保主任李其谅（洳江人）带领的“铲共义勇队”和“金南同剿匪训练班”几十个敌人的包围圈，脱离了险境。沙美六祧小阁楼建于清代，坐北朝南，建筑面积20.46平方米。

十三、大嶝田墘抗战时期金门县政府旧址

大嶝街道田墘社区清代红砖古厝民居建筑群在抗战时期作为国民党金门县政府、国民党金门县党部办公场所。现保存有金门县政府总部旧址、金门县政府分部旧址、金门县政府文书房旧址两处、金门县政府警察署旧址、金门县政府会议处旧址、金门县政府干部宿舍旧址、大嶝岛盐兵楼、国民党金门县党部旧址、国民党金门县党部书记处旧址、国民党金门县党部干部宿舍旧址等12处文物遗存，其中田墘北里124号为解放战争时期国民党大嶝乡公所。抗战时期金门县政府旧址发现以后，引起社会各方的广泛关注和重视，国家文物局将其列为第三次全国文物普查重要新发现。2009年11月16日，福建省人民政府公布其为第七批省级文物保护单位。

十四、锄山抗日武装斗争据点旧址

即内厝镇锄山村宋氏宗祠前的宋公铺老宅。1937年7月，黄永妙到锄山联络土地革命战争时期隐蔽下来的党员宋公铺，重建了锄山党支部。11月，中共锄山支部成立了锄山抗日民族解放先锋队，进行抗日活动。1941年12月28日，马巷侦缉队头目王伯皆、杨大鹏趁宋公铺和杨碧补办婚礼之机，率队夜袭宋宅，宋公铺冲出门外时被敌人用绳索绊倒，多处中弹牺牲，头颅被砍下悬挂在马巷大宫口电线杆顶示众3天。其弟宋代、宋温也相继被捕遇害。不久，黄永妙介绍党员苏深渊与宋公铺遗孀杨碧成亲，苏深渊以沙溪小学校

长身份为掩护，担任锄山党支部书记，继续坚持抗日活动。1945年8月，福建省保二团、保九团各两个中队兵力和晋江、南安、同安、安溪4县自卫队统一行动，又组织南同两县政务督导团进入边区配合"清剿"。8月5日，保九团第三大队大队长杨湧率两个中队兵力包围锄山，按名单拘拿共产党员和民族解放先锋队队员。8月20日，苏深渊在南安水头被捕，后在泉州牺牲。

十五、中共闽西南同安县工委活动据点旧址——澳头"我素庐"

位于新店镇澳头社区下海仔鱼塘边。1949年，中共闽西南同安县工委领导人彭金励、施金权与觉民小学校长蒋才培，教师苏敦厚、吕婷婷、蒋尊贤等，以"我素庐"为据点，在附近乡村开展地下革命活动。7月29日夜里，国民党第五军一个排兵分两路，包围、搜查"我素庐"，躲在楼顶的地下党员苏敦厚、蒋尊贤、蒋承志及学生迅速离开，转移到安全地方。"我素庐"和觉民小学校舍为新加坡侨领蒋骥甫于1934年同期兴建。"我素庐"坐南朝北，为中西合璧式二层建筑，占地面积262.16平方米，建筑面积524.2平方米。1939年，"我素庐"遭日军飞机大炮轰炸炮击，变得残破不全。

十六、围困莲浔盐兵旧址——东园欧式别墅

位于新（店）莲（河）公路新店镇东园社区路边。1949年，被国民党莲浔盐场占用。5月1日，中共金南同县工委出动游击队员和基本群众约2000人次，重点进攻前坂、霞浯盐兵，对困守东园欧式别墅的盐兵围而不攻，严防建筑物受到破坏，体现了党的侨务政策和文化政策。围攻莲浔盐兵的战斗持续七天六夜，时间之久、人数之多前所未有。此战使翔安地区变成"半个解放区"。这座二层红砖楼被建筑师誉为"同安最漂亮纯正的欧式别墅"，坐北朝南，建筑面积650多平方米。房主是新加坡华侨张煌爱、吴成花夫妇，吴成花于1947年携3.5千克黄金回乡建造一座欧式别墅和一座欧式小洋楼。

十七、中共闽西南同安县工委成立会议会址

位于马巷镇蔡浦社区中部。1949 年 5 月下旬，庄炳章代表厦门市工委在蔡浦村洪宗禀家召开会议，成立中共闽西南同安县工委，书记彭金励，组织委员林希圣(女)，宣传委员林多速，农工委员郑天海，青工委员洪宗禀。8 月下旬，闽西南同安县工委机关从蔡浦村移驻大帽山。洪宗禀这座旧居坐东朝西，建筑风格为小九架厝，建筑面积 226 平方米。

十八、陈先查烈士墓

位于马巷镇山亭社区南部村边路口。1935 年 2 月 21 日夜，中共同安县委组织委员、代理书记陈先查住宅被国民党同安县党部书记长曾文墨带领保安队 50 多人包围，陈先查在突围战斗中牺牲，年仅 24 岁。陈先查烈士墓为水泥方形弧顶墓冢，坐北朝南，占地面积约 100 平方米，墓冢前立有方锥形花岗岩墓碑，上镌楷书："陈先查烈士之墓"。陈先查烈士墓于 1991 年 11 月被同安县人民政府公布为同安县文物保护单位。

十九、后山岩烈士公墓

位于新店镇祥吴社区后山自然村后山岩山顶。后山岩烈士公墓修建于 1975 年，占地面积约 2300 平方米。殓放的是抗日战争和解放战争中为革命牺牲的烈士骨灰。建成后，陆续将吕塘坑陵埔、莲河、珩厝、东园、澳头、彭厝沿海一带单独或零星烈士墓迁葬于此。长眠于此的有解放军战士、游击队员陈乌沉、蔡仙查，支前船工梁大丁、陈莽橄等 48 位烈士。

二十、内厝烈士陵园

位于内厝镇许厝村东 0.5 千米后周山西坡。内厝烈士陵园修建于 1976 年，占地面积约 8000 平方米，殓放的是抗日战争时期和解放战争时期及 1958 年"八二三"炮击金门战役中牺牲的一等功臣

王帮德、韩福洲、叶英琪等 83 位烈士的遗骸。陵园修建后，将内厝机场原烈士墓园和东烧尾、黄厝、许厝周边单独或零星烈士墓迁葬于此。

二十一、大嶝后山烈士陵园

位于大嶝街道蟳窟社区后山顶。陵园修建于 1979 年，占地面积约 600 平方米。这里长眠着抗日战争时期和解放战争时期及 1958 年“八二三”炮击金门战役中牺牲的烈士，其中包括人民解放军指战员陈国星、民耀富等 51 位革命烈士和大嶝阳塘村支前船工张进兴、张松木等烈士。陵园修建后，将原葬于大嶝“三岛”单独或零星烈士墓迁葬于此。陵园于 2009 年 3 月被中共厦门市委、厦门市人民政府公布为厦门市爱国主义教育基地。

二十二、珩厝中国人民解放军烈士陵园

位于新店镇珩厝社区白头自然村东 50 米红墓亭。1949 年 10 月 9 日，驻扎在珩厝村的中国人民解放军第二十九军八十七师二五九团、第二十八军八十四师二五一团二营奉命解放大嶝岛。10 月 10 日，大嶝岛胜利解放。此役只花了 27 小时，歼敌 1200 余人，缴获大批美式武器，创金厦战役越海作战首战胜利。二五九团一营副营长王志美、一营机炮连连长周明仁、三连指导员李文达、四连连长张继松、七连连长贾中正、团直炮连副连长高振宝，二五一团二营五连连长黄连和等 300 余名英雄为解放大嶝岛献出了年轻的生命。大嶝岛战斗结束后，部队奉命转移，珩厝村民自发为烈士整容，就地掩埋。20 世纪 60 年代初，珩厝村规划、平整土地，在战壕旧址拾取烈士遗骨，改葬在村外大樟树下。1978 年，珩厝村民集资建“解放军庙”。2001 年 9 月 27 日，建为陵园，在陵园东南角竖立 3 名解放军战士的雕像，基座上刻着“解放大嶝岛光荣牺牲的革命烈士”，雕像坐北朝南，面对大嶝“三岛”，与金门岛隔海相望。

第二节　纪念室

一、彭德清纪念室

位于原松山小学教室。2002年4月辟为彭德清纪念室，现为省级革命教育基地。纪念室是在同安区各相关部门、彭厝村和彭德清将军的夫人吴璇以及很多同志的共同努力下完成的，是为缅怀彭德清将军的丰功伟绩，宣传彭德清将军的革命精神，使之成为爱国主义教育和国防教育基地而设立的。纪念室陈列了介绍彭德清将军生平事迹的资料、116幅鲜为人知的珍贵图片和50多件文物，同时附设小型图书室兼《大海之子——彭德清》电视片放映室。2018年，彭德清纪念室改造升级。

二、“红色沙美”纪念室

位于新店镇沙美社区居委会边的原侨建沙美学校教室内。2014年10月25日，在翔安区委、区政府的大力支持下，沙美社区利用原侨建沙美学校教室创办了“红色沙美”纪念室，以纪念沙美学校建校100周年暨沙美农民协会建会88周年。纪念室只有65平方米，可谓“小而精”，分为“红色足迹”“红色土地”“建校百年”三个展室，简明扼要地展示了沙美革命老区基点村的历史事迹，再现了沙美村新民主主义革命时期共产党员和革命群众留下的革命传统和精神财富。

第六章 70年的翔安老区建设

新中国成立后，走社会主义道路是中国近代历史发展的必然结果，是中国人民历史的选择。新中国成立后29年的翔安老区历史，是中共翔安地方组织领导翔安人民取得巨大成就的历史。其间，在翔安地区建立了人民民主政权和实现了向社会主义过渡，翔安社会主义建设在探索中曲折发展，经历了“文化大革命”的十年动乱，党的十一届三中全会以后实现了伟大的历史性转折。当初，国际环境复杂和经济基础凋敝，现代化建设经验欠缺以及人才匮乏，传统政治文化中某些负面因素存在着巨大的影响。虽然有失误，但那是探索中的失误，是由于没有经验而犯的错误。各级党、政班子一贯十分重视老区工作，特别是自1978年以来，制定了一系列优惠政策和扶持措施，拨出大量资金，在省革命老根据地建设委员会和市老促会的指导、帮助下，翔安老区人民发扬自力更生、艰苦奋斗的精神，以锐意进取、奋发图强的姿态取得一个又一个胜利，不仅在医治战争创伤、重建家园、恢复和发展生产上，而且在改革开放、实施跨岛发展战略方面，无不取得丰硕的成果。

第一节 改革开放前的老区建设

一、开展整风建党工作，发展壮大乡村党团组织

新中国成立后，翔安和全国各地一样，面临着帝国主义侵略的威胁和国内国民党残余军队的负隅顽抗，特务、土匪也威胁着新生

的人民政权。只有加强民主和法制建设,巩固基层人民政权,才能赢得一个建设社会主义的和平环境。巩固人民政权,废除地主阶级封建剥削的土地制度,实行土地农民所有的制度,借以解放农村生产力,恢复、发展农业生产,重建家园,迫在眉睫。建立老区乡、村基层党组织,才能带领老区人民尽快摆脱国民党留下的贫穷落后、千疮百孔的烂摊子,为建设社会主义经济和各项事业奠定基础。

同安县人民政府成立伊始,就立即废除旧社会保甲制度,随后派出工作队,筹建区委、区公所。11 月上旬,翔安境内设有第五区(驻马巷)、第六区(驻曾厝)、第四区(驻布塘)区公所和区委,同时建立区机关党支部。全县至 12 月共建立 11 个党支部(党小组),党员 189 人。莲河、霞浯乡属南安县第十一区,大嶝、小嶝、角屿三岛属金门县,由南安县代管。

为了加强党的领导,尽快建立和发展老区乡、村基层党组织,中共同安县委于 1952 年上半年,抽调县、区机关党员干部 74 人(县直机关 34 人,区直机关 40 人),分别在瑶头村和县城开展整风运动,进行党员八项条件的教育,以提高党员的思想觉悟。同年 7 月,县委根据中共中央关于整风建党的指示和晋江地委的要求,成立训练委员会建党办公室,拟定训练计划和发展党员规划。从 8 月开始,分别在石浔村、小西门等地开办 6 期农村基层干部积极分子训练班,参加学习的区、乡干部和农村基层积极分子达 1461 人。在学习期间共发展党员 153 人,其中农村先后建立 8 个党支部。至 1953 年 3 月共建立 24 个党支部,有党员 319 人,大部分系老区乡、基点村。

1955 年,根据省委关于“凡没有支部的乡都应进行党建,凡没有党员的合作社都应发展党员,并争取在合作社建立党小组”的指示精神,县委把农村基层党建工作摆上重要议事日程。1956 年,翔安境内老区村有 59 个党支部,党员 691 人。1966 年“文化大革命”开始前,境内共有党员 1425 人。1976 年,翔安境内老区村有 81 个党支部,党员 2224 人。1999 年,翔安境内老区村有 120 个党支部,党员 4490 人。2015 年,翔安境内共有基层党组织 640 个,党员

14963 人。

在各级党委的领导下，老区乡、村党组织带领老区人民胜利完成了农业社会主义改造，发展农业生产，保障人民群众基本生活权益等，充分发挥了党组织的核心作用和党员的先锋模范作用。

“文化大革命”开始后，境内党员基本停止组织生活。1969 年后，开展整党、建党工作，绝大部分党员恢复党的组织生活。1971 年 9 月，组织党员参加“批林整风”运动。

为了培养锻炼一支党的后备力量，发挥共青团员助手和后备军的作用，1951 年老区乡、村都有共青团组织。共青团员在土地改革、镇压反革命运动中都发挥了积极作用；在社会主义革命和建设时期，又发挥了青年突击队作用。他们中的优秀分子一批又一批加入党组织，为党输入新鲜血液，推进党组织不断发展壮大。

1956 年，翔安境内老区村有 64 个团支部（新圩未统计），团员 1774 人（新圩未统计）。1976 年，翔安境内老区村有 83 个团支部（新圩未统计），团员 3713 人（新圩未统计）。1986 年，翔安境内老区村有 104 个团支部，团员 5536 人。1999 年，翔安境内老区村有 148 个团支部，团员 8024 人。2015 年，翔安区共有基层团组织 413 个，团员 5420 人。

1949 年底，县、区政府派出工作队，分别到老区乡、村，发动和组织农民，建立以贫雇农为骨干，吸收中农参加的农民协会组织。至 1950 年 7 月，全县已有 128 个乡、875 个村建立农民协会，有会员 26174 人，老区乡村占一半左右。同年底，召开县第一次农民代表大会，成立县农民协会，使老区乡、村的农民协会组织更加健全，农会在征粮、减租、退押、剿匪、反霸和土地改革中起着骨干作用。从 1952 年起，由于农村基层政权建设逐步完善和巩固，农会活动相应减少。1954 年 6 月成立县委合作部以后，撤销了县农民协会，乡、村农民协会亦随之撤销。

二、建立区乡民主政权，人民当家做主

1949 年 9 月，县政府刚建立，为了安定社会秩序，完成各项工作

任务，暂以原保甲制为基础，将全县划为7个区，辖150保。

建立区(乡)民主政权。1950年6月至12月，中共福建省委和省人民政府先后发布《关于废除保甲制度、建立乡村人民民主政权的指示》《关于结合土改加强民主政权工作的指示》，要求完成土改的地区，普遍建立乡人民代表会议与乡人民政府委员会。县、区派出工作队，深入到乡村，组织农会，开展土地改革、剿匪、反霸等革命运动。在此基础上，召开乡、村人民代表大会，选举、组成新的乡、镇(街)人民政府。至1951年3月，老区乡、村民主政权建立工作宣告完成，全县7区2镇先后组建139个乡、91个街道，其中老区乡23个(含41个基点村)。同时废除了国民党政府遗留下来的150保、2325甲的保甲制度。

乡、镇人民政府人员设置，按照《福建省人民政府试行组织条例》规定，设置乡(镇)长1人，副乡(镇)长2人，委员若干人，均由乡(镇)人民代表会议选举，报县批准任免。乡镇人民政府视工作需要，设置民政、财粮、文教、生产、调解、公安、武装等委员会。委员会主任委员均由乡镇人民政府委员兼任，副主任委员和委员由人民代表或人民中积极分子充任，由乡镇人民政府委员会决定设文书、会计等各1名。乡镇人民政府委员，每乡(镇)可定3至4人为半脱产干部(即由政府补贴)，其余均为不脱产干部。乡镇以下不设行政机构，由乡镇人民政府委员分工到村领导。

乡镇人民政府职权是：执行上级政府的决议、命令，实施乡镇人民代表会议通过并经上级人民政府批准的决议；领导和检查乡镇各部门的工作；向上级政府反映本乡镇人民的意见和要求，并提出革新意见。

从1950年至1958年秋，境内基层民主政权一直为区(乡)政权。老区乡镇民主政权对于农村胜利地完成农业社会主义改造，走集体化道路，保障人民群众基本权益等发挥了很大的作用。

实行政社合一。1958年，在全国“大跃进”形势下，全县基层民主政权发生了变化，下半年开始建立了人民公社，下辖生产大队。至1959年2月，共建立7个公社，境内有马巷、新店、布塘(一部分)、汀溪(一部分)。

人民公社是农村农、林、牧、副、渔,工、农、商、学、兵的综合体。它既是基层政权组织,又是集体经济组织的“政社合一”体制。

人民公社设社长 1 人,副社长 1 至 2 人,均由代表选举产生,报县批准任命。公社设办公室和社队企业办、农林牧副渔、财贸、文教卫生、生活福利、人民武装、公安保卫,以及共青团、妇联、科研等部门或委员会。

在建立人民公社的同时,将原来的村,改为生产大队,村民小组改为生产队。生产大队设大队长、副大队长和民兵营长、妇女主任、共青团支部书记、治安、文教、财粮和文书、会计等干部,3 至 5 人为半脱产,其余均不脱产,开会或因公误工,实行定额补贴工分。生产队设正、副队长和会计、出纳、保管、记工、监称各 1 人,均不脱产,开会或因公误工,实行定额补贴工分。

“政社合一”的人民公社,从 1958 年秋起至 1984 年止,一直是农村的基层民主政权组织。人民公社全称是:1958 年至 1968 年称“人民公社管理委员会”;1969 年至 1979 年 10 月改称“人民公社革命委员会”;1979 年 10 月至 1984 年又复称“人民公社管理委员会”。在这 25 年中,人民公社的体制、范围规模虽然做过多次调整与变动,但基本上是稳定的。

1960 年 11 月,根据中共中央《关于农村人民公社当前政策问题的紧急指示》(即“十二条”)的规定,各公社基本实行二级所有、队为基础,并允许社员经营少量自留地和家庭副业。公社的规模也按照有利生产、便于生活、方便管理的原则进行调整。1961 年 9 月全县调整为 20 个小公社。1964 年 4 月全县调整为 12 个公社,境内有马巷、新店、新圩、巷东、东坑 5 个公社。1969 年 2 月,撤销东坑公社建制,所辖大队分别并入马巷、新店公社。1971 年 3 月,原南安县管辖的大嶝公社划归同安县,石井公社的莲河、霞浯两个大队划归新店公社。

三、关怀老区人民，恢复发展生产

翔安，地处海防前线，风头水尾，土地贫瘠，交通闭塞。十年九旱，风灾不断，旱情频繁，历来广种薄收。老区在革命斗争中，因受国民党反动派“围剿”，生产遭到严重破坏，老区人民生活贫困。党和政府非常关心老区人民，生活上帮助解决困难，生产上予以扶持，带领老区人民，走集体化道路，发挥集体力量，因地制宜，发展农村经济。

从 1950 年起，对老区人民拨给专项救济款。为了解老区人民生活、生产情况，1952 年 12 月 6 日至 7 日、1953 年 4 月 21 日、1955 年 9 月 26 日至 30 日，县政府先后 3 次召开老区代表座谈会。县领导传达省府、专署对老区工作的有关指示精神；会上交流和介绍老区斗争的情况，汇报老区人民生活、生产情况，讨论老区工作取得的成绩和扶持老区生产、救济、急需解决的问题；县委领导做同安县老区简况和老区工作总结；民政科长做会议总结和今后老区工作意见的报告；并决定对鳏、寡、孤、残的对象予以减免缴交公粮。

1950 年 4 月 23 日，同安县人民政府指示各区乡“动员群众在春耕时期为烈军属代耕田地并鼓励帮助荣军生产”，以保证烈军属生活不低于一般群众的水平，代耕对象是贫苦而又缺乏劳力的烈军属。第五区有烈军属 30 户，代耕方式有大包耕、小包耕、工票制、临时派工制；第六区有烈军属 90 户，实现了代耕土地 529.4 亩。

1950 年 12 月，翔安地区开展第一期土地改革，至 1952 年 7 月，完成土地改革，把占农村总户数约 3％却占有总土地面积 23％左右的地主的土地，除留给他们自耕外，大部分分配给贫雇农，建立农民土地所有制。欧厝村渔民自愿合股成立以海蚝为主的运销组织“渔业合作社”。

1951 年 5 月至 7 月，第五区后村乡发动群众，以工代赈，修建围垦工程，堤长 300 米，围垦面积 53.33 公顷。同年冬，马巷黎安村试办农业互助组，至 1954 年，翔安有常年互助组 484 个，参加人数 18661 人。

1952年4月至年底,翔安先后设立新店、珩厝、曾林、马巷、后埔、新圩等基层供销社,各基层社下设若干供应点,隶同安县供销合作总社。9月11日,马巷召开物资交流大会,坐商2401人、行商60人、摊贩759人、农户26135人参加。此为翔安首次农村物资交流大会。新中国成立后的三年里,翔安顺利地恢复经济和各项民主改革。

到1952年底,全面恢复了遭到严重破坏的国民经济,并开始执行第一个"五年计划"和对生产资料私有制的社会主义改造。1955年12月初,黎安乡试办高级农业社,翌年春,翔安普遍建立高级农业社。到1956年,对农业、手工业和资本主义工商业的社会主义改造基本完成,社会主义基本制度在翔安地区建立起来。"一五"计划的执行情况,总体来说,实绩良好。从此,翔安地区实现了从半殖民地半封建社会到人民当家做主的新社会,从新民主主义革命到社会主义建设的两个历史性转变。

1953年,翔安推广水稻单季改双季、间作改连作、合理小株密植、合式秧田育秧和防治病虫害技术。是年底,翔安试办初级社;渔村成立13个互助组,至1956年,渔区实现合作化;9月,马巷区成立农业技术推广站,为翔安首个农业技术推广站。

1953年,成立同安县老根据地建设委员会办公室,合在县民政科办公。"文化大革命"期间被撤销。

1950年至1958年,全县发放老区救济款53180.13元(1955年以前均折合新币)、衣物救济折款476元、救济粮20000斤、公粮减免89275斤。1955年5月,抚恤八区、十区(均在翔安地区)烈士、老革命者265元,另给山亭乡200元、祥湖乡150元、沙美乡80.26元、彭厝乡后墩村300元解决修筑水利设施中的困难户。1955年10月,给予沿海老区特殊困难人群补助1067.9元。1956年6月,追恤马巷区山亭乡烈士陈先查450元,山亭乡烈士陈玉祥180元,沙溪乡烈士宋温180元,海滨乡烈士方风林150元。是年,给老区群众修房屋11间,1957年建15间、修24间。1958年给2个区11个乡的个体农民、互助组、农业社的银行和信用社贷款共164641.75元。

1955 年 8 月兴建莲塘东湖水库，12 月竣工。是年 12 月中旬开始，参加中型水库汀溪水库的建设，半年后正式放水，总长 300 千米的支渠，灌溉区覆盖翔安境内 85 个老区村。1957 年，新圩兴建古宅和曾溪两个小型水库，灌溉面积近 12 亩。根据《同安县志》记载："同禾、民安、翔风三里，田不足十顷，唯地瓜遍地皆种，比户皆食，间有不知稻谷之味者。"汀溪水库通水后，翔安境内灌溉条件起了基本变化，吃大米饭不再稀罕。

1957 年，晋江专署、同安县政府两次组成工作队，深入 363 个自然村访问，通过调查，追认老区烈士 7 人，发现错案 6 起、党籍悬案 6 人，交给有关部门处理。

1957 年，翔安开展首次山林普查，山林面积 2940 公顷，活立木蓄积量约 6500 立方米。"沙溪七里口，无风沙自走"是巷东老区遭受风沙危害的真实写照。据载，在解放前，沙溪一带十几个自然村因受风沙危害，700 多间房屋倒塌，2000 多亩良田被淹没。1959 年 2 月，马巷公社营造巷东农田防护林网，保护农田 29414 亩，1965 年粮食单产跨《纲要》。60 年代，开始营造沿海防护林，其中大嶝、新店营造 1300 多亩。

1958 年 1 月，在东园村成立同安盐场管理处。至 1962 年，管理境内盐田总面积 35898.68 公亩。地方国营新圩糖厂建成投产。8 月，境内民兵、民工 2310 人次参与"八二三"炮战严惩美蒋活动。境内各系统召开"大跃进"誓师大会，开展"全民大炼钢铁"运动。马巷织布厂试制出 56 种新产品获奖。9 月 10 日，同安县合并国营大帽山农场和新圩、果园(五显)、洪塘 3 个乡，试办全县第一个农村人民公社。随后，境内又成立了马巷、新店两个公社。是年，境内抽调农村劳力 7200 人支援工业"大跃进"。境内从大连引进海带苗试养成功。人民公社化和"大跃进"运动中的"左"倾错误给社会主义建设带来了不应有的损失。

1958 年 3 月，县委、县政府成立同安县血吸虫病防治 5 人领导小组，县委书记、县长亲自挂帅、指导，县防疫站成立血吸虫病防治小组，组成 48 人的医疗队伍，深入到流行地区的巷东、新圩和大帽山农场的锄山、村尾、凤路、东寮、诗坂、帽山、埔顶等老区村，进行查螺灭螺和防治。这些地区曾流传“溪仔墘、六角井，黄枝脚、蜘蛛肚，会吃饭、袂（不会）走路”的民谣。至1959年，群众性突击灭螺77次，为消灭血吸虫病夯实了基础。

1959年7月，全省花生丰产现场会在马巷召开，参观黎安大队花生大面积丰产实况。是年，抗击3次台风洪灾、两次干旱，地方政府累计给境内各公社拨款21.3万元。进入三年经济困难时期，粮油严重不足，实行“瓜菜代、低标准”措施。

1960年5月下旬，确定农历每月逢一、四、七日为新圩市场圩日；农历每月逢三、六、九日为马巷市场圩日。12月，贯彻中央“调整、巩固、充实、提高”八字方针，至1964年，经济调整任务完成。

1961年1月，召开县第七届烈军属、复退军人、老区群众积极分子代表大会，翔安地区9名参加过地下活动的人员受到表彰。

1963年，欧厝从福州首次引进大围缯船，境内渔船开始机械化。8月6日，开展一年的面上清思想、清政治、清经济、清组织的“四清”运动。12月，东坑围垦工程动工，1966年4月竣工，围垦面积1.34万亩，为同安县首个万亩围垦工程。

1964年2月开始，境内开展“农业学大寨”群众运动。农田水利基本建设典型现场会在马巷公社西炉大队召开，推动全县农改田4666.67公顷。建立县社队三级良种繁育体系。

1965年10月至1966年6月，全县进行社教运动，产生了不少消极影响，最终被“文化大革命”运动所替代。1967年2月，境内各公社党政领导机构被“造反派”夺权，对社会秩序和生产建设造成巨大的破坏。1968年10月，境内各公社成立革命委员会。

1969年10月至1974年5月，1975年12月至1979年12月，新店公社分别建成张埭桥水库和西岩水库。各公社和大帽山农场建成20个小（二）型水库，开挖大井200多眼，大大改善农业生产条件，有效灌溉面积占耕地面积的80%。

1976年8月，境内各公社建立健全四级农业科学实验网，生产队普遍建立种子田、试验田、丰产田。与1966年相比，复种指数由

195.25%提高到233.66%,提高38.41%;粮食单产由168千克提高到213.5千克,增长27.1%。“文化大革命”期间,个体、私营经济被当作资本主义尾巴割除,经济发展缓慢。

1977年9月,境内开展“一批”(揭批江青反革命集团)、“两打”(打击贪污盗窃和投机倒把)、“三整顿”(整党、整风、整顿社会秩序)运动。是年,全国紫菜生产现场会在大嶝召开。

新中国成立后,县人民政府接管了国民党统治下的旧学校、医院,收回了被帝国主义侵占的教育、卫生主权,建立起人民的教育、卫生事业。经过多年的努力,老区人民教育和卫生事业得到很大的发展,取得了巨大的成就,提高了老区人民的文化素质,而且为老区培养了一大批各类专业人才。

1950年,县政府组织中小学复课,同时大力创办冬学、民校,组织老区男女青年学习文化,扫除青壮年文盲,大大推进老区教育事业的发展。至1953年,老区村99%办起小学。到20世纪50年代末,老区乡(镇)、村实现了村有小学,乡(镇)有中心小学,解决了偏远老区村初级小学进高小读书的需要,大大提高了适龄儿童入学普及率。1960年,境内老区村小学达73所,学生数达9793人。1954年,接收私立舫山中学改为同安县第二中学。1958年,同安二中成为完全中学,新圩、新店创办同安四中、五中,还创办了农业、林业、水产、卫生各类半工半读技术学校。同时,大力扫除文盲现象,发展民办文化馆、文化站、俱乐部、业余剧团,大搞民歌、戏剧等创作。

新中国成立前,偏远老区缺医少药,卫生环境不良,地方性疾病流行,田园荒芜,民不聊生,有的村庄出现“十室九空”的悲惨景象。1949年的前10年,人口出生率13.06%,死亡率却达18.6%。1950年10月,成立县防疫委员会,开展卫生防疫工作。1952年4月起,群众性地开展灭蝇、灭蚊、灭蚤、灭鼠活动,20世纪50年代基本实现“七化”,即环境整洁化、猪牛有栏化、鸡鸭有圈化、水沟流水化、厕所无害化、空地生产化、垃圾肥料化,老区人民的卫生水平和健康有了很大提高。

第二节　改革开放后至建区前的老区建设

一、建立乡镇人民政府和村民委员会，进行农业生产责任制的改革

1980年10月，根据《中共中央关于印发进一步加强和完善农业生产责任制的几个问题的通知》，境内农村开始实行联产承包责任制，有专业承包、包产到组、包产到户、部分包部分统、统一经营等10种形式。

1982年，宪法规定农村人民公社要改变政社合一的体制，建立乡镇人民政府和村民委员会。1984年底，境内共建立新店、后滨、新圩、内厝、大嶝5个乡和马巷镇人民政府。1987年后滨撤乡并入马巷镇。至1991年底，乡全部改为镇。

1984年，政社分开建立乡镇人民政府后，农村以原来的生产大队为基础，建立村民委员会，以原来的生产队或以自然村建立村民小组。村委会的建立标志着农村基层组织管理体制的重大改革。

根据《中华人民共和国村民委员会组织法》，村民委员会实行村民自治，自我管理，自我教育，自我服务。村委会设主任1人，副主任1至3人，委员若干人，均由村民直接选举产生。村委会设人民调解、治安保卫、公共卫生等委员会，由村委会成员分工负责有关工作。村委会的主要任务是：办理本村公共事务和公益事务；调解民事纠纷；协助维护社会秩序；向乡镇人民政府反映村民的意见、要求和提出建议。老区村坚持民主自治的原则，以村党支部为核心，指导团、妇等部门，共同依法开展村级各项工作。

按照选举程序，依法民主选举。为做好村委会的选举工作，充分发动群众提出候选人，并采取预选方式，引入竞争机制确定正式候选人，直接、差额、无记名投票选出既能为群众服务，又能带领群众致富的村委会干部。至2018年，推行村（居）党委（总支、支部）书

记、村(居)民委员会主任"一肩挑",境内达到45%。

建立村(居)民代表会议制度,民主决策村(居)重大问题。村(居)民委员会是由各村(居)民小组组成,村(居)民多,规模较大,要决定村(居)重大问题较难召集。于是建立村(居)民代表会议制度,对村(居)委会提交村(居)民代表会议决议的重大问题进行讨论、决定。如村(居)委会提留的集体收入的收缴和使用、土地承包、宅基地使用、村(居)办公益事业等等。这样既体了现民主决策,又符合村(居)民利益。

制定自治章程和村(社)规民约,进行自我管理。村(居)委会依据党在农村的方针政策和国家的法律法规,结合本村(居)实际,制定村(居)民自治章程和村规民约。让村(居)民和干部自我约束、自我教育、自我管理,促进了农村基层的政治稳定、社会稳定、经济繁荣和社会发展。

公开财务,加强民主监督。内容包括财务收支、干部补贴、计划生育指标安排、宅基地安排、项目承包、土地征用补偿费等等,以各种形式公开公布。如公布栏、会议、短信、广播等,广泛收集和听取村(居)民意见,召开村(居)党委(总支、支部)会议、村(居)委会会议、村(居)民代表会议进行讨论、审查,然后向村(居)民公开公布。对公开的所有资料、会议记录、制度建设进行归档。通过公开村务,大大增强了村(居)委会工作的透明度和可信度,促进党风和廉政建设,进一步密切了党群、干群关系。

抓好村(居)民小组建设,深化村(居)民自治工作。村(居)民小组是直接受村(居)委会的领导,实行村(居)民自治的最基层单位,是农村各项工作的落脚点。一是宣传贯彻党在农村各项工作的具体体现,如计划生育、征兵、税收;二是维护社会治安、调解民事纠纷、拥军优属、扶贫济困、发展公益事业和办好公共事务;三是发展集体生产,建立和完善社会化生产服务体系。总之,村(居)民小组建设好,农村经济就发展,社会就稳定,文明建设就能取得丰硕的成果。

老区村(居)委会发扬革命传统,在社会主义现代化建设新时期，认真宣传贯彻党的路线方针政策，维护国家的法律法规，密切与老区人民的联系，极大地调动了群众生产积极性，解放了农村生产力，推动了农业发展，特别是家庭联产承包责任制是在土地公有制的基础上，把土地长期承包给各家各户使用，实行分户经营、自负盈亏，使农民获得生产和分配的自主权，克服了以往分配中的平均主义，经营管理上的过于集中和单一方式。另一方面，带领群众拓宽农林牧副渔全面发展的路子，推进农村改革向专业化、商品化、社会化方向发展，为农村致富和实现现代化开辟了一条新路。在习近平的跨岛发展战略思想的指引下，村（居）委会加强农村社会主义文明建设，推进社会各项工作全面进步，带领老区人民全面振兴乡村。

二、认定“五老”和核实老区乡村，恢复其光辉形象

从 1976 年 10 月粉碎“四人帮”到 1978 年底党的十一届三中全会召开，是党和国家逐步扭转“文化大革命”造成的混乱局面，实现历史性转折，开辟社会主义事业发展新时期的重要阶段。境内各级党组织按照党中央和省、市、县委的部署，积极开展揭发批判“四人帮”的斗争，清查他们在境内的帮派体系，对“文化大革命”造成的混乱进行拨乱反正。接着，开展对“真理标准问题”的大讨论，宣传安定团结的大好形势和把工作重点转移到“四个现代化”建设上来，推动经济建设和各项建设事业逐步走上正轨，为实现历史性转折准备必要的条件，也为解决“地下党”问题、认定“五老”和核实老区乡村准备必要的条件。

1982 年，为了贯彻中央和省委关于公正地解决好“地下党”问题的指示精神，县委 78 号文提出“关于处理‘地下党’问题的工作意见”。在县委直接领导下，首先抽调人员成立专门机构，由闽中地下党领导人、闽西南地下党人员、民政局和老区办领导等 6 人组成“五老”人员认定小组，各乡（镇）相应成立领导小组，县、乡（镇）共有 160 多人投入此项工作。然后召开各种类型会议，反复宣传处理地下党历史遗留问题，认定“五老”人员的重大意义。

1985 年，县“五老”认定领导小组按照市民政局《关于“五老”的

认定办法》,认定老地下党员、老游击队员、老接头户、老交通员、老苏区乡干部和老赤卫队员。条件尚不够“五老”条件者,称“革命群众”;凡离退休及脱产干部,不必参加审定;对已故人员不列入审定;已出国和已定居港台者,暂不列入审定范围;凡叛变、出卖同志,损害革命利益者,或解放后因犯罪判刑迄今未平反纠正者,不予认定。

经1985年、1988年、1990年3批认定,翔安地区“五老”人员合计908人。通过对“五老”人员的认定工作,从政治上恢复了他们的荣誉,从生产上扶持他们发展生产,走共同富裕的道路。使他们感谢党的英明决策,树立老区人民的光荣感。激发他们坚定不移地走社会主义道路的决心和信念。

核实老区乡村,恢复其光辉形象。翔安地区党的地下活动具有“星火早燃,红旗不倒”的光荣历史。早在国共合作的大革命时期,就在马巷建立中共同安特别支部,至解放战争末期,地下党和游击队已能公开或半公开地活动。县档案馆虽有部分基点村名单,但没有记载史迹,也未经办理认定审批手续,加上区划及名称多变,造成混淆不清。因此,根据史实对革命老区乡(镇)村进一步核实,势在必行。

1985年,根据福建省革命老根据地建设委员会办公室文件《关于进一步核实革命老根据地乡村的通知》精神,县老区办在地下党办、党史办配合下,进行调查核实,以1953年晋江地区同安基点村名册为基础,配合各乡(镇)深入各村调查核实,召开“五老”及有关老同志座谈会进行回忆,搜集材料,开展查证。而后根据史实,由村提出申请,经乡(镇)政府签署意见,并经知情的地下党老同志共同审议同意后,由县老区办负责办理报批手续。1987年4月14日、1988年6月18日,县政府公布老区乡(镇)7个、基点村105个,其中翔安地区5个乡(镇)、80个村(后因行政村析置,老区村数量增加至82个),分别占71.43%、78.1%。

三、心系老区人民,促进老区经济发展

1979年元旦,国防部长徐向前关于停止对大小金门的炮击的声明和全国人大常委会委员长叶剑英《告台湾同胞书》同日发布,境

内沿海与大小金门的军事对峙局势开始缓和。两岸停止炮击和调动一切积极因素，使翔安社会主义建设的环境由两岸对峙向两岸"三通"好的方面发展。境内开始对地主、富农、反革命分子、坏分子这"四类分子"评审摘帽，经考察后给予摘帽，恢复公民权利。

1980年，境内开展农村，特别是老区的扶贫活动。长毛对虾在大嶝田墘试养成功。大嶝、新店、马巷等沿海老区镇根据海涂宽广、渔业资源丰富的特点，大抓对虾养殖业。

1981年3月，省政府批准刘五店港为外贸港澳航线的起运码头；9月27日，"长征7号"轮船装载食盐、蔬菜、药材等物资由刘五店港首航香港。

1983年1月，大嶝岛10千伏跨海输电线路竣工，岛民首次用上大陆输送的电源。6月15日，境内社队企业开始实行经营承包责任制，社队企业异军突起。接着，国有和县办集体企业开始实行劳动合同制用工。

1984年，马巷镇被列为福建省首批13个工业重点卫星镇之一。

1984年，县委、县政府恢复同安县老根据地建设委员会，下设办公室，配备专职干部，与民政局合署办公，使老区工作得到恢复，正常运转。

1985年2月，同安被批准为沿海经济开放县。

1985年以来，县老区办认真宣传贯彻省政府《关于开展革命老根据地两个文明建设的决议》精神，省老区办每年度都拨出固定的扶建资金，扶持老区村经济建设。1985年度至1997年度，有偿扶持境内老区建设资金35.31万元；1985年度至1999年度，无偿扶持境内老区建设资金13.265万元。1985年11月20日，境内普查革命"五老"人员。

大嶝岛、小嶝岛和角屿岛三座岛屿，俗称"三岛"，原属金门县管辖，解放后由泉州市南安县代管，1971年3月正式划归厦门市同安县管辖。在1958年"八二三"对金门炮战中，地处对敌斗争最前沿的三岛人民边参加生产建设，边参加支前炮战，为夺取战斗胜利立下赫赫战功，被国务院授予"英雄三岛"称号。搞好"三岛"的生产建设,意义重大。习近平同志在厦工作期间,非常重视“三岛”的建设发展。并于1986年1月6日、3月20日两次到偏远的“三岛”调查研究、指导工作。

习近平同志指出:“搞好三岛建设不仅具有经济意义,而且具有重要的政治意义。”“三岛”与金门一水之隔,彼此信息灵通,加强“三岛”建设等于两岸社会制度在比较、在竞争。县委、县政府要加强对“三岛”的领导,市各部门要密切配合,积极支持帮助“三岛”人民,使“三岛”尽快脱贫致富,建成社会主义祖国的一个窗口。

在1月6日调研中,习近平同志提出了帮助“三岛”发展生产的“10条具体措施”,并且说“今后我们还会来,还要来检查增强‘三岛’造血功能措施的落实情况”。

3月20日,习近平同志再次来到“三岛”,讲了三点意见:一是对“三岛”建设要抓落实,办事要办得有头有尾,建设项目资金要落实好、管好、信誉好,要用在发展生产、增强造血功能上;二是“三岛”不光要落实好资金,更重要的是要有一个长远规划;三是“三岛”要办一些企业,能办些什么企业,要很好地研究。

1986年、1987年,县委、县政府贯彻落实习近平同志到“三岛”调研时的指示精神和福建省委《关于尽快帮助贫困地区脱贫致富的决定》《关于加快老、少、边、岛贫困地区脱贫致富的步伐的决议》精神,把扶贫工作摆上中心工作位置,采取了积极的措施,全面扶持老区村和贫困村、贫困户,走脱贫致富的道路。

1986年3月,由县委办、农委、农业局和民政局等部门联合,先后对老区贫困村及边远山区村进行生产、生活和经济情况调查研究,确定山区内厝乡锄山村、半山区新圩乡后埔、后亭、村尾、金柄村为扶贫重点村,扶贫工作队员进驻5个贫困村和大嶝老区乡,协助开展脱贫工作。各有关部门在扶贫工作中密切配合,采取有力措施和灵活变通的办法,疏通渠道,为贫困老区乡村办实事。民政部门为大嶝乡发放扶持款5万元,帮助贫困户发展海产养殖业;给老区乡村五保户、贫困户、痴呆傻和精神病者实行定期定量救济。财政部门下拨贴息和支农周转金帮助老区贫困村发展生产,减免农业税、特产税，增加老区村干部50%补贴。教育部门补贴经费帮助老区贫困村修建小学校舍。交通部门拨款修建老区村公路。卫生部门改造饮水，给部分老区村安装了自来水。粮食部门为老区村供应平价混合饲料和优惠价大米。

1986年8月重新成立同安县扶贫领导小组，由一名副县长任组长，人武部长、农委主任任副组长，有关部门的领导为成员，下设办公室，由民政局局长任主任。有关乡、村也相应成立领导机构。做到层层加强领导，使扶贫工作做到乡有规划、村有计划、户有安排，落到实处。扶贫先扶志，在加强政治思想教育的前提下，建立了各种形式的包户扶贫责任制，实行定扶贫对象、定扶贫措施、定脱贫目标，包思想、包技术、包解决困难的"三定三包"。

1987年11月，新店镇被列为福建省第二批工业重点卫星镇之一。

1988年5月起，同安县生猪、水产品、鲜蛋价格放开，标志着物资极大地丰富。

1989年9月25日，马巷镇山亭村养虾能手、全国劳动模范、昔日的交通员陈珍贤赴京参加表彰大会，并参加国庆40周年庆典，受到邓小平的接见。后又赴湛江参加全国对虾增产稳产科学交流会并作发言。

1990年1月16日，福建省春节老区慰问团副团长凌青、王一士一行9人，莅临同安县慰问老区人民，举行座谈会、电影晚会。市委书记王建双、县五套班子领导成员和"五老"特邀代表出席会议。凌青、王一士同志充分肯定同安老区的历史地位和几年来老区工作的成绩，表示要请省老区办给予同安与安(溪)南(安)永(春)老游击区同样的地位，不能只讲大块老区，小块老区也应给予适当的照顾。同安老区是老区的"特区"，多年来受到忽视，每年只分配到5万元的扶持款，还不及别的老区一个基点村的扶持款数。慰问团通过座谈、视察、访问，耳闻目睹"五老"人员社会现状，语重心长地指出：同安有"五老"人员1000多人，没有一个享受定期补助，这些人都在花甲之年，生活上遇到很大的困难，而且年迈人数日益激增，"五老"人员逐年减少，如不关心他们，就无法向老区人民、向历史交代，希望各级政府应关心“五老”人员的生活，核定补助经费。

在市委、县委的重视下，市、县政府特拨专款，首先对20世纪30年代参加地下活动的54位“五老”人员进行定期补助，从1990年7月起，每月每人30元。从1996年10月起，逐年提高定补。截至1999年底，健在的674名“五老”人员，城镇每月每人300元；农村每月每人130元，个别无依无靠的160元。每逢过年过节，市、县(区)均拨款，有关部门捐款捐物补助和救济他们。

为了解决部分老区基点村缺医少药、看病难的问题，老区办积极联系闽海医院，院方自备车辆，携带医疗器械、药品，先后到锄山、沙美、大帽山、埔顶等基点村，免费为“五老”人员、革命群众看病送药；凡需住院治疗的，都提供方便，充分体现了军民鱼水情。

为了褒扬革命斗争的光辉事迹和缅怀革命烈士，县人大、政协、老区办、党史办、文管会、原参加地下活动的老同志专门前往同安在新民主主义革命时期具有纪念意义的遗址考察，报请县政府批准一批县级革命文物保护单位。位于翔安地区的沙美农民协会旧址、松山小学、中共同安县委旧址(山后亭祠堂)、陈先查烈士墓，都是在1991年11月19日同安县人民政府正式公布的县级革命文物保护单位。

1990年3月18日，内厝乡政府被农业部授予“全国农业技术推广先进集体”称号。内厝、新圩等山区老区镇在抓好粮食生产的基础上，大力发展水果、花生、蔬菜等亚热带经济作物，宜农则农、宜林则林、宜果则果、宜茶则茶、宜牧则牧，充分发挥自然优越条件，建立多种经营综合发展的商品基地。是年12月，境内第一条山区特高频电路同安—大帽山农场开通运行。

1991年2月9日，县政府召开“五老”人员代表座谈会，乡镇分管领导、县老区建设委员会与会。会议主题是进一步调动老区人民建设两个文明，推动老区新村建设。

为了加快发展老区经济，市委、市政府、县委、县政府把通路、通电、通水、通程控电话、通电视这“五通”列入为老区人民办实事工程，要求相关部门把“五通”抓好，增加资金投入，一村一村落实，一项一项完成。经过几年的不懈努力，老区村基本实现“五通”。这是一项前所未有的成就，是老区建设的一次历史性的跨越，它对发展老区经济起着推动和促进作用。

抓“三岛”的“五通”，促两岸“三通”。1991年，“三岛”安装了程控电话。1992年，从新店镇蔡厝村至大嶝岛兴建一座跨海引水海堤公路，长500多米，宽9米。“三岛”人民通过自筹为主、公助为辅的办法，筹集资金兴建总长20多千米的环岛公路，形成岛上各村四通八达的交通网络。1993年，安装了有线电视。1995年底，“三岛”供水供电工程全部竣工，正式通水通电。1997年，兴建一座日产300吨供水的自来水厂。“三岛”昔日电缺、水涩、路不通，如今，电足、水甘、路畅通；村村有程控电话，户户有电视机。1998年5月1日，经国务院办公厅、中央军委办公厅批准，全国唯一的大嶝对台贸易市场正式开市，吸引众多台胞、省内外商家来此经商，为促进海峡两岸“三通”起到积极的作用。

抓沿海突出部人民的饮水问题，把它列入为老区人民办实事的工程之一。1995年以来，新店镇共投入资金3200多万元，其中进村入户投资1030万元，兴建引汀溪水库自来水管道工程。一是由新店自来水厂第一期工程日产5000吨供水至刘五店，管道总长14.54千米，其中支管道6.2千米，可供11个老区村；二是蔡厝、后村自来水厂供水给这2个大村；三是新店至莲河输水管道，主管道11千米，支管道3千米，供水给11个老区村；四是由深水井供水的有西滨、澳头、欧厝、彭厝、前浯5个老区村。截至1999年，该镇30个老区村有80%的人口饮用自来水。马巷镇也有10个沿海突出部的村用上了自来水。

抓重点修公路，小路变通途。1997年5月，市政府投入资金400多万元，大帽山农场自筹近百万元，扩宽改建为长4.1千米、宽8.5米的场部至凤路村公路。1998年，马巷镇筹集资金530万元，扩宽改建为长3.88千米、宽12米的海滨公路。1999年，市政府拨款83万元，其中分期分段维修长12千米的锄山至莲塘公路50万元，发展锄山村级经济和生态示范果园33万元。

抓村间道路建设，营造优美环境。马巷镇窗东村，内厝镇许厝村、沙溪村都投入资金修建环村水泥路面。新圩镇诗坂村民房密集，形成远近闻名的蜘蛛网式的“诗坂巷”，外村人多不识途。经集资180多万元，其中华侨捐52万元，兴建长2.2千米、宽6米的环村公路，村内适当拆旧小巷建新通巷，形成四通八达的村间道路网络。

1991年，同安县荣获全国农村综合实力“百强县”称号。马巷镇工农业总产值达到15639万元，为境内第一个工农业产值亿元镇。境内在工业、农业、卫生3个系统的专业技术人员中开展“一师一项目一成果”活动。5月，马巷镇舫阳村蔬菜留种基地1.97公顷被农业部批准为国家级原种圃。鳄鱼屿、小嶝岛海域新发现文昌鱼栖息地，11月4日被列为厦门市文昌鱼自然保护区。

1992年9月27日，大嶝引水海堤第一期工程竣工，可通行汽车。是年，同安—新圩—马巷公路建成通车。马巷、新店、新圩、内厝上塘、大嶝田墘的中心小学占地共33872平方米，校舍共9716平方米，学生数共3545人。老区村彭厝、莲河、刘五店、洪前、山亭、上塘、诗坂都兴办了普通中学，满足了老区人民子女就近入学的要求，达到实现9年义务教育目标。截至1999年，境内各镇大中专生累计数达到11006人。

1992年，境内各镇卫生院建筑面积共8964平方米，床位共212张，医疗人员共220人。随着三级卫生医疗网的建立和完善，老区镇村的医疗机构已成为农村开展防病治病、计划生育的一支不可缺少的力量，是提高老区人民健康水平的前提与基础。根据1987年至1989年的调查，平均寿命为68.92岁，男性65.47岁，女性72.26岁，呈现出人寿年丰的可喜景象。

1993年元旦，全面放开粮油购销价格，实行自由购销，取消城镇居民的“粮油供应证”。3月20日，马巷光端机开通，为境内首套光缆设备。12月23日，境内实现电话程控化、传输数字化，人工转接电话的时代宣告结束。是年，农业部批准刘五店港为渔港，省政府批准刘五店码头为台湾渔船停泊点。

1994年5月，台资洪氏企业有限公司在马巷镇后莲村落户。9月28日，大嶝岛第二期供水工程动工兴建，建设期间，先后建成马巷、内厝、新店、大嶝4个镇的自来水厂。是年，开始执行国家《关于稳定和完善土地承包关系的意见》，境内农民土地承包期延长30年。

1995年5月26日，马巷、大嶝两个镇被福建省列为全国第一批小城镇建设试点镇。

1997年4月28日起，撤销同安县，设立厦门市同安区。

1998年5月25日，大陆唯一的对台小额商品交易市场在大嶝开工，1999年5月1日建成开业。

2000年2月3日，农业部批准马塘工业区建立“厦门银鹭高科技园区”。习近平同志从1985年担任厦门市副市长开始，先后4次进马塘视察。

第三节　建区后的老区建设

一、实施跨岛发展战略，翔安实现赶超发展

勇立潮头，奋楫扬帆。翔安建区15年来，区委、区政府始终坚持解放思想、实事求是，大胆地试、勇敢地改，全面用好改革开放这一“重要法宝”和“关键一招”，深入推进全面深化改革，“上下求索”，取得了一批重大领域的改革成果，在翔安大地上书写了改革开放新篇章。

翔安人民在区委、区政府领导下，积极融入岛内岛外一体化的跨岛发展大局，大力推进科学发展、跨越发展、超常发展。昔日的“风头水尾”，变成如今的“顺风顺水”，一跃成为厦门最快的增长极。在市对区的绩效评估中，地区生产总值增长率、GDP现值增量占全市现值增量比重、固定资产投资占全市比重、市重点项目土地房屋征收完成情况及对全市工作贡献、社会消费品零售总额增长率等多

项指标，均位列全市第一。

沐浴着改革开放春风、砥砺前行的翔安，每一天都有崭新的变化。15 年奋进，实现了“三个转变”：从起步最晚的经济弱区到发展最快的经济板块的转变；从传统农业区到先进制造业为主的城区转变；从落后的小村镇格局到现代滨海新城雏形的转变。翔安 15 年惊人的美丽蜕变和产业布局，如同一幅宏大的画卷正缓缓地展现在世人眼前。

历经 15 年凤凰般的涅槃，摊开 2018 年的厦门地图，东部的土地上已经出现了神奇的变化。许多堪称“厦门名片”的全国级项目，跃然纸上。

15 年的跨越，荒凉沉寂、沉睡的厦门东部新区，开始放出夺目的光芒；15 年的沉淀，翔安已华丽蜕变，新城面貌日新月异，产业发展蒸蒸日上，人民生活红红火火；15 岁的翔安区，正加快推进“五大发展”示范区建设，奋力推动新时代翔安发展再上新台阶，实现新跨越，为厦门当好新时代中国特色社会主义排头兵做出翔安新贡献。

大视野看翔安。一座城市的绵延与壮大，看的是战略与规划。

跨岛发展战略，正在把厦门历史上发展得最落后的 411 平方千米的土地，变成一个经济增长最为迅速的区域，正在实实在在地提升全区群众的生活幸福指数。翔安被定位为厦门东部市级中心，与岛内两岸金融中心板块对望，厦门第二个 CBD 集群在此诞生。

历经 15 年的发展，翔安新城大格局基本奠定，基础设施配套不断完善，城市环境明显提升，实现产业发展、新城建设和民生福祉“三个新跨越”。

2002 年 6 月，时任福建省委副书记、省长习近平到厦门调研。13 日，他考察调研大嶝对台小额商品交易市场。之后，习近平一针见血地点出厦门发展的瓶颈：“厦门本岛基本饱和，而岛外发展明显滞后，经济腹地空间小。拓展中心城市发展空间，扩大经济发展腹地，已成厦门建设发展当务之急。”

2003 年 9 月 8 日，翔安大道主体全线贯通，道路宽 120 米，双向 12 车道，建成后成为厦门最宽的道路。10 月 19 日，福建省最年轻的行政区——翔安区五套班子挂牌仪式在新店建行大楼前举行。翔安干部群众牢记 2002 年福建省委副书记、省长习近平视察厦门时提出“跨岛发展”战略构想的殷殷重托，开启了在“一张白纸”上建设宜居宜业生态新区、厦门东部市级中心的豪迈征程。

2005 年 7 月 29 日，厦门市重点发展的第三个文教区翔安文教区正式动工。8 月 4 日，厦门火炬高新区（翔安）产业区通用厂房开工，总建筑面积 130 万平方米，可容纳 200 多家企业、3 万至 5 万名工人，撑开了世界级光电产业基地。9 月 6 日，翔安隧道正式开工。

2009 年 11 月，翔安隧道全线贯通。

2010 年 2 月 15 日，中共中央总书记、国家主席、中央军委主席胡锦涛等一行到翔安隧道建设工地看望和慰问在工程一线的隧道建设者。4 月 26 日上午 9 时，中国大陆第一条海底隧道——翔安隧道正式通车，把厦门岛与翔安的距离拉近，进出岛路线从“U”形拉成直线，时间从一个多小时缩短到 10 分钟以内，日通行量接近 10 万辆。4 月 29 日，翔安区举行翔安新城奠基暨启动项目开工仪式。11 月 27 日至 29 日，第八届世界同安联谊会（翔安大会）举行，大会主题为“相约翔安，共谋发展”。

2010 年 2 月，新圩镇被列为全省首批小城镇综合改革建设试点镇。

2011 年 4 月 6 日，占地面积比本岛校区还大的厦门大学翔安校区奠基开工。

2012 年 5 月 3 日，翔安新城中央商务区暨重点项目开工。

2014 年，厦门东部市级中心落子翔安，两岸新兴产业和现代服务业合作示范区启动建设。12 月 14 日，翔安区顺利通过国家级生态区考核验收。

2015 年 4 月 10 日，厦门市获评成为全国唯一“海绵城市”与地下综合管廊双试点城市，翔安是全市唯一双试点城区。

2016 年 1 月 13 日，海翔大道（翔安段）及东延伸段主线顺利通车。至此，海翔大道主线基本实现通车。9 月 15 日，1949 年以来最强台风“莫兰蒂”正面袭击翔安，全区人民英勇抗击，夺取了防抗和灾后重建的重大阶段性胜利。

2017 年 5 月 26 日，翔安新店保障房地铁社区一期工程在全市率先开工建设，规划建设保障房约 2800 套。

2018 年 9 月 3 日，作为厦门“双千亿”重点打造工程——翔安数字经济产业园正式开园运营，“健康翔安智谷”也同步启幕。10 月 26 日，厦门第二东通道（枋钟路——刘五店跨海大桥）获交通运输部批复，总投资 122.76 亿元，工期预计 3 年半。

2018 年，翔安以习近平新时代中国特色社会主义思想为指导，全面贯彻落实党的十九大和十九大二中、三中全会精神，在市委、市政府和区委、区政府的坚强领导下，着力稳增长、促改革、调结构、惠民生、防风险，坚持高质量发展落实赶超，全区经济社会保持平稳健康发展，较好地完成了区四届人大二次会议确定的各项任务目标。全年完成地区生产总值 520.66 亿元，增长 8.5%；规模以上工业增加值 320 亿元，增长 8%；固定资产投资增长 10%；财政总收入 63.2 亿元，增长 14.3%；区级财政收入 19.7 亿元，增长 9.3%；社会消费品零售总额 76 亿元，增长 13%；限额以上批发零售额 290 亿元，增长 25%；城镇居民人均可支配收入 38900 元，增长 9%，农村居民人均可支配收入 20269 元，增长 9.6%。其中，地区生产总值、社会消费品零售总额、限额以上批发零售额等 3 项指标增幅位居全市第一，财政总收入、区级财政收入、农村居民人均可支配收入等 3 项指标增幅位居全市第二。城镇化率绝对值达到 58.7%。

身负使命，日夜兼程。2018 年是翔安建区 15 周年，从边陲村庄到滨海新城，翔安在全市的发展格局中占据着愈发重要的位置。这里有现代化的新城区，也有带着泥土清香的广袤的黄土地。翔安区深知，统筹城乡发展，是融入全市跨岛发展大局的主攻方向，也是提升其区域发展竞争力的重要途径。翔安将以“双千亿”（10 个千亿投资工程、12 条千亿产业链群）工作为抓手，大力推进城乡发展一体化，做大中心，做优城镇，做美乡村，促进城乡区域协调发展，不断增强发展整体性。未来，翔安将以新担当、新作为开创新局面，努力谱写高质量发展的“翔安篇章”。人们把翔安新区的今天和明天归纳为产兴、城新、民安。

二、打通城乡“动脉”“经脉”，架起海陆空交通网

翔安原来“风头水尾、土地贫瘠、交通闭塞”，跨岛发展，交通须先行。不少人认为，翔安的发展，是从路开始的。建区伊始，建设者们在翔安空白的地图上画上的第一个符号，就是翔安大道。

接着，翔安隧道的建设项目提上日程，厦门市整整筹划、苦干了10多年。

翔安隧道须跨越4.2千米的海域，这片海域不但是中华白海豚的自然保护区，而且海域台风频发，这些自然条件的限制，使建设方案争论了很久，直到2005年，修建一条跨海隧道，并且采用钻爆法暗挖隧道的修建方案确定后，翔安隧道才得以动工。

翔安隧道西接厦门本岛的仙岳路，东与翔安区的翔安大道相连，分为五通互通、海底隧道和西滨互通三部分，全长8.695千米，其中海底隧道长6.05千米。

翔安隧道不仅是我国内地第一条大断面海底隧道，也是第一条由国内专家自行设计的海底隧道，还是世界上第一条大断面钻爆法施工的海底公路隧道。工程建设须穿越陆地、浅滩和海域三种地貌，地质条件极为复杂，重特大危险源极多，拥有三大世界罕见难题——世界上覆盖层最浅的海底隧道，最薄处5.7米；行车主洞开挖断面面积达170.7平方米，在世界海底隧道建设史上尚属首例，当时全世界已建，在建的跨海隧道有20多条，都是小断面；软弱围岩（俗称烂泥巴）、富水砂层、风化槽这些不良地质段规模之大也为世界罕见。修建这样一条有着诸多“之最”的隧道，对当时的建设者无疑是一个巨大的考验和挑战。建设者们“永不言弃”，展现了挑战世界级难关的形象、一往无前的力量和不屈不挠的斗志。

为攻克这些世界级难题，建设者们依靠科技进步，加强地质超前预报，使用传统与创新相结合的办法，因地制宜，安全稳步推进隧道建设。采购了当今世界最先进的RPD180C多功能钻机，秉承“有疑必探、无疑也探、先探后挖”的原则，确保建设的每一步都心中有

数;创新性地改造了传统CRD施工作业法,在软弱围岩中连续月掘进速度超过60米,最高值达73米,创造了同等地质条件下世界特大断面海底隧道施工进度记录;采用“地下连续墙井点降水法”,成功穿越630多米的富水砂层;采用“全断面帷幕注浆技术”和“注浆小导管技术”,克制了强风化槽的肆虐。

历经8年的前期研究和4年零8个月的艰苦奋斗,建设者共组织攻克了30余项科研实验课题,12次成功穿越海底风化深槽,顺利实现了翔安隧道预定的安全、质量等控制目标。其结构防腐蚀等级高,能抵抗8级地震,施工工艺达世界级水平,工程质量合格率100%,被交通运输部确定为全国三大样板工程之一,具有里程碑的意义。中国工程院院士王梦恕在厦门召开的海底隧道修建技术研讨会上表示,翔安隧道是具有国际意义的重大工程,中国是一个海洋大国,水下隧道工程将会越来越多,走出一条有中国特色的修建水下隧道之路,非常重要。

从翔安海底隧道中开挖弃运土石方约235万立方米,几乎可以将埃及金字塔塞满;支护用锚杆、钢架、钢筋网、衬砌钢筋等钢材约5万吨,相当于7座巴黎埃菲尔铁塔。

2003年的时候,翔安全区仅有一个红绿灯。从新店前往岛内,要么在刘五店码头渡船至五通码头,要么得从新店经马巷,再绕道同安,经集美再至岛内,全程60多千米。海翔大道和集美大桥通车以后,交通稍有改观,不过搭乘公交车也需要一两个小时。2010年4月26日,翔安隧道正式通车。大陆第一条海底隧道与全省最宽的道路翔安大道一起,共同打通翔安发展的“任督二脉”。使翔安与岛内连成一体,开启了翔安交通跨越发展的新篇章。

如果说,2010年,翔安隧道打通了城市“动脉”。2018年,重点道路工程则打通了区域“经脉”。被誉为“翔安环岛路”的滨海东大道全线贯通,进一步完善同安湾周边区域的交通主框架,并与翔安隧道共同形成翔安与岛内之间的快捷通道;建成后的翔安西路西起翔安南路,与已建的西滨立交衔接,往东与新城中路、洪钟大道等主、次干路交叉,终点位于与翔安东路交叉口,贯穿翔安南部片区的东西两侧；此外，洪钟大道也已实现通车，这是一条集交通和生活功能为一体的综合性城市干道，也是翔安南部新城片区重要的基础配套设施和市政管线的载体，为厦门“综合管廊”“海绵城市”的“双试点”道路。通车后，其将道路周边的洋唐保障性住房、厦航生活区、融创、世贸、IOI等通过洪钟大道与主干道翔安南路等联通在一起，方便市民生活和出行。

由陆到空，不断延伸。厦门翔安国际机场，是翔安城市发展的重大机遇。新机场的落户，成了如今翔安南部新城快速崛起的又一个巨大推动力。未来的翔安国际机场将成为覆盖厦漳泉龙区域、兼顾金门的闽西南地区综合枢纽机场，并打造成具有相当国际影响力的东南沿海重要区域枢纽和两岸三通门户机场。

根据近期规划，翔安机场力争于2021年开工建设，建设两条远距平行跑道。航站楼面积约55万平方米，路测配套设施约45万平方米，总建筑面积约100万平方米，年旅客吞吐量4500万人次、货邮吞吐量70万至80万吨，将是我国最大的单体航站楼之一；从远期规划上看，翔安机场将在两条远距平行跑道外侧，各增加一条近距平行跑道，使翔安机场拥有4条跑道、航站楼面积达85万平方米，可满足年旅客吞吐量7000万至7500万人次、货邮吞吐量160万至200万吨的运输需求。

翔安机场快速路是省市重点工程，起点位于沈海高速内厝镇下沙溪村，终点位于翔安机场，是未来翔安机场的交通大动脉，全长19.6千米，分为北段、南段、大嶝岛段3段施工。南段A2标段全长2.33千米，于2016年3月开工建设，2019年5月30日完成主体工程，并于2019年年底建成。是翔安机场快速路整个项目最早开工的标段，主要由前岭互通主线桥、南港特大桥及田墘互通B匝道桥工程组成，共含3座桥梁。其中，南港特大桥长884米，是翔安机场快速路上唯一的跨海大桥，其他标段也在有序推进中。

除机场之外，现在，“第二东通道”也成为激发这片土地活力的一个重要引擎。根据规划，第二东通道命名为“翔安大桥”，毗邻翔安隧道，东起滨海东大道和翔安南路交叉口，西至岛内的枋钟路和环岛东路交叉口。未来,它还将成为厦门快速路系统中的一个重要环节,把厦门市的新旧两个机场串联起来。

建区 15 年来,翔安区路网建设日趋完善,海翔大道、滨海东大道、沈海高速等城市快速路构筑了对外辐射大通道。15 载的奋力拼搏,翔安交通破茧成蝶,已经形成了一张纵横交错的交通网。美丽的翔安大道犹如长龙,一头接连翔安隧道,一头衔接 324 国道和沈海高速。海翔大道、翔安南路两条城市快速路,还有刘五店滚装码头,正在建设中的厦门翔安国际机场,以及推动第二东通道主体工程开工、第三东通道前期研究等。与此同时,轨道交通 3、4 号线翔安段工程建设进展顺利,方便快捷,高铁、地铁将先后从境内通过,翔安国际机场即将建成。显然,翔安的海、陆、空一体化交通网正在形成和日臻完善。更令人期待的是,随着城市的不断发展,翔安正在大踏步进入地铁时代,厦门地铁线网为未来城市空间勾画出两个新交通核心圈,翔安就是其中之一。

不仅仅是城市主干道的通畅,翔安区认真扎实地贯彻习近平总书记在 2014 年 3 月 4 日关于“农村公路建设要因地制宜、以人为本,与优化村镇布局、农村经济发展和广大农民安全便捷出行相适应,要进一步把农村公路建好、管好、护好、运营好,逐步消除制约农村发展的交通瓶颈,为广大农民脱贫致富奔小康提供更好的保障”的指示,大力修建“四好农村路”。现在的翔安村村水泥路,村村通公交,翔安百姓发展致富的梦想随着一条条路的畅通,逐渐成为现实。四通八达的交通网络,如同无数大动脉和毛细血管,让这座东部新城架起了一张三位一体交通网,不断向外延伸。交通翻天覆地变化,正是厦门实施跨岛发展战略的一个精彩缩影。

三、按下产业快进键,激活翔安经济活力

2003 年翔安建区时,大大小小的工业企业仅有 655 家,工业总产值 31.07 亿元。建区后,随着翔安区工业兴区战略的实施,工业园区的建立和发展,以及区委、区政府鼓励、扶持私营企业发展和招商引资优惠政策、措施不断出台,工业发展平台快速拓展,促进工业

企业迅猛增加，翔安区开始由传统农业区转向现代工业区。至2007年年底，翔安区工业主导地位基本确立，形成外商投资企业、港澳台地区商人投资企业和内资企业等多种类型企业并存竞争的格局，工业经济发展速度、质量与效益同步提升。全区共有工业企业2170家，比2003年增加231.30％；工业总产值216.17亿元，比2003年增长595.74％。

2010年，一条海底隧道将曾经偏远的翔安与厦门岛内紧紧联系在一起，跨岛发展在翔安提速，让翔安成了投资兴业的热土。世界级的光电产业基地、火炬（翔安）产业园区，频频成了这些年许多惊动世界的"大新闻"的发源地。这块曾被当地人调侃为"风头水尾"的偏远、荒凉之地，如今已换了模样，崛起为一座主打电子信息及配套、现代商贸物流产业、海洋新兴产业、临空产业的滨海新城。

经济高速发展，项目建设无疑是强力引擎，翔安区为项目落地建设提供全要素保障。区重大办、发改局、效能督查办等，针对涉及该区"五个一批"项目、征地拆迁、财政投融资、提升行政服务、机关效能建设等方面，运用交办、催办、督办和查办的"四办"重点项目联合攻坚机制，及时发通报要求相关单位立行立改。按照"日通报、周调度、月点评"机制，项目督查组制定《项目责任安排表》，每日由各段联络员上报工作动态；指挥部每周召开一次项目周调度例会，了解项目总体进展情况，协调解决存在问题。

征地拆迁牵一发而动全身，肩挑沉重拆迁任务的翔安区，在全国首创集体土地上房屋征收释明工作，出台限期迁移坟墓、整治抢栽抢种抢建等政策制度，实施跨部门、多层级联合攻坚机制，短时间内便破解多个征迁历史遗留问题。此外，还采用"会场＋现场"形式，每月强力突破一批制约项目进度的"中梗阻"。

企业的发展，离不开人才。翔安坚持"引进来"和"自主培育"并重方针，从产业发展所需的"人才链"入手，积极以产业链打造人才链，以产业群催生人才群。大力推进"群英领翔"人才计划，紧扣创新驱动引才聚才，改革机制选才育才，优化环境用才留才，为翔安发展提供强有力的人才保证和智力支持。

2018 年度厦门市对各区绩效评估排名，翔安区营商环境指数获得满分。翔安深化“放管服”改革，商事主体自主年报公示率连续 5 年位居全市首位。开展省级相对集中行政许可权试点，推进工程建设项目审批制度改革，区级财政投融资项目审批时限压缩至 90 个工作日，企业开办时间压缩至两个工作日。翔安区积极推进审批服务便民化，出台《翔安区推进审批服务“马上办、网上办、就近办、一次办”实施方案》。2018 年 8 月起，翔安对企业设立登记申请的办理时间压缩到两个工作日，超额完成了企业开办时间压缩到 3.5 个工作日的目标，比国务院和省政府要求的时限分别节省 5 个工作日、1.5 个工作日，缩减了企业设立办事环节，办事效率大大提高。同时，设立“项目审批帮办服务窗口”，为重点项目提供“一站式、保姆式”服务。

伴随厦门天马 TFT、冠捷科技、宸鸿科技五期、开发晶等大项目相继落户和建设，一条功能齐全、配套完善的光电产业链正在翔安快速发展。“打造世界知名光电产业集群”，成了翔安区发展工业经济的清晰思路。2017 年底，“天马微电子”现代化的流水线高速运转，“天马屏”实现全球市场占有率第一，全世界范围内每卖出 10 片液晶全面屏，就有三片产自天马。

以产业为支撑，推进产城融合。对这一点，翔安人始终有清晰的认识。今天，他们已经用一组坚实的数字，刻画出自己的发展轨迹：2017 年，翔安区实现地区生产总值 452.52 亿元，比 2003 年的 22.44 亿元增长了 19.17 倍，15 年间，工业总产值增长了 39 倍。各项主要经济指标年均增幅在全市 6 个区中均位居第一，已经连续多年成为厦门最快的“增长极”；而在 2018 年第二季度，全省“五个一批”（谋划一批、签约一批、开工一批、投产一批、增资一批）综合考评中翔安排名第二，其中新增开工项目排名全市第一。

奔跑中的翔安，总是能得到机遇的青睐。这里的产业，因为“双千亿”这个关键词，再次变得异常夺目。厦门市平板显示、集成电路等涉及翔安的 10 条千亿产业链群，为这里的产业转型升级勾画出明晰的方向，而全市安排的 10 个千亿投资工程，涉及翔安的就有 8

个，为各区最多。

翔安这些年的经济活力，很大程度上来源于创新驱动。翔安数字经济产业园，与翔安创新孵化中心、厦门大学翔安创业园区等众多创新创业平台一样，为全国创新企业的开花结果提供着丰厚的土壤。省市重大重点项目厦门大学国家大学科技园主园区，计划于 2019 年 6 月建成并交付使用。主园区一期占地 69 亩，总建筑面积 19.22 万平方米，总投资 12.8 亿元。厦门大学能源与石墨烯创新研发平台也计划于 2019 年 6 月建成投用，平台内拟设实验、科研及办公用房，项目总建筑面积 60607 平方米。经科技部、教育部认定的福建省首个国家大学科技园，以及厦门大学能源与石墨烯创新研发平台，在不远的将来竣工之后，将紧紧围绕创新驱动发展战略，迈向打造新兴科技企业孵化基地、高层次人才创新创业基地的新征程。

市重点项目厦门南方海洋研究中心，2019 年 3 月 28 日开工建设，位于中国海监厦门支队欧厝维权基地东侧、翔安区防灾减灾中心南侧。项目规划建设用地 4693 平方米，总建筑面积 14220 平方米。作为国家海洋经济创新发展“十三五”重点项目，其将打造成集科研创新基地、公共服务平台、创业孵化器、成果交易中心等多项功能于一体的海洋基地。

翔安区重点项目布局领域中，产业是一条清晰的脉络。2019 年，翔安加快重点产业项目建设，主动靠前服务，及时帮助解决项目建设中的困难和问题，全力促招商、促落地、促动工、促投产、促增资，做强做大千亿产业链群，不断增强经济发展后劲。

2019 年 4 月 25 日，嘹亮的战鼓声，以数字经济产业园悦华酒店项目工地为原点，不断向 411 平方千米的翔安大地传扬开去，翔安区集中开工 20 个项目。项目总投资达 293 亿元，涉及产业发展、基础设施、社会事业等多个领域。其中产业发展领域项目共计 6 个，总投资 36.1 亿元，年度计划投资 19.12 亿元，包括厦门雅迅网络股份有限公司产业园、恒欣达二期工程、麦克奥迪光电工业园二期、数字经济产业园悦华酒店、中国移动厦门翔安分公司生产调度楼。它们的开工建设，不仅展现了翔安大开发大建设的良好态势，也势必为翔安推进高质量发展落实赶超注入新的强劲动能。

悦华酒店系翔投集团与市建发旅游集团合作建设的翔安第一家五星级酒店，为大力提升营商环境、优化配置各类要素保障。酒店包括 258 间客房、多间时尚餐厅以及高端会议厅、宴会厅，总投资约 2.3 亿元。一份明确的项目建设时间表，让工程人员时刻都不敢懈怠，其装修工程将确保在项目开工的 8 个月内完工。为此，翔安区发出庄重的声音：各级各部门要牢固树立“项目必须实化细化”的意识，切实把责任落到个人、把保障做到精致，推行秘书式服务、上门式服务，坚持全周期、全流程保障，为项目落地建设创造良好环境。

争分夺秒的日夜奋战，换来频传的捷报。2019 年一大批重大重点产业项目将建成投产，其中包括厦门大学国家大学科技园主园区、厦门大学能源与石墨烯创新研发平台、翔安数字经济产业园、延江新材料、厦门东江无害化处置改扩建等产业。可以预见，它们的建成必将为翔安今后的高质量发展带来强有力的支撑。

2019 年 5 月 6 日，翔安区行政中心举行的 2019 翔安区春季项目签约大会，翔安签约和对接的项目达到 55 个，投资总额约 202.5 亿元。现场，拉卡拉支付股份有限公司、杭州百世伽信息科技有限公司、厦门钜瓷科技有限公司等 29 家公司分别与翔安区政府签订投资协议，投资总额约 129.3 亿元，涉及新材料、5G 通讯、环保和新能源电动车等工业项目，达产后年产值总额预计可达 146.6 亿元，从独角兽、瞪羚企业到央企、大型上市公司等一应俱全。

同日，在福州举行的第二届数字中国建设峰会上，厦门亮相的翔安（天亿）健康智谷项目等 5 大签约项目全部落地翔安区，占全省 39 个项目签约总数的八分之一，该区也成为全省数字经济重点项目集中签约仪式中出镜频率最高的行政区。

翔安区瞄准世界 500 强、民企 500 强、台企 100 强重点央企、上市公司和拟上市公司等行业知名企业以及高新技术企业、科技型企业等重点对象开展招商，着力在招大项目、招好项目上下功夫，促进产业发展。2019 年 5 月，出台《关于申报翔安区重点产业人才扶持政策的公告》，将从购买、租房、医疗保健、配偶就业、子女就学等方面，加大对人才的扶持力度。5月17日起，符合翔安区产业发展导向的空港物流、商务运营中心、电子商务等现代服务业，平板显示、电子信息及配套产业等先进制造业，食品加工、轻工纺织等传统优势产业，新能源、新材料、海洋产业、临空产业等新兴产业的重点产业人才，都可申报获取扶持。人才及其配偶、未成年子女在厦无其他房产，自2019年起首次在翔购房并实际居住的，给予一次性购房补贴10万元，分两年等额拨付。此外，人才及其配偶、未成年子女在厦无住房或可享受的人才住房尚未落实前，自行租房的将给予不超过每年3万元的实际租房补贴。

唯有奏响抓招商、促发展的最强音，才能在新征途中激发发展新动能、跑出发展新速度、拼出发展新格局。沿着市委、市政府划定的方向，永远保持奔跑姿势的翔安，正提升方式、完善机制、拓展平台，"比学赶超"再出发。

四、持续提升城市品质，翔安新城神奇崛起

翔安经过15年的发展，给人最直观的印象是什么？也许很多人的答案，就是新城。

2010年，翔安新城再次吹响建设号角，几年来，翔安大手笔投入了600亿元用于新城建设。翔安新城规划的15平方千米的核心区，规划人口约12万人，片区涉及蔡厝、后村、浦边、东界、鼓锣等8个行政村。"后起之秀"大跨步向前，东部新城强势腾飞，曾经的一纸规划图，正越来越生动地用"实景"呈现在我们面前。时至今日，路通了，上班近了，翔安新城已经崛起了，人才也坚定地留下来了。

15年来，翔安区坚持高起点、高标准、高层次、高水平，全面推进新城建设，一幅"生态宜居的现代化滨海新城"的图景正在快速铺开。中央商务区、东山温泉片区、洋唐保障性安居工程生活片区、东部城市启动区会展中心、厦航生活及出勤基地等大组团，共同撑开南部新城的宏大格局。

潺潺流水由北向南流入下游鼓锣公园水系——它是一个景观，

更是一块具有传输、滞留、下渗、净化雨水功能的“海绵”。海绵城市试点建设达到国家验收标准，地下综合管廊建成 14 千米，成为“厦门唯一获得国家地下管廊和海绵城市双试点的新城区”的亮眼标签，翔安新城又增添了与众不同的魅力。

2019 年 5 月 15 日，位于翔安南路与洪钟大道交会处的东山水系公园正式对外开放，翔安居民再添一处休闲好去处。公园总建设面积 5.03 万平方米，以大面积植物作为公园的底色，绿地面积就达 4.5 万平方米，绿化率接近 90%。植物种类丰富，有水生美人蕉、唐菖蒲、芦苇、凤凰木、木棉、小叶榕等，苗木种类达 80 多种。值得一提的是，该公园除了为居民提供运动、休闲、娱乐场所外，还兼具海绵功能。通过透水混凝土、下凹式绿地、雨水花园等设施，吸纳、净化、储存公园内以及周边市政道路、村庄和小区的雨水，并进行循环利用，公园全年 78.1% 的绿化用水来自公园中心“凝翠湖”，湖泊内生态浮岛的植物，对水体进行净化，使湖水清澈碧绿，宛如一面明镜。湖泊的外围，还有几条细细的流水从木栈道下流过，颇有小桥流水的美感。园中的慢行系统环湖而建，两边是郁郁葱葱的树木和绿化带。慢行系统上，每隔一段距离，就有一处不同的功能区，如休闲亭、清水平台、特色长廊、碧波广场等，形成一个环形的景观路线，让市民、游客可以近距离欣赏湖景。

拓展，再拓展；提升，再提升。

如今的翔安，城市建成区面积超过 39 平方千米，城市化率超过 57%，翔安大道、翔安南路、海翔大道、滨海东大道及南部新城“五横五纵”（指翔安新城核心区的东山路、石厝路、城场路、翔安西路、肖厝南路 5 条横向路以及纵二路、新城中路、洪钟大道、海头路、双浦路 5 条纵向路）配套完善。新店保障房地铁社区一、二期序时推进。大嶝台贸小镇规划创建全面展开，马巷桐梓片区加快有机更新，新圩国家级建制镇示范试点完成建设。

名列闽南四大古镇之一的马巷镇，宋代以来，就是官方的重要驿站，素有“七泉之巨郡，南北之要冲”之称。自古就有“车轮滚滚，纸字（钱）千万捆”来形容马巷。“通利地”马巷将舫山东二路（舫山南二路段至莲院路段）工程已启动，红线宽度43米，总长2千米，为古镇主干路。“千年古镇，百骥腾飞”，这是彭德清将军生前对马巷的期望。

由北方泓泰、首开地产、龙湖集团三大品牌联手打造的约70万平方米城市综合体“时代上城”落子翔安，其有望成为翔安区乃至厦门东部消费生活新地标。而快速发展、前景可期的翔安也将成为“时代上城”强有力的支撑与带动。

2018年10月12日在翔安区委四届八次全会上，翔安区委、区政府起草的《关于坚持高质量高颜值现代化国际化城区的意见》通过审议，吹响了坚持城区高质量发展、落实赶超的冲锋号。全力配合厦门新机场片区、东部（翔安）体育会展新城片区和地铁开发，加快新城核心区和东山片区项目建设，继续提高城市化水平，被写入重要日程。

位于刘五店片区的东部体育会展新城，是厦门市实施“双千亿”战略的重大举措，拟打造为国内一流会展产业集聚区。未来，新会展中心将比肩岛内会展中心，吸引一流的会展资源和业界人才。

省市重点工程新店保障房地铁社区一期位于翔安大道与窗东路交叉口西北侧，轨道3号线和4号线洪坑站周边，总建筑面积32.7万平方米，将提供保障性住房2871套，配套一所12班幼儿园及生鲜超市、社区服务中心等；二期将再提供2413套保障性住房。位于翔安区新店镇的新店地铁社区林前综合体项目，也将建设保障性住房3103套。

洋唐保障性居住区三期在2019年4月开工建设，总用地面积约10.67万平方米，总建筑面积约48万平方米，主要建设保障性住房及相关配套设施。附近的闽篮城市广场，每天都人潮涌动，这里的居民也许并不曾想到，自己的家门口，也能拥有这样大型的购物商场。从第一个超市人人乐营业，到如今商超遍地开花，翔安的现代服务业早已“脱胎换骨”。

抓重点，补短板，强弱项，哪里是百姓最需要的，翔安就向哪里持续发力。

“别人走，我们跑；别人跑，我们冲！”这是翔安的干部群众常常说的一句话。2019 年 4 月 27 日，翔安区 1200 多名干部群众举行“逐梦新翔安　文明健康行”2019 翔安春季健步走活动，“不忘初心，砥砺前行，心无旁骛，逐梦奔跑，敢闯敢试，勇于担当，拼搏奋进，业翔民安”，铿锵有力的口号撼动着翔安人的心扉。通过健步行这种健康绿色的群众性活动形式，充分展现翔安之活力，提振全区干事创业精神，让他们用双脚共同丈量 15 年来翔安发展的历史长廊和秀美家园，感受业翔民安的幸福氛围，见证翔安在跨岛发展战略推动下，努力建设高素质高颜值的现代化国际化城区，奋力谱写新时代翔安发展新篇章。

五、发展特色旅游，别样风光看翔安

在省时省钱更方便的背景下，翔安特色旅游异军突起。15 年来，翔安形成了滨海亲水战地文化旅游线、田园风光休闲互动游路线、山海文化休闲体验旅游路线。闽韵翔安，彰显生态旅游新特色。山海田园，乡约翔安！一条翔安隧道，拉近了翔安与岛内的距离。去翔安旅游休闲，已经成为一种生活方式。

2018 年，翔安新建 5 个都市现代设施农业项目，阿里巴巴农村淘宝项目 32 个村级服务网点投入运营，策划生成 10 条乡村生态休闲旅游精品线路，全年接待游客 626 万人次，旅游收入 13 亿元，增长 12.2%，第三产业增加值增长 10%以上，位居全市首位。

环东海域滨海旅游浪漫线二期景观翔安段工程，全长 7 千米，总面积约 80 万平方米；2019 年 4 月，翔安又启动了滨海旅游浪漫线三期工程，全长约 27.3 千米，总用地面积 272.3 公顷。

翔安高端休闲农业项目正在加快打造，除了大帽山境，香山乡苑、鸿渐公园等其他大规划大投资的休闲农业和乡村旅游重点项目也正在加快建设中，一批高质量、高标准的行业精品逐渐走进人们的视野。在小嶝休闲渔村的“美人海”享受一回沉浮，到英雄三岛战地观光园里体验一段历史，上香山赏一片五色花海，登妙高山闻一掬野菊香，去岩谷咖啡农场动手磨咖啡豆，到荣杰园品尝台湾水果的别样甜味，在大帽山境满怀诗意地走一圈，再从大嶝小镇·台湾免税公园拎着大包小包的台湾特产把家还……翔安的乡村旅游品牌百花齐放，正走出一条特色之路。

香山风景名胜区，朝拜圣地香漫山。香山风景名胜区经过几年来的景观提升工程建设，已成为翔安热门景点之一。香山周边有古寺、古厝、古树、古戏、秀水、奇石等，组成“古韵之城”，淀积着不绝如缕的人文渊源。环香山周围建有一条长达5千米的慢行系统，绵延的木栈道把隐匿“深闺”的好风光铺展开来。山脚下的大宅社区拥有规模达1000多亩火龙果种植基地，成为香山片区重要的特色产业。山上灿烂的油菜花、鼠尾草、百日草、向日葵变幻出了四季花海，让您把每一个日子都过成诗。

大嶝小镇·台湾免税公园，让您地道“台味”天天享。小镇丰厚的“台味”就可以让您仿佛置身于台湾本岛。漫步其中，台湾精品城、台湾食品城、闽台风情街、闽南古戏台、海岛风情广场等一一铺展开。休闲式购物、体验式消费、厂商授权经营，加之免税，使大嶝小镇·台湾免税公园成为独具魅力的旅游购物新天地，目前消费者每天可购买不超过人民币6000元的台湾免税商品。

大嶝街道田墘社区“金门县政府”旧址，一抹红两岸情。红砖墙、石基座、燕尾脊，12幢典型的闽南红砖古厝建筑群历经风雨沧桑，在一方苍穹下散发出摄人心魄的力量。人们常言厦门与金门自古唇齿相依，这位于大嶝岛田墘社区、抗战期间迁来的“金门县政府”总部旧址，便是抗战历史的一个最好的例证。田墘现存建于清末民初的双落红砖古厝148座，绝大多数是当地华侨事业有成后回来兴建的。它们中既有闽南传统式红砖大厝，又有西洋式民居，如今正在变身为中高端民宿集群品牌“屿宿”，尽显民俗、民情、民风。

田墘社区还因明代理学名宦林希元是田墘人的外甥而闻名。现在，这个小渔村由乡贤带动，搭建两岸文化大舞台。通过文化铸魂，提振农村精气神。林希元文化、姑婆祖文化、红色战地文化接连“浮出水面”，建立了林希元公园、希元书院、“希元林”、田墘旅游中心、田墘文化博物馆。立足“草根”，打造不落幕的文化节。从未碰过笔墨的居民学会了画画、唱歌，画出他们最真挚的幸福生活和最真切的身边事，参加举办“大嶝、台湾乡贤画家美术作品展”。2018年11月7日，举办“乡村振兴·第四届纪念林希元文化节暨两岸群星演唱会”。居民依托田墘社区股份经济合作社这一载体，纷纷装修以“红砖聚落”为主题的民宿集群，专门腾出手来“搞经济”，打造文化旅游产业链，推动农渔民增收。

英雄三岛战地观光园，旧时硝烟今盛景。每一处都能让人感慨。大嶝、小嶝、角屿三岛，因特殊的地理位置，曾是战地前沿，在巩固国防的战役中，涌现出许多可歌可泣的英雄事迹，因而被誉为“英雄三岛”。英雄三岛战地观光园有“军民史迹馆”“军事武器陈列馆”“英雄雕塑广场”“战地设施遗迹”等景点。曾立下战功的飞机、大炮、坦克及各式轻重武器，昔日对金广播、直径达2.88米的“世界之最”大喇叭，观光园的每一处都承载着一段历史。您还可以去体验彩弹模拟对抗、移动打靶射击、模拟跑操演练，或是在滨海观景栈道漫步，领略两地海域风光。

小嶝休闲渔村，亲水生活在唱歌。小嶝岛，祖国大陆距离金门最近的人居岛，您爱上的，可能就是蓝天碧水间的渔村风情。小嶝休闲渔村占地350亩，投资规模超过1亿元。以原生态、海洋文化、海岛风情为特色，形成景点旅游、亲水住宿、海岛餐饮、水上休闲、亲子游乐、户外拓展训练等经营项目，是休闲旅游、养生度假、科普教育的综合型旅游度假风景区。每年约接待海内外游客10万人次，旅游总收入约650万元。来到小嶝休闲渔村，您可以泛舟、撒网，体验一把渔人生活；您可以住亲水别墅，看白鹭戏海，听浪花呢喃，在夜色余韵未了之时，海上日出的磅礴会让您感到震撼；您可以在福建省唯一的“美人海”漂浮区体验水上漂浮的奇妙感觉；您也可以乘电动车参观棋盘石、美人井、八闽铁树王、独木成林、钓矶公祠、战地坑道等著名的“小嶝十八景”，您还可以游走在望金长廊上眺望金门，一路走来既充实又愉快。

澳头渔港小镇，体验渔村古早味。澳头特色小镇围绕“海丝”“海湾”打造生态宜居、百姓幸福的特色小镇。澳头创新发展海洋生态及海洋文化旅游等产业，构建形成多链条、高融合的海洋新兴产业生态圈，把澳头渔港特色小镇的旅游从农家乐的水平，提高到特色游、文化游、智慧游的水平。入驻了北欧当代艺术中心、超旷美术馆、容美术馆。截至2018年，“面朝大海·澳头文化艺术季”已成功举办六季。小镇客厅立足“迈向全国，连接世界”的定位展示澳头特色文化和渔村美好生活。澳头村史馆及幺象美术馆、三笔文化馆、厦门·北欧国际艺术交流中心、文学馆沙龙等各空间艺术展开门迎客……晨曦初照，怀远湖上碧波荡漾，一起来感受魅力澳头十二景，一起来澳头品特色文化，吃地道海鲜。

2005年8月，习近平同志提出“绿水青山就是金山银山”的科学论断。12年后，党的十九大首次将“必须树立和践行绿水青山就是金山银山的理念”写入大会报告，《中国共产党章程》总纲中明确指出：树立尊重自然、顺应自然、保护自然的生态文明理念，增强绿水青山就是金山银山的意识。

翔安区坚持“绿水青山就是金山银山”的发展理念，大力打造生态、环保、绿色、文明乡村特色旅游和红色游品牌，让村民实实在在得实惠。在翔安人眼里，到处是“产业兴旺、生态宜居、乡风文明、治理有效、生活富裕”的乡村振兴的动人图景，涌现出中国美丽休闲乡村——新圩镇马塘村、大嶝街道小嶝村。

潺潺九溪水，像一条碧绿的纽带把翔安星罗棋布的美丽乡村串联在一起。2018年，翔安投入约9.5亿元，清退流域两侧500米范围内规模化养殖家禽161户、牛蛙849场、马赛克石材厂325家；整改问题雨水井25处、整治砂场13处，拆除河道违章搭盖堆放30处、1.6万平方米，空气质量优良率达98.4%，省控溪边后断面最高达到Ⅲ类水质，顺利通过“国家城市黑臭水体整治专项督察”。2019年，九溪口公园启动建设，主要建设内容包括景观绿化、水系清淤治理、土方工程、照明及智能化、码头及其他附属配套设施等。

翔安全面推行河长制，实现流域污染源全清退，溪流管护机制全落实，黑臭水体全消失，水生态环境发生根本性变化。如今，莲溪水体清澈，漾起粼粼波光。不时有白鹭、白鹡鸰等水鸟划过水面。

水边黄菖蒲、再力花等水生植物长势喜人，岸上也是青绿满眼。沿着莲溪畔的休闲步道迤逦而行，观景平台、观景迭水相继呈现眼前，移步换景，景景不同，如今成为附近村民闲暇时散心休闲的带状公园。

阳光如蜜糖般洒满草场，秋千上的孩童放声大笑，游客拾级而上，清冽的空气中弥漫着青草的芳香。这里是距离翔安隧道约 35 千米的厦门首个田园综合体——大帽山境现场。

大帽山境，此心安处是吾乡。大帽山在解放战争时期，是中共闽西南同安县工委直属武工大队的根据地。这里有古厝，有文化，有情怀；大帽山境包括寨仔尾里、罗田溪语、后炉林间、上廊雅境 4 个子项目，依托自然山地及生态资源，以生态修复为核心，将质朴的田园生活、浓郁的民俗风情和丰富的乡土文化融入项目的设计建设理念当中，拟建成集“休闲农业＋文旅＋居住”的田园综合体。

2018 年 5 月，大帽山境正式开门迎客，标志着翔安休闲农业正式步入转型升级阶段。这里既与城市不同，又与城市相同。不同的是这里拥有清新雅致的山水风光，相同的则是干净整洁的现代化配套设施。

大帽山山坳里的埔顶片区，正在加紧推进裸房整治或屋顶“平改坡”改造，像是在一片碧绿中铺开一顶顶红色的伞花，甚是壮观。大帽山农场裸房整治或屋顶“平改坡”改造项目确定的 188 栋楼，将力争在春节前全部完工。大帽山民房的“平改坡”模式，整合了田园、古厝、古道、农庄、峡谷、湿地等乡村资源，以休闲绿道串联、精品民宿引领、休闲农庄先行、房车营地助力的发展模式，导入“休闲农业＋文旅＋居住”的田园综合体产业模型进行规划建设。已经开门营业的大帽山寨仔尾村养生度假组团，逐渐成为厦门新的旅游经济增长点，助推农村一、二、三产业融合发展，促进农民转产就业的增收。不久的将来，大帽山乡村振兴精品示范点的整体建设将成为翔安区乃至厦门市民旅客休闲、旅游、度假的“后花园”。

悠然锄山，鸟语花香最美乡村。锄山在抗日战争时期，中共南同边区党组织建立了民族抗日先锋队，宋家四烈士义薄云天。在听取抗日故事之余,您可以享受凉爽的海风、清新的空气。锄山步行栈道,沿着溪流、峡谷修建而下,全长约1.5千米,峡谷周边溪流潺潺、鸟语花香,原生态的植被与山涧流水相映成趣。栈道还经过新晋网红景点"四季梯田式花海",让游客在健身休闲的同时还可以欣赏四季花海。野菊花、金银花、荷兰豆、苦瓜、大蒜、蜂蜜等农特产品质量优良、生态且无公害,成了游客争相购买的品牌特色农产品。

综合整治,"握指成拳"打击旅游和生态乱象,守护绿水青山,内厝镇小光山的变化是一个缩影。由于一些不法分子开采石材,小光山被挖得千疮百孔,被老百姓称为"光头山""臭头山"。山上植被遭到破坏,大量砂石被雨水冲进附近的水库,防洪、灌溉功能受到影响,严重威胁着水库的安全运行。2018年以来,翔安以扫黑除恶为抓手,重拳治理小光山乱象,对涉嫌非法采矿及非法占用农用地刑事立案11起,老百姓竖起大拇指。如今,山变青水变绿,小光山的好生态又回来了。

一根根非法养殖用的竹竿,犹如一根根针刺扎在美丽的琼头海面上。2019年8月21日上午,翔安区组织了区、镇、社区干部,在市海洋发展局的大力支持下,出动300多人次,依法拆除琼头海域1599亩非法围网养殖设施。一片片网箱、围网被拖起,琼头海域的水面逐渐开阔起来,鳄鱼屿又鲜活起来了。

六、社会事业提档升级,"业翔民安"实至名归

翔安隧道翔安出口处,一处高高耸立的雕塑依旧吸引人们的眼球——金灿灿的"司南"下,"业翔民安"四个大字熠熠生辉。民安,是翔安建区时就确立的坚定目标,更维系着今天老百姓的幸福感、获得感。

翔安是"紫阳过化"之地,"而成邹鲁之俗"。古老悠久的历史文化积淀,厚殖了这里的文化体育事业。木偶戏,跃动的精灵,演绎掌上情缘。答嘴鼓,记忆闽南好声音。南音,"此曲只应天上有"。农民画,五彩斑斓描绘了春花秋月。

盛世修文。翔安各镇(街)都有文化中心(站),群众文化以"文艺进村居"的形式,让全区群众共享文化发展成果,举办"文化下乡"

“文化培训”“文化赛事”“翔安仲夏夜”“翔安好声音”“免费书赠春联”“才艺大赛”等活动。群众文化团体有翔安区明华园高甲戏剧团、翔安区文苑城歌仔戏团、翔安区书画家协会、新圩镇金柄村翔金谷民俗艺术团、新店镇吕塘民间戏剧学校、霄垄村闽南丑俏村姑表演团、马巷南音社、内厝镇莲塘宋江阵、赵岗宋江阵、许厝文化村表演队等。新圩镇以“三子”(汉子、嫂子、孩子)闻名,拥有3张烫金文化民俗名片:“汉子拍胸舞”“嫂子合唱团”“孩子竖笛演奏队”。这些区、镇(街)、村(居)群众文化团体给全区文化事业注入新活力,成为翔安老区村公共文化服务、提升幸福指数的重要载体。他们各类演出活动,讴歌了翔安老区的革命精神,讴歌了英雄三岛精神,讴歌了马塘精神,讴歌了青山绿水、金山银山,讴歌了习近平社会主义新时代。

“此曲只应天上有。”新店镇欧厝社区南音公园,布局为1间南音历史博物馆、25个音乐工作室、2条音乐产业带、1所音乐培训学校、1座音乐厅,力争将欧厝音乐社区打造成乡村文化振兴的典范、海峡两岸南音文化交流新基地及中央音乐学院南方创作中心,进一步做好在欧厝传唱300多年历史南音的传承与创新。欧厝还将建设“四统”房,该项目总建筑面积13.88万平方米,总投资5.2亿元,为当地居民解决住房问题。台湾“串门南乐团”作曲家、“琵琶圣手”卓圣翔,台湾“南音全才”林素梅,台湾宜兰优秀南音演唱者罗纯祯多次深入澳头、欧厝等新店镇各村居,指导南音社团成长,还整理出一批流落民间的南音曲牌,并将浪漫诗歌改编为南音,选择一个合适机会首演。

老区革命精神的红色文化,是翔安乡风文明、文化振兴的浓厚底蕴和氛围。2018年,翔安出版发行一套(5本)“红色系列连环画”。是年4月10日,区委宣传部、文明办、教育局、文体广电出版旅游局联合举行“翔安红色记忆”系列连环画首发仪式暨“红色记忆”进校园进书院和“书香翔安·全民阅读月”启动仪式,为全区中小学每个班级颁发两套连环画,共为1000多个班级颁发2000多套、8000多本。组织宣讲团进校园进书院巡讲“红色故事”,在中小学生中开展红色故事演讲及征文活动，营造校园“爱英雄、爱故乡、爱文化”的风气。市关工委等部门到大嶝街道阳塘社区慰问炮战时的“妇女铁甲突击队”健在的民兵女英雄。新建10所社区书院，设立内厝镇锄山村红色教育基地、黄厝村“繁星众创”基地，形成以文化教育促乡村文明的良好格局。

2019年5月16日至20日，翔安区有6家文创公司参加被誉为“中国文化产业第一展”的深圳文博会，在深圳会展中心2号馆翔安展位上，展示了自己的得意作品，既有蔡氏漆线雕、玄雕、佛具、制香等传统手工艺作品，又有年轻小伙子带来的水泥制品，还有VR文创等更具现代感的作品。

2019年6月中旬，东南国际影视中心正式落户翔安，打造翔安标志性影视产业核心区。中新非合拍电影《赤象行动》有望年底在翔安开机拍摄，以此为契机，开创中国(厦门·翔安)东南国际影视中心国际项目合作新纪元。

东山片区厦门市档案馆新馆于2019年6月18日正式开工建设。市档案馆新馆与市城建档案新馆合建，项目系厦门市“五个一批”“双千亿”重点项目，总投资约4.7亿元。两馆总占地面积14232平方米，总建筑面积68926平方米。新馆建成后将能满足厦门市档案馆未来近40年的档案保存需求，更好地发挥“爱国主义教育基地、档案安全保管基地、档案利用服务中心、政府信息公开中心、电子文件管理中心”的“五位一体”功能，服务于我市经济社会发展与民生需求。

翔安的体育健儿，更是为我省我市增光添彩。张彬彬，2014年在仁川亚运会女子10米气步枪团体决赛中，和队友获得团体金牌，2016年在里约奥运会女子50米步枪三种姿势决赛中获得银牌。戴小祥，2012年在伦敦奥运会男子射箭决赛中获得第三名，突破了中国男子在射箭上的历史记录。郑一泓，福建省唯一的中国象棋特级大师。

2018年，翔安承办全省创建“老年人健身康乐家园”现场会，举办区第四届运动会、厦门(翔安)武林大会等文体赛事。区图书馆获评“全国优秀阅读单位”，3幅作品入选“第五届全国漆画展”，《马巷厅志》完成点校初稿。2019年4月3日下午，翔安区中小学“翔安红色记忆”系列连环画（第二套）赠阅暨进校园活动启动仪式在新店中学体育馆举行。民族宗教、外事侨务、对台交流、档案管理、红十字、妇女儿童、青少年、老龄、残联、慈善、人防、民兵预备役、退役军人事务等各项工作取得新进展。

翔安原为“教育薄弱区”，这几年来，上下齐心协力，正在迅速弥补教育短板。“教育兴区”，刻不容缓。翔安成立全省首个区属普惠性教育集团，破解教育发展“城区挤、农村弱”问题，得到省领导的肯定，并被《中国教育报》报道。

翔安不仅在全市率先实现了符合条件的随迁子女100%进公办校就读，还在全省率先实现了“班班通”全覆盖、率先组建区属普惠性教育集团，在全市率先引进享受国务院津贴的小学教师，尤其是打破编制、职称束缚，以岗定薪，吸收全国优秀人才的翔安教育集团，探索和创新办学模式和管理制度，在全省乃至全国范围内都树立了一个新的里程碑。

2018年，翔安教育支出11.4亿元，增长18.9%。新开工12个教育基建项目，新建成10所小学、幼儿园，增加学位5220个；厦门科技中学正式招生；新增4所省市示范性幼儿园，在20所小学、幼儿园试点开展课后延时服务；区教育基金会累计募集资金2.8亿元。翔安南部新城聚集了厦门科技中学翔安校区、厦门实验小学翔安校区、厦门双十中学翔安校区、翔城小学、翔城中学等名校。2018年9月，科技中学正式投用。2019年，双十中学翔安校区、实验小学翔安校区、翔安青少年体育综合馆、翔安体育交流中心、宋坂小学、大嶝中心小学、东城合院幼儿园等一大批中小学、幼儿园项目加速推进建设，预计2021年招生。2019年5月初，翔安火炬实验学校报建。该校位于新城火炬翔安产业园区，丙洲路北侧，距特房·莱昂公馆项目仅一街之隔，办学规模为90班中小学，总投资近3.5亿元，是环东海域新城又一重点教育配套设施。到2020年，翔安拟建设幼儿园51所、中小学项目43个，新增学位近8万个，为全市最多。

区政府每年投入数千万元扶持农村义务教育，完善义务教育学校布局、学校标准化建设、校舍安全工程，均衡配置教师、设备、图书、校舍等各项资源，加快推进革命老区城乡义务教育一体化。

2007 年 4 月，翔安区通过了省“双高普九”验收，老区的教育成果显著。许多老区村高度重视教育，建立了村教育促进会，对教学好的老师和学习成绩突出的学生进行奖教奖学，鼓舞了广大家长更加重视子女的教育，激励广大学生奋发学习，形成了尊师重教的良好社会氛围。如新店镇后村社区从 2002 年以来，高考上线率均达 100%，全村有博士生 5 人，硕士生 28 人，大学生 500 多人，成为远近闻名的“状元村”“才子村”。该村企业家热心助学，近年来，慷慨解囊，捐资 1800 多万元给村教育促进会。后村培养人才的先进事迹影响和带动了周边乡村，一种重教育、育人才的风气已形成了社会共识。

与“教育薄弱区”几乎同时崛起的，是翔安曾经基础薄弱的医疗事业。如何让居民在家门口就能看上病、看好病，这里也在探索和实践中找到了康庄大道。

说翔安的医院，绕不开的是当地人熟悉的“同民”。2007 年，厦门第一医院开始托管翔安同民医院，岛内的优质医疗资源向岛外延伸；2013 年，同民医院晋升为三级综合医院，从此改写了翔安无三级综合医院的历史；2014 年，同民医院正式更名为“厦门市第五医院”。2018 年，翔安深入推进分级诊疗，区域医联体实现全覆盖，医联体共建单位新店卫生院门诊量增长 19.5%，家庭医生签约覆盖率达 34.4%。第五医院荣获全省唯一的国家级“管理创新医院”称号，植物人促醒术、超声介入术两项技术填补全省空白。值得一提的是，2018 年底，翔安区一家三级医院——“厦大附属翔安医院”开业。厦大附属翔安医院一期投资 20 亿元，建成后将拥有床位 1000 张，将建设成为一所集医疗、教学、科研、预防为一体的综合性临床研究型的三甲医院。厦门市第五医院、厦门大学附属翔安医院等优质综合医疗资源在翔安落地升级，让翔安人实现了在“家门口”让专家看病的梦想。打造“健康翔安”样本，健康医疗大数据“三朵云”

(医疗服务云、政府监管云、科研产业云)模式被《健康报》专题报道,并在全国医疗大数据应用开发大会上作交流发言。

区政府还推行《厦门市医疗救助办法》,将革命“五老”人员和革命“五老”遗偶纳入第二类医疗救助对象范围,从 2018 年 7 月 1 日起,实行新的救助标准,在门诊或住院所发生的医疗费用个人自付部分给予 95%的救助,并实行救助费用“一站式”即时结算服务。

2019 年 5 月 6 日至 31 日,由翔安区民政局、翔安区慈善会联合主办,厦门大学附属厦门眼科中心承办的“平安翔安,健康‘油’礼”活动,为翔安区 65 岁以上老年人送去健康与祝福。凡翔安区辖区内 65 岁及以上老年人,凭身份证可至厦门眼科中心五缘院区领取一份敬老礼品,并免费接受测视力、非接触眼压、电脑验光、裂隙灯检查等眼部检查,排查老年人常见的白内障、干眼、眼底问题等,现场提供专家免费咨询服务。同时,启动针对翔安区辖内患有白内障的低保户、特困人群的免费手术“绿色通道”。翔安区辖内患有白内障的低保户、特困人群,在通过医保报销、医疗救助后的自费部分由厦门眼科中心慈善光明基金全额补助。

翔安区委、区政府坚持以民生为本,坚决贯彻以人民为中心的思想,城乡居民最低生活保障全覆盖,社会保障托底有力。2018 年,民生保障支出 27.2 亿元,增长 7.3%。发放各类生活补助 6200 万元,受惠群众超 10 万人次。正投入 5000 多万元建成 5 个日间照料中心、37 个幸福院和 83 个居家养老服务站,基本实现养老服务设施在村(居)的全覆盖;每年投入 1800 万元在 120 个村(居)开展政府购买居家养老服务;给予每个幸福院 10 万元经营经费补助;给予特定的无偿、低偿对象老人 12 元/餐,9 元/餐用餐补助,实现配送餐在全区所有村(居)全覆盖。

翔安区计生协会创新机制精准帮扶,着力提升家庭幸福指数。目前,翔安区共有计生协会组织 170 个,村(居)计生协会小组 1110 个,协会小组长 1135 人,会员 32365 人,协会组织网络和会员队伍进一步扩大,成为人口计生工作中一支重要的群众工作队伍。评估验收数据显示,全区先进镇(街)计生协会 3 个、一流村(居)计生协会 94 个、合格村(居)计生协会 26 个、五好计生协会小组 919 个。计生保险每年为 36500 多户 10 万人投保,助计生家庭重拾生活希望。金秋助学每年发放百万元助学金,力促计生家庭子女成才。被中国计生协会授予“青春健康教育示范基地”的厦门大学青春健康俱乐部在翔安普及青春健康知识,伴青少年快乐成长,扣好人生第一粒扣子。

翔安区委、区政府实施“四个三”(抓准三个到位,抓住三个重点,抓好三个手段,抓牢三个环节)工作法,推进污染源普查工作落实落细落地,得到国家生态环境部充分肯定,受邀作为全国唯一一个县(市、区)政府代表在国家级会议上做经验交流;翔安区在“全省农村生活污水垃圾治理考评”中位居第一。在全国首创集体土地上房屋征收释明制度,打通土地房屋征收“最后一公里”,得到市主要领导的批示推广;翔安区创新农房整治“三立三破”(立机制模式,破组织难题;立标准典范,破实施难题;立方法举措,破质量难题)工作方法在全市、全省推广。在全省率先推行农村住宅“四统”模式,推动宅基地“上楼”,实现土地节约集约利用,大嶝街道双沪社区农村住宅“四统”模式,被《经济日报》《福建改革情况》刊发点赞;省住建厅把大帽山社区农房改造经验列入《福建省农房屋顶平改坡设计建造一体化导则》,作为全省的范本。今天,厦门这个最年轻的行政区,还将在新时代的朝阳下,在高质量发展、落实赶超的豪迈征途中,谱写新的辉煌。

社会治理平稳有序,不断深化“平安翔安”建设,是翔安构筑社会主义和谐社会、提升人民幸福指数的重要保证。2018 年,翔安开展旅游市场、保健品市场专项整治,群众安全感率、平安建设知晓率、执法工作满意率综合“三率”大幅提升。投入 437 万元为全区群众购买社会治安综合保险。构建三级公共法律服务体系,保持信访工作平稳有序,举办全省社区矫正教育管理工作现场会,矛盾纠纷“三合一”(翔安法院探索形成的涵盖诉前解纷、多元参与、平台保障的矛盾纠纷“三合一”诉前导分机制)获最高院肯定推广。

翔安“互联网+”支撑起高效政务服务,让数据多跑路、让群众少跑腿，打造 13 个“片区＋社区”便民服务站，共服务 61 个村(居)、20 多万人，实现群众在家门口就可办事的目标。

同时，扫黑除恶专项斗争成效明显，配合中央扫黑除恶第四督导组下沉督导，成功打掉恶势力犯罪集团 2 个、恶势力团伙 1 个，配合市扫黑办打掉涉黑犯罪组织 1 个，打掉 3 人以上未构成黑恶势力的犯罪团伙 23 个，打击处理黑恶势力成员 86 人，打击处理十类案犯 309 人。“两抢一盗”警情下降 28.5%，各类刑事案件破案率上升 10%，40%的社区(村)跨入文明社区(村)的行列。在 2018 年底全省综治“三率”测评中，翔安群众安全感率增幅居全省第一位，平安建设知晓率全市第一、全省第六，执法工作满意率全市第一、全省第十三，综治“三率”工作成果显著。扫黑除恶扫出了河清海晏，扫出了朗朗晴空。

七、实施乡村振兴战略，老区建设更上一层楼

翔安区委、区政府高度重视革命老区建设，这些年来，出台了一系列规范性文件，加大对革命老区在政策、资金、项目上的扶持，促进革命老区社会经济发展，改善群众生产生活条件。23 个村集体经济年均收入超 30 万元，其中大帽山社区和面前埔社区集体经济年收入超百万元。区级财政扶建一批社区服务中心、老年活动中心、农村幸福院等公共设施，革命老区村的村容村貌大为改观。

2018 年 12 月 29 日，翔安召开区委四届九次全会暨全区经济工作会议，强调要抓“三农”振兴村，持续做优都市现代农业，持续优化农村人居环境，持续提升农民生活水平，增强群众获得感。

城，不能只是高楼大厦。产业的发展，必须环环相扣，虽然“农业翔安”变身为“翔安智造”，但翔安却从未停止对第一产业发展的孜孜探索。2018 年，翔安区第一产业增加值增幅 1.9%，位居全市第二；农村居民人均可分配收入增长 8.7%，位居全市第一，增速快于城镇居民。在翔安勾画的乡村振兴战略动人图景中，“产业兴旺”成了首要的亮丽一笔。

2018 年，翔安区委、区政府紧紧围绕习近平总书记关于乡村振

兴"产业兴旺、生态宜居、乡风文明、有效治理、生活富裕"总要求，依据"高位推动、统筹发展、典型示范、重点突破"的思路，乡村振兴各项工作统筹推进，全面展开。

按照"五级书记抓乡村振兴"的要求，2018 年，翔安率先成立由区委书记黄奋强任组长的区委实施乡村振兴战略领导小组，11 个乡村振兴专项小组和办公室紧锣密鼓投入运作，一个"区委统一领导、镇(街)推进落实、乡村组织实施、部门协力合为、责任层层压实"的工作机制坚实地构筑起来。《翔安区实施乡村振兴战略三年行动计划及工作纲要》等 9 份文件，带着油墨清香，迅速融入各级各部门的具体工作中。

2018 年，厦门市明确了翔安区 6 个乡村振兴市级示范村创建名单：新店镇大宅社区、新圩镇大帽山社区为市级重点示范村，新店镇澳头社区、大嶝街道田墘社区、新圩镇面前埔村、内厝镇锄山村为市级示范村。

大宅、大帽山两个市级重点示范村均成立了"区级乡村振兴工作领导小组"，由区分管领导任组长，下设综合协调、社会工作、产业运营和建设管理 4 个工作小组，成功实现了工作力量集中统一调度和资源高效配置。市发改委将大帽山社区推进乡村振兴战略实施工作方法作为典型经验在全市复制推广。全区 119 个村(居)党组织、村(居)委会选举实现一次性成功，"一肩挑"比例达 50.4%，创新推行农村基层组织"1125"运行机制，规范完善村务决策公开等机制。每一张选票，都是一份对乡村振兴"领头雁"的期待。

翔安探索实践"国企＋社区＋合作社""国企＋民企＋合作社＋村民合作"等多种新型经营开发模式，通过撬动国企、民企以及社会组织等多方资金投入，配套现代运营管理模式，助力农村产业规模化、品牌化、现代化发展。已引进象屿集团、特房集团、国贸集团、建发集团、杭州华清集团参与乡村振兴示范村开发建设。23 个村集体经济年均收入超 30 万元，其中大帽山社区和面前埔社区集体经济年收入超百万元。12 家农业龙头企业年产值超 35 亿元。

翔安通过"村(居)＋协会""村(居)＋合作社＋协会＋村民代

表”等多种参与机制，强化基层党组织模范带头作用，引导村民转包、出租、互换、转让、股份合作等模式参与农村产业项目建设发展，自觉投入村庄环境整治行动中。此举既激发了村民参与乡村振兴工作的热情，又让村民在自家门口实现了增收致富。2018 年，拆除“两违”99.5 万平方米，整治农房 434 栋（“平改坡”整治 240 栋、裸房整治 157 栋、立面改造 37 栋），新改建城乡公厕 22 座，农村生活垃圾分类投放准确率达 90％以上。

2019 年，翔安区继续把实施乡村振兴战略摆在优先位置，结合跨岛发展战略、“双千亿”工作，突出抓好现代化农业发展、人居环境整治、乡村文化培育、农村民生提升、农村基层党建等五大重点工作，持续提升大宅社区等 6 个市级示范村、23 个单项精品村创建成效，同时着力打造 5 个区级示范村，确保到年底实现“乡村振兴工作初显成效、乡村振兴产业初具规模、乡村振兴事业初有成绩”的目标。厦门市还将建设一条新圩特色景观带，长达 10 千米，经过村庄包括新圩镇面前埔村、云头村、凤路村、大帽山农场，特色资源为蔬菜田园风光、山地旅游风光。通过示范引领、重大突破，翔安老区的乡村振兴，正快速形成以点带面、连线成片的如虹气势。

为促进革命老区经济发展，厦门市出台了《厦门市革命老区山区“一村一品”特色农业建设项目财政补助标准》，投入资金大力扶持发展革命老区村“一村一品”特色农业项目。相关部门积极扶持革命老区村建设现代化温室大棚和智能化植物工厂设施，大力发展高附加值的食用菌、中药材、高档果蔬、优良种苗和名贵花卉等特色园艺作物的智能化设施栽培和工厂化生产。

翔安作为厦门市主要的胡萝卜出口基地，胡萝卜产业种植面积超过 3 万亩。其生产依托区蔬菜协会及所属 43 家会员单位，采用“协会＋公司＋基地＋农户”的组织形式，将胡萝卜生产与加工、出口连接成一体，实现产销一条龙，产品已走向全球 20 多个国家和地区，“翔安胡萝卜”的品牌效益日渐提升。年产量 20 多万吨，产业链年产值 10 亿元，产业链从业人员 10 万余人。翔安将打造国家级出口胡萝卜质量安全示范区，进一步提升价值链、完善利益链，让胡萝卜产业成为农民稳定增收的“摇钱树”。

大宅火龙果带火当地农业和旅游业。在大宅社区党建的引领下，实行“支部＋协会”的模式，成立富美大宅果蔬专业合作社，实现“零散经营”到“报团取暖”的转变。党员带头试种新品种，带头提高种植技术，获取增收致富的本领，培育出的“皇冠”火龙果，口感比其他火龙果更香甜更脆。收获的季节，连绵的火龙果田碧绿点缀鲜红。一个个色泽艳丽的火龙果高挂枝头，一车车满载火龙果的货车接连驶出种植基地，畅销19个国家和地区。大宅，这个以传统农业为主的小村庄果香四溢，处处一派繁忙景象。以火龙果产业基地和香山花海为背景，推出一系列精彩纷呈的活动，包括产品上线电商淘宝和入驻线下天猫优品、农夫创意市集、主题民宿、农耕体验、青创论坛、摄影大赛、十二道村味等，涵盖吃、住、玩多个方面。大宅火龙果做出新花样，火龙果果脯、火龙果果茶、火龙果花茶、火龙果酒、火龙果醋、火龙果炒虾仁、火龙果花炖排骨……多种美食亮相。这些村味大餐不仅颜值高，味道也经过了美食达人的“盖章鉴定”。

青年兴则国家兴，青年强则国家强。乡村振兴，重在青年。共青团翔安区委积极响应李克强总理“大众创业，万众创新”的号召，将青年创业工作作为当前的重要工作，结合被征地农民和海域退养渔民转产就业难的问题，通过加大政策扶持和资金投入力度，多措并举支持青年创业者创业，通过创业带动就业，进一步促进劳动力的转移。

团区委举办“未来榜样”青年创业培训，积极组织青年创业产品参加“6·18海峡项目成果交易会”“海西农产品交易会”“厦门名优产品海西行”“创业青年名企行”“青年创业与科技项目成果对接会”，甄选具有科技、管理、服务创新性，发展潜力好的项目，建立青年创业重点孵化项目库，进行一对一的挂钩服务，跟踪协调解决生产经营场所、品牌创建与管理、融资等问题，一批项目迅速迈上产业化、规模化的发展快车道，有14个创业项目入选市级项目库，一批创业青年被授予市级“创业之星”“创业典型”荣誉称号。

翔安区各部门都主动伸出手来拉创业青年一把。人社部门对他们进行“1+1群”创业培训，科技部门为他们推介创业项目，工商部门为他们减免工商管理费用、指导品牌创建，金融部门为他们提供创业贴息扶持贷款。同时，区政府制定了《翔安区全面开展被征地农民和海域退养渔民转产就业工作的方案》，“创业绿色通道”越走越宽，越来越多的翔安创业青年通过青年创业行动这个平台迈出了事业的第一步。

作为厦门市首个镇级青年创业促进会，2019年拥有会员658名，下辖36个社区创业服务站。成立5年来，马巷青创会秉承宗旨，把握“着重点”，从制度建设抓起，坚持“党建”引领创业路，不断完善党支部工作制度、党员学习制度，学习传达贯彻党的方针、政策和上级党组织有关文件、指示，交流互动，抓好“成长点”，培根铸魂，铸就辉煌。

5年来，马巷青创会已帮助112名会员获得贷款金额总计3360万元；加强与厦门市职业技能培训总站的合作，并成立“青创学堂”，开展各种职业技能培训，帮助被征地农民和海域退养渔民解决转产就业问题。紧紧围绕“就业创业”开展活动，以学习培训为载体，深入学习摆脱贫困的新思路和乡村振兴的新举措、新渠道，把学习作为帮助青年创业者适应市场形势、把握发展潮流、增强创业本领的重要基础，共开设了18场培训活动。举办4届“庆五四文艺演出暨青年创业之星表彰大会”活动，不仅弘扬五四精神，而且表彰会员企业中的先进典型，发挥先进典型的引领示范作用。同时，成立翔安首个新的社会阶层人士联谊会和翔安区政协驻马巷青创会委员联络站，积极营造崇尚创业、鼓励创业、支持创业的良好社会氛围。

马巷青创会“翔英计划”还致力于推动各项社会公益发展。“翔英计划”一对一精准助学项目已帮助153名学生圆了求学梦，共资助金额达36.72万元；2019年认领100名马巷镇贫困学生为助学对象。并开展了“99爱心微公益”“关爱贫困户，青创在行动”等公益活动。

一年来，翔安区实现镇（街）新的社会阶层人士联谊会全覆盖。“1+5+1+N”组织模式的新联会，即1个区级新联会，推动辖区5

个镇(街)新联会组织作用进一步发挥,组成1处“新阶人士主题馆”,在全区N个民办高校、园区建成新联会阵地,使新联会成为党和政府联系新的社会阶层人士的新纽带和新桥梁,让新的社会阶层人士在联谊会发挥新活力、贡献新力量。

非公党旗映红翔安民企前行路。在翔安区的发展理念里,卓有成效的非公党建,除了要把“党旗红”辉映到各个民营企业之外,便是要想尽一切办法助推民营经济的发展。

30多年前,一个穷乡僻壤的小山村——厦门新圩马塘几位青年农民,举债集资3万元创立罐头厂,在改革开放政策引领下,搏击时代浪潮,创造人间奇迹,成就了“厦门第一村”,缔造了“马塘精神”。

习近平同志曾“四进马塘”,关心企业发展,指导新村建设,推动共同致富。习近平同志亲自概括论述“马塘精神”,字里行间饱含着对马塘父老乡亲的深深牵挂和对“马塘精神”的高度认可。

马塘村两委沿着习近平同志指引的方向,艰苦奋斗,拼搏创新,在千禧之年建成翔安(银鹭)工业集中区,发展食品产业集群及轻工、电子信息、装备制造等,完成规模以上工业年总产值60多亿元,成为一个学有所教、劳有所得、病有所医、老有所养的集现代工业、新型农业为一体的现代化、多功能的社会主义新农村。

马塘村位于翔安区新圩镇境内一个偏僻的山坳里,三面靠山,交通闭塞,土地贫瘠,路难行,水奇缺,毫无地理优势可言,人称“瘦马塘”“有钱不借马塘人,有女不嫁马塘郎”。1980年,全村人均收入不足170元。

穷则思变。1985年6月,该村几位党员干部筹资办起了当时同安县第一家村办企业——新圩兴华罐头厂。1986年2月11日,习近平同志第一次来马塘调研,说:“厂名取得好,兴华兴华,振兴中华,真有气魄!你们建厂的时候,我刚刚从河北调来厦门,咱们刚好同时啊!听到你们去年7月1日顺利生产出罐头产品,我真为你们高兴。以后咱们一起努力,把厂办好,把村建好!”习近平同志在调研中要求村党员干部发扬先锋模范作用,带领群众艰苦奋斗,走出山坳,带头致富,脱贫致富,共同致富。

1987年,习近平同志第二次来马塘考察,鞭策村党员干部爱拼敢赢,以工兴农,以工哺农,重视生态保护,加快新村规划与建设,积极探索社会主义新农村建设的路子。

1997年,习近平同志第三次来马塘,勉励村党员干部争先创优,走向全国,勇当农业产业化龙头,争取成为全省"奔小康、建新村"的典型。

1998年,习近平同志第四次来马塘,对村党员干部提出了更高的要求,要敢为人先,走向世界,大胆创新,勇创品牌,建好一个园区,带动一片农村城镇化。

在福建省、厦门市有关会议上,习近平同志多次肯定马塘的工作,总结和推广马塘经验,多次召见村支书、村主任陈清渊、陈清水兄弟,畅谈新农村建设、企业发展等问题。

马塘在全省乃至全国率先进行新村规划,统一开发建设;率先开展荒山治理,生态保护;率先推行工业污水处理、水回收利用;先后引进侨资、台资,联手世界500强,成立银鹭企业集团,总投资逾百亿元在山东、湖北、安徽、四川等省跨省兴办工业园区,与世界最大的食品制造商——雀巢开展全球战略合作。

筑巢引凤,岁月如歌。昔日的穷山村,蜕变为跨省发展的庞大企业王国,气势磅礴;过去的破房旧屋,建成栋栋别墅,生机勃勃;以前的光山秃岭,如今满山青翠,遍野葱茏;亭榭楼阁,广场花园,欣欣向荣。过去的"瘦马塘"变成了闻名遐迩的富马塘。1998年6月,马塘村被中组部授予"全国农村基层组织建设先进党支部"称号;2005年,马塘村被中央文明委授予"全国文明村镇"称号;2010年,马塘村成为福建省首个"百亿元村";2018年,马塘村入选"中国美丽休闲乡村"。

在践行富而思进、科学发展、建设富美乡村的同时,马塘村两委携手银鹭集团强化农业产业化经营,以工带农,以工哺农,辐射带动周边农村村民就业创业4000多人,着力增加农民收入和推动农村"两化"建设;通过工业园区和马塘新村建设,带动新圩镇小城镇规划建设，促进新圩镇从厦门市东北角偏僻落后的农村小镇，发展成为现在的全市工业强镇、福建省小城镇建设的典型。

在企业发展的同时，马塘持续不断地做着各种力所能及的公益事业，并高度重视企业的文化建设，培养并不断丰富、提升“马塘精神”。出资1200多万元，以老人生活便利为核心，2015年春节前，翔安区第一家高标准、设施全的马塘幸福院建成投入使用。全村65岁以上的老人全免费拎包入住，每月有固定的生活费，真正过上了无忧无虑、安享晚年的幸福生活。2019年6月26日，“马塘精神”主题馆正式对外开放。这是一座浓缩马塘村脱贫致富乡村振兴历程的主题馆，也是一座传扬代表厦门精神的主题馆，更是一座展示中国改革开放时代精神的主题馆。

在林有声将军的故乡内厝镇莲塘村，柯依达工贸有限公司在莲塘村党总支书记林良菽的带领下，近20年间，从白手起家、名不见经传的小公司，发展成为年销售收入上亿元、年利税超千万元的大企业，在国内同行业中有着重要影响。柯依达公司与莲塘村和谐共建，投入巨资改造村容村貌，建造蓝坪、村西、村东、中心4个小公园，新增宏路、东光、店头三处休闲场所，改善乡村人居环境和生态环境；在我省首创“清风会”“村民调解委员会”，监督村干部廉洁自律，促进村民团结奋进；热心老年公益，创办“老人之家”，免费供膳；创办“女儿节”，弘扬传统文化，促进家庭和谐；联手村里建立一支治安联防队，保一方平安；创建民俗文化广场，举办武林大会，致力于传承历史文化，保护“宋江阵”这一历史文化遗产，为推进乡村振兴提供文化滋养空间，努力打造厦门岛外“文明生态第一村”。

厦门如意情集团位于革命老区村马巷镇亭洋社区，白金针菇自动化生产车间每天有25万瓶金针菇销往全国各地。这家成立25年的农业产业化国家重点龙头企业，已建立起蔬菜种苗工厂化生产、新特优果蔬种植与加工、食用菌工厂化培养、生鲜净菜配送、大型商超品牌专柜销售和智慧型农业科普观光生态园等从“田间到舌尖”的全产业链。

新店镇推进“农村亮灯工程”，已在32个社区安装2.3万盏“无杆式”路灯。夜幕降临，新店街头的路灯一一亮起。除了这些高杆路灯，亮起的还有农村社区房前屋后、背街小巷的一盏盏小灯。它们虽然个头小，但亮度不减，它照亮的不只是居民的回家路，还点燃了农村新生活。“农村亮灯工程”是新店镇党委、政府为民办实事项目之一，也是落实“乡村振兴”战略的具体举措，切实解决了广大农村路灯照明的“最后一公里”问题。老人收起了几十年的手电筒，晚上也能放心出门。盗窃案件同比大幅下降，也减轻了护村队的巡逻压力。

新时代召唤新担当，新作为铸就新篇章。翔安老区人民群众将在市委、市政府和区委、区政府的坚强领导下，更加紧密地团结在以习近平同志为核心的党中央周围，高举习近平新时代中国特色社会主义思想伟大旗帜，咬定目标，攻坚克难，砥砺奋进，努力建设高素质高颜值现代化国际化城区，以优异成绩庆祝中国共产党建党100周年！

附录　新民主主义革命时期中共翔安地方组织一览表

时间	组织名称	领导	支部数	支部名称	党员数	群团组织	事件	其他
1927年春至1928年春	同安特支	彭友圃、洪天锡、彭甘杏			6至20	农会、工会、团员30多人、儿童团、妇女解放协会	1927年3月30日晚，彭友圃率农民武装镇压马巷商会会长、鸦片苗捐包捐人陈剑经。4月29日同安国民党右派召开“拥蒋护党”大会，5月洪天锡被杀	
1928年春	同安临时县委	周少梁	4（其中集美1工人支部）	新伦、后许、希明	20（知、农各10）		领导农民抗烟捐斗争。出版《红灯》	出版内刊《红灯》
1929年夏	同安临时县委	张益坚	4	新伦、后许、希明、蔡浦	25(知10、农15)	反日会、盐务工会、青年同盟会、农会	建立党团合一的“青年团浪花社”，出版《浪花》	金门通讯处
1930年春	同安县委	张益坚、朱为满、吴××、刘非、李果	6	新伦、后许、希明、蔡浦、山后亭、许厝	17（知2、农5、工10）	盐民组织50人、互济会若干个	接应厦门破狱斗争。许英宗在捣毁厦门盐关时被捕后牺牲	金门工作归同安领导，出版内刊《浪花》

续表

时间	组织名称	领导	支部数	支部名称	党员数	群团组织	事件	其他
1931年8月	同安特支	李果、曾隆声	5	振南区、马巷区、官浔、后溪、金门	20	赤色农会8个，会员200余人	建立金门党支部	
1931年冬至1937年夏	晋南特支（县委、工委）	张德秀、粘文华、彭德清、黄国英、李刚	4	梅岭、官桥、安海、莲河	几十个	团员100多人、互济会60人、农会30余人、工会10多人、反日会300多人	1931年底彭德清组织两次莲河码头工人罢工，要求加薪。1932年夏在莲河车站斗争石井区区长郑选卿。1933年秋领导盐民的斗争和抗猪捐的斗争	
1933年8月	同安特支、同安县工作委员会、同安县委	周少梁	3个区分部	第一区分部（官浔）第二区分部（山后亭）第三区分部（金沙）	60余	团员50多人、少先队员30多人、农会会员1100人	1933年9月至1934年春组织攻打马巷税契局、珩厝抢盐、后村抢布、新圩抢米斗争。1933年11月联合第十九路军召开群众大会抗日反蒋。1934年9月周少梁在厦门一次公开演讲中被捕牺牲	3个游击中队（惠东20来人、山后亭100来人、上吴和九沙30来人）
1934年12月至1936年4月	同安县委	彭德清、陈先查、陈继	4支部、3区委	新伦、希明、后溪、金门，三区（巷南）、四区（官山）、五区（莲河）			1935年2月20日彭德清越狱成功。1935年2月22日陈先查在山亭家中突围牺牲	

续表

时间	组织名称	领导	支部数	支部名称	党员数	群团组织	事件	其他
1934年12月至1936年4月	安同南边区临委(龙门特支)	彭德清(临委)、林师柴(特支)					1936年4月26日晚彭德清在沙美突围成功，厦门中心市委书记余南在离开鹊鸟垵转移途中失踪	闽南红军第二支队一部分
1937年5月至1942年1月	南同边区支部	吴金埕			近20	互济会、抗日后援会、抗日剧团	1937年10月26日金门沦陷。1940年12月锄山党支部宋公铺、宋代、宋温遇害。1942年1月吴金埕被捕	
1940年4月至1945年夏	金南同边区区委	谢振群	2(教师学生支部各1)			儿童抗日宣工团、江涛读书会	1941年底金南同边区区委因叛徒出卖组织被严重破坏。1942年春抗日县长胡邦宪令国民兵团副团长焦国楹到彭厝、刘五店镇压叛乱。1944年1月巷声图书馆开馆，至翌年夏被国民党兴泉指挥部取缔。1944年黄永妙被国民党特务暗杀于泉州	出版《学生园地》

续表

时间	组织名称	领导	支部数	支部名称	党员数	群团组织	事件	其他
1945年4月至1949年8月	闽中南同区工委、南同工委、南同边区区委、南同边区工委	林金榜、黄竹禄、陈火把、王朝阳、王水法、吴治奸	5	院前，同安上、同安下，惜坂，仙景			1945年8月20日锄山党支部书记苏清渊被杀于泉州。1948年7月12日黄竹禄被杀于莆田。1948年9月17日陈火把被杀于水头	
1947年8月至1949年9月	闽中系统：金南同县工委、晋南同县工委、同安县工委	林文庆、傅维葵、许永炯	78	同安、南同边区、金门、长泰林墩青洋、安溪新康各基点村党支部	248		1949年5月1日游击队攻打大嶝乡公所被控制大嶝达半个月。同日开始围困莲浔盐兵7天6夜。1949年5月至9月闽中同安游击大队共战斗20余次	同安游击大队（闽浙赣游击纵队闽中支队泉州团队第三团）近2000人枪
1949年5月至1949年9月	闽西南系统：同安县工委	彭金励		彭厝、城关、马巷区工委各党支部，新垵党支部	72	马巷镇人民解放同盟工作委员会、灌口团总支		县工委直属武工队（闽粤赣边区纵队第八支队第四团第四营）近600人

后　记

为了贯彻习近平总书记关于“发扬红色资源优势，深入进行党史、军史、老区革命史优良传统教育，把红色基因代代传下去”的指示，落实中办发[2015]64号文件中提出的“积极支持老区精神挖掘整理工作，扶持创作一批反映老区优良传统，展现老区精神风貌的优秀文艺作品和文化产品”要求的具体行动和举措，2019年初，翔安区启动《翔安区革命老区发展史》编纂工作。该书为“全国革命老区县发展史丛书”的一部分册，由翔安区民政局曾志勇负责组织实施，聘请从事多年党史工作的退休老干部彭炳华同志进行编纂。

学习党史、新中国史是必修课，是我们判断所处历史方位的需要，是党员领导干部坚定信念的需要，是牢记党的初心和使命的需要，要在学习中不断增强守初心、担使命的思想自觉和行动自觉。要做到知史爱党、知史爱国、知史明志，在学思践悟中做到常怀忧党之心、为党之责、强党之志，不断增强“四个意识”，坚定“四个自信”，坚决做到“两个维护”，始终在思想上、政治上、行动上同以习近平同志为核心的党中央保持高度一致。要健全长效机制，把自己摆进去，真学深学，学会历史思维，培养历史眼光，增强历史担当，把学习党史、新中国史持之以恒地抓下去，切实抓出成效。因此，编纂《翔安区革命老区发展史》是很有必要、很有意义的，是对翔安党史一卷、二卷的有益补充，是翔安区又一部光辉革命史、不懈奋斗史、辉煌成就史。

我们在编纂的指导思想上，坚持以习近平总书记关于革命老区的系列讲话精神为指导，坚持以《中国共产党福建省厦门市翔安区历史》一卷、二卷和《翔安区志》，2014年以来的《翔安年鉴》为依据，坚持以翔安老区人民的奋斗史为重点，坚持以党的十八大以来翔安老区取得的巨大成就和发展变化为亮点。在内容的确定上，突出翔安老区人民在党的领导下的历史贡献和地位作用；突出发生在翔安的革命斗争重大历史事件、著名英模英烈事迹，以及展现出来的崇高革命精神和光荣传统；突出挖掘整理翔安著名革命历史遗址、文物、纪念室等红色文化资源；突出新中国成立以来，特别是党的十八大以来，翔安老区人民发扬自力更生、艰苦奋斗的光荣传统，脱贫攻坚，改变贫苦落后面貌发生的巨大变化，及涌现出来的先进典型。习近平同志“四进马塘”“二进三岛”，让我们深深地感受到习总书记与翔安特殊的缘分和醇厚的情感，随着岁月积淀，这种情感仍在延续，已经成为推进翔安高质量跨越发展的最宝贵财富和磅礴力量，将鼓舞翔安儿女当好新时代的奔跑者，沿着总书记指引的航向阔步前行。

我们力求这部分册图文并茂，通俗易懂，做到历史的真实性、事件的准确性与内容的可读性相统一，使其成为一部有质量、有特色、有价值的历史文献书籍。鉴于这部分册所记述的史实内容多、时间跨度长和编纂时间紧、编纂水平局限等问题，能否达到要求及不妥之处，敬请读者批评指正。

福建省厦门市翔安区老区建设促进会